个人破产管理人制度的理论与实践

Theory and Practice of Individual Insolvency Administrator System

李向辉 主编 钟 颖 副主编

中国民主法制出版社

图书在版编目（CIP）数据

个人破产管理人制度的理论与实践/李向辉主编；
钟颖副主编．—北京：中国民主法制出版社，2023.3
ISBN 978-7-5162-3148-7

Ⅰ.①个…　Ⅱ.①李…　②钟…　Ⅲ.①破产法—研究
—中国　Ⅳ.①D922.291.924

中国国家版本馆 CIP 数据核字（2023）第 048047 号

图书出品人：刘海涛
责 任 编 辑：逯卫光

书名/个人破产管理人制度的理论与实践
作者/李向辉　主　编
　　　钟　颖　副主编

出版·发行/中国民主法制出版社
地址/北京市丰台区右安门外玉林里 7 号（100069）
电话/（010）63055259（总编室）　　63058068　63057714（营销中心）
传真/（010）63055259
http：// www.npcpub.com
E-mail：mzfz@ npcpub.com
经销/新华书店
开本/16 开　710 毫米×1000 毫米
印张/14.5　字数/229 千字
版本/2023 年 8 月第 1 版　2023 年 8 月第 1 次印刷
印刷/三河市宏图印务有限公司

书号/ISBN 978-7-5162-3148-7
定价/58.00 元

本书出品单位

北京市尚公律师事务所个人破产法律事务中心

北京市尚公（重庆）律师事务所

本书编委会

主　　编　李向辉

副 主 编　钟　颖

撰稿成员　何静休　朱梦云　胡　俊　朱　涛

序　言

个人破产是个魅力话题。

从人类文明发展史来看，个人破产是商业与社会文明的先声。有了个人破产，人们就有了个人信用的刻度，商业交往就有了可确定性预期，市场经济的假设就有了基石。

从制度发展史来看，个人破产制度是几乎所有商事法律制度的逻辑起点。有了个人破产，个人的经济交往与投融资行为，进而合伙，进而公司，再进而资本市场与金融活动，就有了基础规则，其他规则的丰富色彩都建构在破产风险规则的底色之上。

从今天的中国式现代化目标来看，个人破产制度是共同富裕的一个底层制度，让"诚实而不幸"的债务人能依法适时豁免沉重债务负担，重新振作起来，去进行新的人生创业与试错选择。

中国行进中的社会主义市场经济已有三十多年历史了，这一过程中，许多重要的经济商事法律制度都建构起来，但似乎这种建构缺乏破产信用制度的基础，市场经济的有效性因而未充分展示出来。2006 年，我国第一部全新的破产法——《中华人民共和国企业破产法》出台，虽然弥补了市场主体信用法的少许遗憾，但因没有就个人破产立法，只能称其为"半部破产法"，市场经济大厦最厚重的那块基石终是缺乏。

在社会主义市场经济转型期，人们很快发现个人破产制度的重要性，近年来，政商学界呼吁个人破产立法的呼声不绝于耳。2019 年 7 月 16 日，国家发展改革委等十三部门联合印发《加快完善市场主体退出制度改革方案》，明确提出要"分步推进建立自然人破产制度"。这是国家层面第一次认识到个人破产的重要性。2020 年 8 月 26 日，深圳市人大常委会推出《深圳经济特区个人破产条例》，并于 2021 年 3 月 1 日开始实施；2021 年 7 月 19 日，全国首宗个人破产案件由深圳市中级人民法院裁定。个人破产在深圳特区率先"破冰"。2022 年，企业破产法（修改）被列入全国人大常委会 2022 年度立法工作计划初次审议项目，至此，个人破产制度是否纳入其中，中国个人破产法该如何设计，成为法学与法律界讨论热点和全社会关注的话题。

个人破产制度的立法及未来的实践，绕不开个人破产管理人这个关键角色。个人破产管理人是个人破产程序中的中心角色，是个人破产程序的主要推动者和破产事务的具体执行者。在一般印象中，个人破产管理人和企业破产管理人同样是承担债务人财产的管理、债权债务清理及处理相关破产事务工作，似乎并无差别，但考察国内外现有相关制度实践，两者在定位、主体、履职、监督等方面却差异不小。进一步说，个人破产管理人，不仅需要具有企业破产管理人的能力素质，还应具有关怀破产者个人人生命运的悲悯情怀与从事细致入微法律服务工作的专业特质。企业破产管理人目前学界已有许多研究成果，但个人破产管理人的专题研究则是稀缺的。而由李向辉担任主编、钟颖担任副主编的这本《个人破产管理人制度的理论与实践》关注到这个前沿问题，对个人破产的管理人制度展开了较为系统、深入而又具有前瞻性的研究，弥补了个人破产管理人制度研究方面的不足。阅读书稿之后，我感觉本书有以下几个特点。

一是结合个人破产的特点，较为全面、系统地研究了个人破产管理人制度的核心问题。"相较企业破产程序，个人破产程序存在一些不同的特点，故对于破产管理人的要求有所不同"，这是文章研究的重要逻辑起点。例如，多数个人破产案件的债权债务关系简单、资产规模较小，但是职责重、收益低，故而个人破产案件可能会面临破产管理人缺乏履职意愿的现实问题；个人破产案件的债务人是自然人，涉及自然人生存价值与债权人利益保护之间的平衡，故而会设置一定的免责考察期，其间如何确保对债务人的监督到位，需要充分发挥破产管理人的作用。在分析个人破产案件特殊性的基础上，全书分别对选任制度、履职制度、报酬制度、监督制度这四个破产管理人制度的主要内容，从基本原理、制度实践以及立法构造等方面进行了细致的分析。既有理论的分析，又包含本土制度构建的探讨。

二是对国内试点和域外经验作了较好的梳理和总结。当前，深圳出台了个人破产的相关立法和规范性文件，开始了个人破产试点。虽然案件不多，但已经在逐步积累经验。相较而言，国外个人破产实践多年，相关制度实践经验非常丰富成熟，可为我国的制度设计提供有价值的参考。本书视野开阔，一方面，总结了现有的深圳破产试点经验、江浙地区类个人破产实践经验；另一方面，梳理了美国、英国、德国、法国等发达国家的个人破产制度经验。这些系统的总结和梳理是非常有价值的，可为国内相关研究的深入和立法工作的开展提供很好的参考素材。

三是对个人破产管理人的制度构建提出了具有一定参考价值的建议。关于个人破产管理人制度的设计，世界各国存在多种模式，国内外学界也有过较多探讨，存在不少争议。例如，关于个人破产管理人的任职主体，就存在官方管理人与市场管理人、机构管理人与个人管理人之争，对此，世界不同国家和地区，在设置模式上存在较大差异。再如，英美法系国家和大陆法系国家根据个人破产程序的开始时间不同，分别形成了破产受理开始主义和破产宣告开始主义，故国外对个人破产管理人选任时间也存在不同的做法。诸如此类问题，书中从理论分析、国内外实践经验借鉴、本土司法制度等多个方面进行分析，对于我国个人破产管理人制度应该如何构建提出了较为系统的制度设计方案，可为个人破产试点探索和立法设计提供参考。

欣闻北京市尚公律师事务所成立了个人破产法律事务中心，专门对个人破产的相关问题开展研究，我的博士后钟颖博士也参与到该工作之中。本书是中心成立后的首份研究成果，也是国内第一部专门以个人破产管理人为主题的专著。相信这本书的出版既可以成为该领域研究的一个重要基础，也会引发业界关于个人破产管理人制度的更多讨论。期待北京市尚公律师事务所个人破产法律事务中心在个人破产领域多耕耘、勤劳作，产出更多有益的研究成果，为中国个人破产制度的立法及其落地运行做出贡献。

是为序。

李曙光（中国政法大学教授、
破产法与企业重组研究中心主任）
2023 年 2 月 25 日于蓟门法大

前　言

　　2019 年 7 月 16 日，国家发展改革委等十三部门联合印发《加快完善市场主体退出制度改革方案》，明确提出要"分步推进建立自然人破产制度"。2020 年 8 月 26 日，深圳市第六届人大常委会第四十四次会议表决通过《深圳经济特区个人破产条例》，成为我国首部个人破产法规，开启了我国个人破产制度的地方探索。此后，江苏、浙江、山东等地陆续开始了个人债务集中清理程序（类个人破产制度）的试点，引发社会广泛反响。2022 年 5 月 6 日，全国人大常委会发布 2022 年度立法工作计划，其中计划初次审议的法律案中，"企业破产法（修改）"位列其中。这意味着，我国企业破产法施行多年后将迎来首次修改。在此背景下，借机将个人破产制度纳入破产法中，补全另外"半部破产法"的呼声强烈。个人破产制度是否纳入其中，以及如何设计，这些问题引发了各界的广泛讨论。

　　破产管理人是指在破产程序开始后专司债务人财产的管理、债权债务清理的事务性工作机构。① 它的设置对于破产案件的办理至关重要，是破产制度的重要内容之一。相较企业破产程序，个人破产程序存在一些不同的特点，故对于破产管理人的要求有所不同。在企业破产案件中，大多数债务人企业都存在着财产数额大、债权债务关系错综复杂等现象，接管债务人企业财产、梳理债权债务关系成为企业破产管理人的重要职责之一。处于中立地位的破产管理人参与企业破产程序，以法律形式赋予管理人接管、处置债务人企业财产等职权，这样既能够保证破产程序中的公平、公开、公正，又可以促进企业破产程序快速、有序地推进，减少司法资源浪费，维护司法公信力和权威。但是个人破产则不同，多数个人破产案件存在着债权债务关系简单、资产规模较小、涉及自然人生存价值等特点。检索数据显示，《深圳经济特区个人破产条例》自 2021 年 3 月 1 日正式施行起，首月内深圳市中级人民法院共收到 260 件个人破产申请，申报的负债

---

　　① 邹海林：《破产法——程序理念与制度结构解析》，中国社会科学出版社 2016 年版，第 136 页。

规模中，500 万元以上的有 18 人，300 万元至 500 万元的有 16 人，100 万元至 300 万元的有 80 人，100 万元以下的高达 146 人。个人破产案件资产规模小导致了个人破产程序相较于企业破产程序会进行一定程度上的简化。但同时，个人破产程序又呈现出周期普遍冗长、债务人财产隐蔽零散等与企业破产程序显著不同的特征。因此，世界各国均基于个人破产的特点和本国国情，构建了相对独立的个人破产管理人制度。

国外学者对个人破产制度及破产管理人相关理论研究已有一定的积累，早期主要关注破产法史、破产法改革等内容。随着个人破产案件的逐年增加，专耕于个人破产制度及个人破产管理人的相关文献也随之增加。这些研究发现了个人破产及个人破产管理人制度的特殊性，并提出了完善和改革的路径，为本书研究个人破产管理人制度提供了有益借鉴。如，*Fatal Flaws in Financing Personal Bankruptcy：The Curious Case of Russia in Comparative Context*（个人破产融资的致命缺陷）（Jason J. Kilborn）揭露了俄罗斯新个人破产法出台后传统的破产管理人制度与低价值回报的个人破产案件之间的矛盾，指出应当从减少形式主义破产事务和直接授权指派个人破产管理人两条路径改革个人破产程序。国外研究对个人破产制度的具体规则及个人破产管理人的设置模式予以回应，但从个案表层问题的解决视角进行研究的较多，从理论提升层次问题的解决视角进行研究的较少，导致一些研究在具体适用上难以为我国个人破产管理人制度的改革和完善提供理论指引。因此，国内学者仍需结合我国国情、我国破产制度、社会现实等独特性，对个人破产管理人制度不断进行深入研究。

国内学者对个人破产制度设置的必要性、个人破产制度的具体构建等研究成果颇丰，但囿于国内个人破产制度的缺位，对于个人破产管理人制度的研究则较为匮乏，仅有部分学者对此予以关注。杜若薇（2021）基于我国个人破产制度缺失的背景，认为应当充分认识到个人破产管理人在个人破产程序中的重要性，并提出应当综合考量我国破产司法实践、破产管理人法律地位和具体设置、个人破产执业可行性、官方破产管理人等问题，从法律层面给出符合现阶段我国个人破产制度运行的设计方案。殷慧芬（2021）指出，自然人破产程序的公正、顺利运行，有赖于独立、中立又专业的管理人的规范高效履职，其结合域外、域内地区个人破产管理人设置经验，提出应当从建立必要的激励和约束机制，简易化、集约化、信息化程序设计，加强个人破产管理人监管等方面纾解我国个人破产管理人履职困境。徐阳光（2020）在总结英国个人破产立法和个人破产管理人设置经验的基础上，提出我国应当确立个人破产制度并结合我国国情设计个人破产管理体制。学者们对个人破产管理人的研究和探讨，为本书的进一步研究奠定了理论基础。但综合来看，我国个人破产管理人制度的研究仍存在以下局限性：首先，研究视角单一。学者们从理论层面研究个人破产管理人制度及其配套措施的较多，但对个人破产立法、司法实践研究较少。其次，研究内容和研究方法单一。在研究内容上，我国个人破产管理人制度研究仍处于奠基阶段，既有研究集中于个人破产管理人法律地位和设置模式上，对同样重要的个人破产管理人报酬制度、履职制度、监管制度等疑难问题研究甚少。在研究方法上，现有研究偏重于理论研究、规范分析等，结合实践、案例等运用实证研究工具进行定量分析的较少。最后，提出的对策可操作性不强。在个人破产管理人设置模式、报酬计算方式、履职激励等方面，学者们提出的对策或较为理论化、抽象化，或对司法、行政机关要求过高而难以适用。

本书采取"总—分"结构，遵循从理论到制度的研究路径。其中，第一章对个人破产管理人的内涵、特征、法律地位、主要功能等基础理论问题作了深入的阐释，为个人破产管理人制度的展开奠定基础。第二章至第五章，分别对个人破产管理人制度的四个核心部分内容展开深入分析，既有理论的分析，又包含本土制度构建的探讨。

第一章是关于个人破产管理人基础理论的探讨。本章从个人破产管理人的一般理论出发，在明确真正的个人破产制度起源于《十二铜表法》的程式诉讼和非常诉讼时期的基础上，对英国、美国和日本的个人破产制度以及我国政策要求、地方层面的制度探索进行综述，继而对英国、美国个人破产管理人制度进行综述。同时，本章对个人破产管理人的内涵和特征进行界定和说明，明确个人破产管理人指的是在个人破产中破产和解、破产重整、破产清算等破产程序中负责管理、处分债务人财产和其他破产事务的组织和个人，具有独立性、中立性、公正性、专业性等特点。本章对个人破产管理人的法律地位的代理说、职务说、破产财团代表说、破产管理机构法人人格说、信托受托人说等理论学说进行介绍，指出我国个人破产管理人法律地位应在能够落实个人破产制度的价值目标，并保护、凸显管理人特征的基础上确定。个人破产管理人具有接管功能、咨询功能、监督功能和利益衡平功能，在个人破产制度中设置个人破产管理人可以避免债权人的非理性对程序推进的不利影响，可以提高破产案件的效率，对推进个人破产制度有所裨益，因而有其设置的必要性。

第二章是关于个人破产管理人的选任制度的研究。目前，我国个人破产法律制度仍处于初步探索阶段，为兼顾社会接纳个人破产制度和个人担任破产管理人，应当完善个人破产管理人的准入机制。在任职资格上，无论是我国个人破产管理人必须由取得执业资格的个人或者会计师事务所、律师事务所、破产清算公司担任的规定，还是欧美国家对破产管理人设定统一的破产职业资格考试制度的规定，抑或是各国不同的消极资格设置，其本质都是通过对个人破产管理人任职资格进行设定，达到保障管理人队伍专业性、中立性、独立性的目的。在选任方式上，存在法院选任、债权人会议选任、法院和债权人会议共同选任、第三方独立机构选任等方式。我国当前试点城市所采取的选任方式是立法者结合我国特殊国情创设出的一种具有中国特色的新型选任模式，即以债权人推荐选任为主、破产事务管理部门选任为兜底的个人破产管理人选任方式。在选任时间上，破产宣告开始主义、破产受理开始主义下的选任时间制度有其利弊，我国试点城市个人破产管理人选任时间制度主要采纳破产受理开始主义，便于破产管理人高效、严密地完成对破产财产的接管工作，防止给债务人留下转移财产的机会，最大限度保障债权人的利益。

第三章是关于个人破产管理人履职制度的研究。个人破产管理人履职制度是个人破产管理人制度中的核心关键环节，具体包括履职内容、法律责任制度、执业保险责任制度和履职保障制度。目前，我国个人破产管理人在宏观上存在缺乏法律确权和指引、微观上存在管理人权责不明晰等困境，迫切需要对上述制度进行研究。个人破产管理人的主要职责内容包括其在个人破产程序启动前的咨询建议职责、和解辅助职责，以及程序中的提出豁免财产清单意见、免责考察期内的监督调查、调查财产交易情况并采取针对性措施等法定职责。为保障个人破产管理人勤勉尽责，借鉴企业破产法中管理人法律责任的相关规定，提出应当对个人破产管理人的行政法律责任、民事赔偿责任和刑事法律责任予以规定。选任是个人破产管理人履职的开始，变更、解任则是个人破产管理人履职变更或结束的象征。根据一般理论，个人破产管理人变更、解任制度主要包括自行辞任、债权人会议申请变更、法院依职权变更三种方式。执业保险制度是对个人破产管理人履职风险的一种降低，针对个人破产案件可能更多任用个人管理人的制度预期，以及其程序周期普遍冗长、债务人财产隐蔽零散等特殊性风险，可以参照适用现行企业破产法的规定依法强制个人管理人参加执业责任保险，并继续完善管理人执业责任保险制度设计，使得个人破产管理人执业风险分担落到实处。个人破产管理人履职保障，是为实现清除个人破产管理人履职阻碍、提升破产程序推进效率、降低破产制度运行成本而设计的"府院联动"机制和个人破产管理人调查权能保障机制。

第四章是关于个人破产管理人报酬制度的研究。个人破产管理人报酬制度具有督促管理人在最大限度上维护债权人合法权益的同时，兼顾帮助个人破产债务人从债务困境中获得新生的实体功能，也具有激励管理人积极主动地维护和管理破产债务人的财产，以有效推进个人破产程序有序进行的程序功能。本章借鉴英美法系和大陆法系个人破产管理人报酬制度的立法经验，结合我国企业破产管理人报酬制度的实施现状和个人破产管理人报酬制度的试点经验，提出个人破产管理人报酬制度的具体构造。在确定主体上，由法院决定个人破产管理人报酬为主，参考债权人会议意见为辅。在资金保障上，保持与企业破产案件一致，"有产可破"的个人破产案件，参照企业破产的相关规定执行；"无产可破"的个人破产案件，应主要依靠破产管理基金，基金的资金来源短期内主要靠政府财政补贴，长期上则应依靠交叉补贴制度的真正贯彻实施。在计酬方式上，应该考虑具体情形确定按时间、按比例、固定金额等多种计酬方式的模式，注重引入按时间计酬的方式。在支付时间上，预支付方式对激励个人破产管理人履职有其可行性。在支付限制上，不宜对个人破产管理人的报酬支付设计过多限制条件，而是应基于个人破产工作或费用支出对债务人的有益性和必要性的督促，在报酬计算方式或监管方式中加以合理安排。

第五章是关于个人破产管理人监督制度的研究。以进一步促进个人破产管理人依法履职为出发点和落脚点，完善个人破产管理人监督制度，在推动个人破产程序高质效运行、维护债权人合法利益以及促进管理人职业良性发展等方面具有重大理论及现实意义。对个人破产管理人的监督制度包含内部监督和外部监督，本章主要从个人破产管理人监督主体及其对应监督方式的角度，结合管理人监督的域外制度经验，以及我国企业破产法现行规范与个人破产试点规则，探讨我国个人破产管理人多元化监督体系及监督制度的建立与优化方向，提出了监督主体、监督内容以及监督程序三位一体的制度设计。在司法程序监督中，法院对管理人资质选任和职责履行进行监督，并建议朝着剥离行政管理性监督权利、划分管理人及法院职权边界等方向优化。在债权人监督中，债权人会议和债权人委员会是主要监督方式，为使债权人监督实质化可以从提高债权人对管理人选任的参与度、明确债权人委员会的地位与权限、控制法院对重要事务的干预程度等路径完善监督机制。在行政管理监督中，可以结合域外经验探索破产行政管理机构设立和监管模式。在行业自治监管中，可以从建立全国性管理人协会、建立管理人资质管理制度等方面加强行业自治。

在研究方法层面,本书除采用传统的规范分析方法之外,重点采用以下两种研究方法:其一,实证分析方法。虽然目前全国层面的个人破产制度尚未出台,但已有相关个人破产的试点探索,其中涉及破产管理人的相关制度设计和实践。例如,2022 年 8 月 11 日深圳市破产事务管理署印发《深圳市个人破产管理人名册管理办法(试行)》,出台国内首部个人破产管理人名册编制法律文件,建立起规范破产事务管理署编制深圳市个人破产管理人名册各项工作的基本制度,并于 2022 年 12 月 20 日发布了全国首部个人破产管理人名册。再如,温州市率先在全国探索在个人债务集中清理工作中建立公职管理人制度,于 2020 年 4 月 24 日正式印发《在个人债务集中清理工作中探索建立公职管理人制度的府院联席会议纪要》,以纪要的形式,对公职管理人制度这一项全新的制度设计予以明确。因此,本书将采取实证研究方法,对地方个人破产管理人方面的实践探索展开分析,为相关制度提供参考。其二,比较研究方法。国外个人破产制度实施多年,其中关于个人破产管理人的制度设计已经较为成熟,例如在英国,探索出以破产执业者为核心,官方接管人为替代,破产服务局为监督的破产管理人设置模式。再如,美国以私人执业的破产管理人为核心的、联邦托管人兜底的个人破产管理人设置模式。因此,本书将重点对英国、美国、日本等国家的个人破产制度展开针对性的制度比较研究,以期为我国个人破产管理人制度的设计提供镜鉴。

目　录

第一章　个人破产管理人
制度的基础理论

一、个人破产管理人的概念界定

个人破产制度，是指作为债务人的自然人不能清偿到期债务且资产不足以清偿所有债务或不能清偿到期债务且明显缺乏清偿能力时，由法院依法宣告其破产，对其财产进行依法清算、分配或者债务调整，对其债务进行豁免以及确定当事人在破产过程中的权利义务关系的法律规范。① 建立个人破产制度在一定意义上是对善良债务人的保护，也是对社会分配、社会保障制度的落实。在个人破产制度中，"个人破产中个人的债权债务关系较为明晰，管理监督较为简单"成为质疑个人破产管理人设置必要性的一大依凭。② 但个人破产涉及不同的社会、政治、文化问题，牵扯的社交关系颇为复杂，破产情况多样，处理方式较难统一等现实问题也不能忽视。无论是在个人破产程序还是企业破产程序中，债权债务关系均有可能或简单或复杂，并不能因为某些个人破产案例中出现简单的债权债务关系而否认个人破产中管理人设置的必要性。个人破产管理人具有的临时接管、信托、监督等功能，能够让个人破产程序运行得更为通畅，也能够为保护债权人、债务人利益以及衡平社会公共利益提供助力。

（一）个人破产制度的概况

公元前 2378 年，古巴比伦自由民因饱受债务奴隶制压迫，为争取自由而拉开了免除以人身作为债务清偿的奴隶制改革序幕，至汉穆拉比统治时期，为缓和阶级矛盾，汉穆拉比制定法典保护债务人的利益，其中《汉穆

---

① 王利明：《市场主体法律制度的改革与完善》，载《中国高校社会科学》2014 年第 4 期，第 130 页。

② 杜若薇：《个人破产程序中的管理人设置》，载《中国政法大学学报》2021 年第 4 期，第 211 页。

拉比法典》第117条规定，"倘若自由民因负有法律义务，将其妻、其子或其女作为人质抵押，则他们（指其妻、其子或其女）在债权者之家服役应为三年；至第四年应恢复其自由"，该规定被一些学者视为个人破产制度的起源。除此外，《汉穆拉比法典》中避免债务奴隶制的有关规定，如限制高利率盘剥、为债务人还债大开方便之门、保护债务人的土地和田园、减缓自然灾害和意外事故造成的重负等均被认为是暗含着保护个人债务人，免除债务人责任的意图。①《汉穆拉比法典》制定前，如果债务人没有足够的财产还债或者足够的田产抵押，那么债务人本人甚至其妻、子女都将沦为债权人的奴隶，失去尊严也一并失去重新做人的机会，将一辈子成为债权人的奴隶。而在《汉穆拉比法典》出台尤其是第117条规定被写进法典之后，个人债务人即便因无法偿债而沦为债权人的奴隶，其成为债权人的奴隶的时间最长也仅为三年，并且在此期间并不同于原来的奴隶制，债务人有自己的尊严和人格，不受债权人或买主的虐待，其本质上属于以劳务抵债。由此可看出，《汉穆拉比法典》规定个人在资不抵债时能够通过劳务抵债，并在最长三年后进行债务豁免，具有个人破产制度核心之个人债务豁免的雏形，但其并非个人破产制度的起源。

抵押人质、以劳务抵债并不是破产制度的核心，破产制度至少需要满足债务人财产在债权人之间进行公平有效的分配这个基本要件，而《汉穆拉比法典》及《十二铜表法》中的执行制度均未曾涉及，真正的个人破产制度起源于《十二铜表法》的程式诉讼和非常诉讼时期。在《十二铜表法》的程式诉讼时期，"善良而不幸"的债务人可以通过主动交付财产获得财产委付执行方式，主要是对人执行。财产委付执行方式，是债务人（被告）在愿意交出财产避免拘捕的前提下，可以将财产委付给债权人（原告）进行出卖，出卖的价金用以偿债，同时债权人还被要求给债务人留下部分财产以维系债务人基本生活。②从财产委付的具体执行方式来看，其在执行对象、执行手段、执行程序、免责制度等方面均有个人破产制度之特征：在执行对象上，财产委付执行方式执行的不再是债务人及其妻、子女的人身，而是对其财产进行处置；在执行手段上，将债务人的财产交付给债权人进行变卖换取价金以清偿债务，与现代破产制度中破产财产变

---

① 于殿利：《古巴比伦社会存在债务奴隶制吗？》，载《北京师范大学学报（社会科学版）》2004年第4期，第73页。

② 刘静：《个人破产制度研究——以中国的制度构建为中心》，中国检察出版社2010年版，第33—42页。

价、分配本质相通；在免责制度上，债务人是以其现有的全部财产进行清偿，超过部分不再清偿；在债务人财产豁免制度上，除了清偿债务，同样要求酌情留存部分财产供债务人生存，与现代破产制度中债务人财产中应当为债务人及其家属维系基本生活需要保留必需生活费用的财产豁免制度目的相同。

比财产委付执行方式更具有个人破产制度内涵的是"财产拍卖"和"财产零卖"。财产拍卖是在债权人申请、债务人出逃而出现人身执行不能或者债务人私自转移财产等情况下采取的一种债务人财产执行方式。在财产拍卖执行方式中，主要遵循以下几个环节：（1）债权人向大法官提出申请后，由其接管债务人财产，避免债务人财产被转移或处分；（2）申请财产拍卖的债权人应当将其接管债务人财产的相关事项进行公告，其他债权人可以加入该程序，债务人的亲友可以代为清偿或辩护；（3）个人破产财产管理人可以向法官申请变更；（4）在公告期后，债务人仍未清偿债务的，成为破产人；（5）大法官召集债权人组成债权人会议，选举债务人财产拍卖人负责拍卖清单、拍卖条件和买受人担保等事务，并进行公告；（6）以债务总额拍卖出去的百分数为基础，各债权人按照各自的债务百分比获得清偿；（7）直至破产人死亡，破产人仍有以其日后获得的财产对债权人进行清偿的义务，直至债务完全清偿。[①] 相较于现代个人破产制度，该财产拍卖程序类似于破产变价和破产分配程序，在债务人财产变价方式上，财产拍卖程序采取的是将债务人财产清单公布后，以债务总额的百分数为竞拍标准，是一种整体变卖的方式；在破产财产分配上，同样是通过拍卖所得的总额以各债权人的债权额按百分比进行分配；在追加分配上，债务人成为破产人之后，债权人在发现债务人还有其他可供分配的财产时仍然可以进行拍卖分配。该财产拍卖执行方式与财产委付执行方式不同的地方在于，其可以满足当债权人众多时，债务人财产公平、有序分配的目的。除财产拍卖外的对物执行方式中还有一种是财产零卖，该行为主要是直接对债务人的财产进行拍卖获得价金，不同于财产拍卖的地方在于，该项程序是由债务人财产管理人对债务人财产进行逐项拍卖，并规定了拍卖所得价金的具体清偿顺序，拍卖直至清偿所有债务时停止。

以上三种方式均体现了现代个人破产制度的特征和基本要素，基本能够实现公平有效地清偿债务、管理债务人财产、债务人财产变价、债务人财产分配等个人破产制度目的。综观之，破产法的发端是个人破产制度，

---

① 周枏：《罗马法原论》（下册），商务印书馆 2014 年版，第 978—980 页。

破产法的适用范围直至法人制度出现后才延伸至法人组织、社会团体等主体，个人破产制度在破产法中占据重要地位。[①] 同时，罗马法的相关制度为现代个人破产制度奠定了基础，也对西方国家的个人破产制度产生了重大影响，英国、美国等国家的个人破产制度即为例证。

其一，英国个人破产制度。借鉴了 1341 年《米兰条例》和 1415 年《佛罗伦萨条例》的 1542 年《英国破产法》是英国第一部破产法，早期英国破产法仅适用于商人破产，在 1861 年修订中《英国破产法》摒弃了商人破产主义实行自然人也可以适用破产的一般破产主义，[②] 英国《1986 年破产法》是英国第一部将个人破产和企业破产整合的破产立法，随后该破产法经历了一系列的修改和完善，确立了个人破产制度。英国个人破产制度的主要内容如下：（1）符合条件的债务人可以向法院申请债务纾缓令，在经过一定期限后对其未能清偿的债务进行豁免，个人免责期限通常是一年；（2）个人破产案件中，由政府任命审裁员受理个人破产申请，该审裁员为《英国破产法》中的官方接管人，破产服务局建立专门的个人破产登记和查询系统以便个人破产事项登记备案和公众查询；（3）英国个人破产制度中破产管理人包括官方接管人和破产执业者，在正式委任破产执业者之前的个人破产案件由官方接管人履行破产管理人职责，负责破产程序的推进；（4）破产人可以保留本人业务工具及本人、妻、子女生活所必需的财产、因人身损害或情感问题获得的请求权等财产和权利不受破产变价和分配；（5）破产人被宣告破产后，其将会失去担任债权人检查委员会、担任破产执业人、担任任何公司董事、参与任何公司经营管理、担任议员、担任律师等资格；[③]（6）个人破产人在宣告破产后仍然具有民事权利能力，自破产宣告之日起五年债务人自动免责，其因缺乏清偿能力而未清偿的债务免于承担，前述被限制的权利恢复。英国作为英美法系破产制度的起源，形成了流畅的体系，具备了个人破产制度的基本要素，其立法理念、立法模式、管理制度、免责制度、破产失权和复权制度等方面均值得我国借鉴学习。

其二，美国个人破产制度。1776 年美国独立之前主要适用《英国破产法》，1978 年《美国联邦破产法典》采用一般破产主义，适用于所有自然人和法人，美国沿用该法典至今。美国个人破产制度主要内容如下：

---

① 齐树洁主编：《破产法研究》，厦门大学出版社 2004 年版，第 502—503 页。

② 黄梓蓉著：《以香港为借鉴构建内地个人破产制度》，广东外语外贸大学 2020 年硕士学位论文，第 4 页。

③ 文秀峰：《个人破产法律制度研究——兼论我国个人破产制度的构建》，中国人民公安大学出版社 2006 年版，第 126 页。

（1）个人破产既可以由债务人申请，也可以由债权人强制申请，债权人申请前提是债务人怠于申请且可能损害债权人利益；（2）破产案件包括个人破产案件均由联邦法院中的破产法院审理，其他任何州法院均无权受理破产案件；[①]（3）个人破产制度包括个人破产清算和个人破产重整，个人破产清算程序与企业破产清算程序大体相似，个人破产重整适格主体是有固定收入的自然人，其确定的、已折算成金钱的无担保债务不能超过 10 万美元，担保债务不能超过 35 万美元；[②]（4）对个人破产人的债务豁免制度进行专章规定，对个人债务人的财产作法定破产财产和非法定破产财产区分，对非法定破产财产部分债务人可以自由处置，即为破产人的自由财产，主要包括债务人及其扶养人生存所必需的动产、不动产，不超过一定金额的生活和职业必需品，债务人的商业保险和社会保险等，旨在保障破产人及其家属的基本生活需要；（5）个人破产免责制度采取当然免责模式，即当破产债务人被宣告破产之时，其债务获得免除，但若存在债权人或管理人提出异议的情况，则法院可以在审理后作出拒绝免责或同意免责的决定。美国个人破产制度行之已久，在实践过程中获得了大量的判例，体系框架和条款设计均趋于成熟，对我国建立健全个人破产制度具有深刻意义。

其三，日本个人破产制度。日本自 1996 年起，对相关破产法规进行了多次全面修改。现行日本破产法属于清算型破产法律制度，不仅适用于企业也适用于个人；还有重整型《民事再生法》和《公司更生法》。[③] 日本个人破产制度主要规定在《日本破产法》和《民事再生法》中。日本的个人破产制度主要内容如下：（1）个人申请破产时应当提交与本人财产、家庭收入、日常收支等有关的详细资料，以供法院判断是否受理破产申请。不同于英美法系，日本个人破产制度中，在法院裁定受理的同时可以对强制执行、财产保全、行为保全措施以及有关财产的诉讼程序发出中止命令，为提高法院应对各债权人提出的多样强制执行效率，还可以颁布"全

---

①　刘静：《个人破产制度研究——以中国的制度构建为中心》，中国检察出版社 2010 年版，第 82 页。

②　［美］大卫·G. 爱泼斯坦等：《美国破产法》，韩长印等译，中国政法大学出版社 2003 年版，第 658 页。

③　齐砺杰：《债务危机、信用体系和中国的个人破产问题》，中国政法大学出版社 2017 年版，第 254 页

面禁止令"，以排除债务人的财产被申请强制执行，损害债权人的利益。[①]（2）为了保护债务人在破产程序进行过程中的基本生活需要，规定了自由财产制度，如债务人通过个人劳动获得的新财产、被破产财产放弃的财产等均属于债务人的自由财产，不被纳入破产财产范围。（3）破产程序终结后，债务人可以向法院申请责任豁免，即免责程序的启动。日本个人破产制度中的免责程序独立于破产程序，破产人并不会在清算结束、破产程序终结后享受剩余债务的自动免责，需要法院通过额外的正式裁定对破产人进行免责。但应当注意的是，在债务人自愿申请破产的情况下，只要当事人没有提出反对意见，则债务人在提交破产申请的同时，视同提交了免责申请。（4）日本个人破产制度中，债务人在破产程序开始后将会受到不得担任律师、未成年人的监护人、受托人、公证人、公司董事等资格限制，即为失权。（5）同时，日本个人破产制度也规定了可以通过一定的复权程序取消上述资格限制。复权分为基于一定条件发生复权效力的当然复权和经破产人申请法院予以许可的复权两种。[②] 根据《日本破产法》第 255 条的规定，法院作出的免责许可裁定生效、再生计划批准裁定生效以及破产程序开始后满 10 年，破产人当然复权。根据《日本破产法》第 256 条规定，破产人通过清偿债务或者其他方法使其对破产债权人负担的全部债务豁免的，经其申请，法院作出复权裁定后破产人复权。（6）日本个人破产制度引入了个人重整型程序《民事再生法》，规定了小规模个人再生、工资所得者等再生程序，其特点在于债务人基于其诚信和公平下自主管理财产，监督人仅为保障债务人遵守公平诚信义务。日本个人破产制度在尊重自然人破产能力的基础上，倾向于支持债务人重整，更多体现出一种仁慈和友好。

个人破产制度是对善良债务人的一种法律保护，使其在符合法律规定的情况下公平有效地解决债务问题，能够通过破产获得免责及"重新生活"的机会。市场经济中自然人成为主要的交易主体之一，也频繁出现了自然人债务人无法清偿债务而引发纠纷的现象，自然人债务人一旦背负债务就是一辈子甚至被恶意追债的社会乱象层出不穷，个人债务人再难以在社会中正常立足；同时，自然灾害给大范围个人造成严重经济损失时，个

[①] ［日］谷口安平主编、［日］山本克己、［日］中西正编：《日本倒产法概述》，［日］佐藤孝弘、田言等译，中国政法大学出版社 2017 年版，第 47 页。

[②] 齐砺杰：《债务危机、信用体系和中国的个人破产问题》，中国政法大学出版社 2017 年版，第 257 页

人无法清偿债务、债权人利益无法得到保障的情况比比皆是。① 然而，由于缺乏破产制度，司法机关对资不抵债、无力清偿债务的债务人只能执行"限制高消费"等措施。实际上，该类举措不但不能保护债权人的利益，也无法激励债务人积极主动清偿债务。个人破产制度中体现债务人救济的自由财产制度、免责制度等，均是市场经济发展背景下鼓励个人创业所需要的，个人破产制度能够减轻个人创业的后顾之忧、依法激励债务人清偿债务、有效助力解决我国"执行难"问题、规范个人民商事行为。

因此，我国正积极推动建立个人破产制度。国家层面，2019 年 2 月 27 日，最高人民法院在《关于深化人民法院司法体制综合配套改革的意见——人民法院第五个五年改革纲要（2019—2023）》中明确指出："研究推动建立个人破产制度及相关配套机制，着力解决针对个人的执行不能案件。" 2019 年 6 月 22 日，国家发展改革委员会等十三部门联合印发的《加快完善市场主体退出制度改革方案》中再次提出："分步推进建立自然人破产制度。研究建立个人破产制度，重点解决企业破产产生的自然人连带责任担保债务问题。明确自然人因担保等原因而承担与生产经营活动相关的负债可依法合理免责。逐步推进建立自然人符合条件的消费负债可依法合理免责，最终建立全面的个人破产制度。" 2022 年 5 月 11 日，中共中央、国务院印发的《关于新时代加快完善社会主义市场经济体制的意见》中首次提出个人破产制度立法，要求："健全破产制度，改革完善企业破产法律制度，推动个人破产立法，建立健全金融机构市场化退出法规，实现市场主体有序退出。"十三届全国人大五次会议期间，有代表提出关于修改企业破产法的议案，建议修改企业破产法，完善破产财产、债权人保护、管理人、重整及清算转重整、跨境破产、法律责任等内容，增加个人破产、府院协调、预重整、破产简易程序和金融机构破产专章等。全国人大财经委牵头成立《中华人民共和国企业破产法（修订草案）》起草组，对修法涉及的重大问题开展专题调研，积极推进起草工作，议案提出的建议多数在修订草案中已有体现。十三届全国人大常委会第三十八次会议决定审议全国人大财政经济委员会关于提请审议企业破产法修订草案的议案，这意味着个人破产制度将可能被企业破产法吸纳，个人破产制度在法律层面确立。

地方层面也对个人破产制度进行了探索。2020 年 8 月 26 日，深圳市

---

①　李继业、马丽丽：《个人破产法与破产管理人制度探析》，载《人民论坛》2012 年第 3 期，第 66 页。

人民代表大会常务委员会通过了我国首部个人破产立法——《深圳经济特区个人破产条例》，该条例是深圳经济特区继《深圳经济特区企业破产条例》后再一次为我国破产制度开创的一大先河，旨在保护"诚实而不幸"的债务人，依法赋予其"重生"的机会，彰显了"人民至上""以人民为本"的理念，为我国其他地区陆续研究制定个人破产制度提供了有益借鉴。2020 年浙江省高级人民法院发布《浙江法院个人债务集中清理（类个人破产）工作指引（试行）》，2020 年东营市中级人民法院出台了《关于个人债务清理的实施意见（试行）》，2022 年成都市中级人民法院发布了《关于个人债务集中清理的操作指引（试行）》，这些个人债务清理试点相关规定均对个人债务集中清理工作的基本原则、管辖、申请和受理、财产申报、管理人、财产调查和核实、债权申报、债权人会议、债务清理等内容作出了规定，为探索和开展个人债务集中清理工作提供了业务参考。当然，要实现个人破产制度最终从地方试点到全国铺开，最高人民法院审委会专委刘贵祥认为，还需要在个人破产知识的传播与观念的改善、个人破产及相关制度的国家层面立法、破产配套制度的建立健全等方面做好工作。①

（二）个人破产管理人的制度概况

个人破产程序中管理人制度如何设计？这一问题在国内学界中较少被关注，更多的是考量企业破产程序中破产管理人制度，这与我国个人破产制度尚未建立健全有关。但仍有部分学者对个人破产管理人制度提出了思考：有学者从个人破产程序是否需要管理人出发，思虑个人破产程序中管理人个人执业以及官方管理人制度建构，充分吸收了英国、美国等国家个人破产管理人制度的经验；② 也有学者在提出我国需要个人破产立法的基础上，探索适用于个人破产和企业破产的破产管理人制度；③ 还有学者在研究分析英国个人破产制度的基础上，详细剖析了英国个人破产管理人制度中的三大主体关系，并提出对我国个人破产管理人制度构建的启示；④

① 刘贵祥：《个人破产制度全国铺开前还需"三步走"》，载《新京报》2022 年 3 月 10 日，https://www.bjnews.com.cn/detail/164690811914158.html，最后访问时间：2023 年 2 月 1 日。

② 杜若薇：《个人破产程序中的管理人设置》，载《中国政法大学学报》2021 年第 4 期，第 211—222 页。

③ 李继业、马丽丽：《个人破产法与破产管理人制度探析》，载《人民论坛》2012 年第 3 期，第 66—67 页。

④ 徐阳光：《个人破产立法的英国经验与启示》，载《法学杂志》2020 年第 7 期，第 24—35 页。

等等。观诸域外，英美法系对个人破产管理人制度有较多实践经验和理论研究，对不同法系、不同国家的个人破产管理人制度进行比较研究，能够为我国个人破产管理人制度设计奠定基础。

其一，英国个人破产管理人制度。英国于 1570 年建立了破产专员制度，1732 年允许可以由债权人授权委托第三人管理破产事务，1883 年正式将破产程序中的司法职能与破产管理职能区分，建立公私结合的破产管理机制，同时确立由破产服务局对破产程序进行全程监管。根据《英国破产法》的规定，内阁大臣可以委任首位个人破产管理人或者根据官方接管人的请求拒绝任命管理人，同时内阁大臣对破产管理人的履职行为进行监督。官方接管人是英国破产程序中一类特殊主体，其办公室遍布英国并由分区经理管理，每个官方接管人在个人破产案件中被任命为接管人之后具备法定公职人员和法院工作人员双重身份。官方接管人是英国破产服务局内一个相对独立的组织部门，其根据《英国破产法》的相关规定在个人破产清算程序开展工作，在破产执业者被任命为破产管理人之前，官方接管人负责个人破产清算案件的进行，其隶属于英国高等法院或对个人破产案件有管辖权的地方法院。而个人破产制度中破产执业者是指个人破产程序中的破产管理人、临时接管人、临时管理人，个人自愿安排中的代理人或者监察人、遗产破产中的管理人。在英国，要成为破产执业者应当通过破产职业统一资格考试并得到"受认可专业团体"[①] 的许可，遵守法律规定、行业准则以及内阁大臣、破产服务局、受认可的专业团体以及其他行业协会的规定。[②] 破产执业者与内阁大臣、受认可的专业团体以及破产服务局之间有着密切的联系：破产执业者能否从事个人破产业务需要得到受认可的专业团体的授权，包括"完全授权"和"部分授权"，"完全授权"是指破产执业者能够从事个人破产业务和公司破产业务，"部分授权"是指破产执业者只能够从事个人破产业务或者公司破产业务；受认可的专业团体的权利来自内阁大臣的命令，内阁大臣宣布其认为符合条件的受认可的专业团体并允许这些受认可的专业团体向破产执业者发布完全授权或部分授权；破产服务局对整个破产行业进行监管，包括对受认可的专业团体以及破产执业者，是完全的"监管者"。

其二，美国个人破产管理人制度。因独立前沿用《英国破产法》等原

---

① "受认可的专业团体"（PRBs）是指有资格对其成员进行执业授权并监督破产执业者的专业机构，一般都是法律和会计领域的行业协会。

② 徐阳光：《个人破产立法的英国经验与启示》，载《法学杂志》2020 年第 7 期，第 30—31 页。

因，美国个人破产管理人制度深受英国个人破产管理人制度的影响，但在长期发展过程中，其呈现出和英国不一样的三元格局，即破产法官、破产管理机构和市场破产执业者共同负责个人破产案件的破产管理事务。破产法官受理破产案件，专门负责破产案件的司法裁判，与破产管理完全分离，但是整体的破产程序均由破产法官主持，破产法官发出债务免除令是破产案件受理、破产管理开始的时间。破产管理机构又被称为联邦托管人，该机构类似于英国个人破产管理人制度中的官方接管人。联邦托管人属于政府职能部门，其职能包括负责破产管理、在破产受理前任命个人破产案件中的临时托管人、监督破产程序等，但是联邦托管人主要是在私人托管人拒绝或者无力履行破产管理人之职责时替补担任破产管理人，具有官方执法人和替补管理人的双重身份。联邦托管人是政府部门提供的官方破产管理服务，除此之外，市场从业者也可以成为破产管理人，负责破产案件的具体工作，其是美国个人破产管理人制度中的主要角色。[①] 破产管理人的报酬一般以债务人所需清偿的债务数额的一定百分比支付，报酬内容包括联邦托管人的酬金、私人破产管理人在破产管理过程中所支出的必要费用以及"联邦托管人系统基金"三部分，其中联邦托管人的酬金不得超过联邦政府职员的一定工资标准，"联邦托管人系统基金"主要用于支付联邦托管人系统中联邦托管人的薪资以及办公费用。

总之，英美两国均对个人破产程序中的管理人制度进行了相应探索，在破产管理人的主体资格、破产管理人的任职条件、破产管理人的职责和报酬、破产管理人的监督等方面都为我国个人破产管理人制度提供了资鉴。英国成立专门的破产事务管理局和行业监管并举的破产管理体制有其优势，美国考虑破产程序受理前后债务人财产管理的空缺设计临时托管人有其必要。同时，英美两国均将官方破产管理人与私主体破产管理人相结合，并对私主体破产管理人资质作出了一定的规定，以保障个人破产制度的顺利运行和市场主体的有效参与。以上经验均对我国个人破产管理人制度设计有所裨益，能够为我国思量个人破产管理人制度提供参考。

（三）个人破产管理人的内涵厘定

个人破产管理人是个人破产程序中负责破产事务的管理人。在介绍界定个人破产管理人内涵之前，需要明确一点，何为个人破产？"个人"并

---

① 傅颖：《个人破产程序中破产管理人制度设置研究》，广西大学 2022 年硕士学位论文，第 15 页。

非法律概念，其不同于"自然人"，在域外文献中"个人破产"译为"in-dividual bankrupt"而非"natural person bankrupt"。因为个人破产制度并不仅仅指自然人破产，还包括合伙、个人独资企业等非法人组织破产，这些组织的破产责任在相关法律规定下可能会直接由该组织内的某些承担实体义务的自然人承受，最终导致该自然人破产。而这种背景下的非法人组织破产与自然人破产联系紧密，也就会使非法人组织的破产程序和自然人破产程序紧急联系，但实际上以非法人组织身份进行的破产程序又与非法人组织中的自然人进行的破产程序有所差异。所以，"个人"的外延不仅仅包括"自然人"，也包括非法人组织，个人破产应包括在经济实体中因承担无限责任导致的个人破产和法律意义上的自然人破产。[1] 但观之《深圳经济特区个人破产条例》，其第 2 条规定："在深圳经济特区居住，且参加深圳社会保险连续满三年的自然人，因生产经营、生活消费导致丧失清偿债务能力或者资产不足以清偿全部债务的，可以依照本条例进行破产清算、重整或者和解。"换言之，《深圳经济特区个人破产条例》仅适用于法律意义上的"自然人"，不包括非法人组织等经济实体。

破产管理人制度起源于古罗马的破产管财人制度，由法官根据债权人的申请将债务人的财产交由申请的债权人占有和处分，若有多个债权人，则处分所得财产用于清偿所有债权人的债权。正如前述提及的财产委付、财产拍卖和财产零卖中负责债务人财产托管、拍卖的负责人，即是现代破产管理人制度的雏形。破产管理人制度是世界各国破产法中一项非常重要的制度，在不同的国家和地区有着不同的称谓，如破产管财人、破产接管人、破产托管人、破产受托人等。[2] 我国现行企业破产法中将破产管理人称之为"管理人"，而不是"破产管理人"。因为在 1987 年《中华人民共和国国有企业法（试行）》中，破产管理人使用的称谓是"破产清算组"，即该破产管理人仅负责破产清算程序中的相关工作。而"清算组"的表述是沿用了公司法中"清算机构"的表述，但是这在具体践行过程中不仅会造成"破产清算组"和"清算机构"的混淆，同时也会产生企业的解散清算程序和企业破产清算程序的混淆，这是不妥当的，因此在新法修改过程中将"破产清算组"修改为"管理人"。此表述的修改，不仅厘清了企业

---

① 文秀峰：《个人破产法律制度研究——兼论我国个人破产制度的构建》，中国人民公安大学出版社 2006 年版，第 15—18 页。

② 傅颖：《个人破产程序中破产管理人制度设置研究》，广西大学 2022 年硕士学位论文，第 6—7 页。

解散清算和破产清算的管理，也明确了破产管理人的工作任务不仅局限于破产清算程序，也包括破产重整程序和破产和解程序。

从上述分析可以看出，个人破产管理人的概念有广义和狭义之分。狭义上的个人破产管理人仅负责个人破产清算程序中的具体工作和安排，也为破产管理人。广义上的个人破产管理人不仅在个人破产清算程序中负责相关工作，在个人破产重整、和解程序中也承担相应的管理工作。广义上的个人破产管理人自破产程序受理之日起、被指定为破产管理人之时始，其纵贯整个个人破产程序。① 2021 年《深圳经济特区个人破产条例》第 16 条规定："自人民法院公开破产申请之日起十五日内，债权人可以单独或者共同向人民法院推荐破产管理人（以下简称管理人）人选。"而除总则和破产清算外，在第八章重整、第九章和解、第十章简易程序中均使用"管理人"，也即在《深圳经济特区个人破产条例》中的管理人内涵采广义，工作内容包括破产清算、破产重整、破产和解等破产程序中负责相关具体任务。根据《深圳经济特区个人破产条例》，个人破产申请受理后，人民法院将会根据债权人的推荐或者破产事务管理部门提出的人选指定管理人，该管理人将在人民法院裁定受理破产申请之后负责该破产案件的相关事务，直至破产程序结束。个人破产重整程序中，管理人仍旧为最初人民法院指定的管理人，负责监督债务人重整、制定重整计划草案、向法院申请批准重整计划草案、监督执行被批准的重整计划等；在破产和解程序中，除暂不需要指定管理人的情形外，管理人仍旧可以负责个人破产和解程序。

综上，个人破产管理人宜采广义理解。个人破产管理人指的是在个人破产中破产和解、破产重整、破产清算等破产程序中负责管理、处分债务人财产和其他破产事务的组织和个人。② 个人破产管理人内涵应当包括破产清算程序、破产和解程序、破产重整程序中的所有管理者，因为破产清算、破产和解、破产重整均是在个人破产申请被受理后可能启动的法定破产程序，在这些破产程序中承担管理职责的个人或其他组织都应当被纳入个人破产管理人内涵。

（四）个人破产管理人的基本特征

个人破产管理人作为个人破产程序中破产事务的管理者，其工作内容

---

① 王欣新：《论新破产法中管理人制度的设置思路》，载《法学杂志》2004 年第 5 期，第 34 页。
② 齐树洁主编：《破产法》，厦门大学出版社 2007 年版，第 96 页。

涉及债权人利益、债务人利益、破产管理人自身的利益等多种利益和多个利益主体，而根据法律规定，其又必须满足个人破产制度的核心要素，综合来看，个人破产管理人应当具有以下特征：

1. 独立性

独立性是指管理人独立于债权人、债务人、指定其产生的法院以及其他行政机关，管理人依法独立履行其职责，进行个人破产程序各项活动，不受任何主体的领导和干扰，也不受任何行政机关的支配，但是其需要受到法院、债权人、债务人以及破产事务管理部门等的监督。个人破产管理人的独立性主要是指其在法律地位上的独立性，更多强调其不受任何主体的干扰。个人破产管理人的独立性要求：

其一，个人破产管理人独立地履行职责。个人破产管理人要想独立地履行职责需要三方配合：一是管理人应当在相对独立的环境下进行破产财产整理、变价和分配工作，应当积极主动地履行其管理人职能，配合法院的破产程序推进工作，不能将其职责任务推诿给法官、破产事务管理部门或者其他主体。二是法院应当根据其审理破产案件、推动破产程序的实质要求，安排管理人的工作任务，同时对其工作内容进行监督，不得为减轻自身负累而要求管理人履行非其分内之责。三是破产事务管理部门不能插手管理人的破产管理事项，每个破产案件中被指定的管理人是整个破产程序中的管理者，其他任何破产管理机构或个人均不能插手破产事务，破产事务管理部门仅能进行监督，对其违反规定的行为进行制止并加以处罚。

其二，个人破产管理人独立承担法律责任。在国内外个人破产制度中对管理人承担的法律责任均作出了相应规定，此即对个人破产管理人独立性的直接肯定。具体到相应的法律责任中，管理人未依法依规勤勉尽责、忠实执行职务，给债务人、债权人或者其他利害关系人造成损失的，应当依法承担赔偿责任；管理人怠于履行或者不当履行职责的，应当依法承担降低报酬、变更管理人、暂停任职资格、从管理人名册除名等后果；管理人与他人恶意串通，妨害破产程序的，应当依法承担相应的行政处罚和刑事责任。前述赔偿责任、惩罚措施、行政责任和刑事责任等均需要个人破产管理人独立承担，其因自身原因造成的损害后果不应当由任何一方主体代为承担，均由其独立承担责任。

2. 中立性

个人破产管理人的中立性是个人破产制度价值目标实现的客观要求和落实个人破产各项程序的具体需要。一方面，个人破产程序中，涉及债权人、债务人、债务人的雇工等多方主体的利益，个人破产程序更甚于企业破产程序的是，这些利益主体之间的纠葛更为复杂、更难以协调。但个人破产制度要求保护债务人、债权人的合法权益，合理调整债务人、债权人及其他利害关系人的权利义务关系，维护社会公共利益，促进诚信债务人经济再生。管理人只有坚持其中立地位，才能够在错综复杂的个人破产法律关系中忠实履职，客观冷静地推进各项个人破产程序，保护多方主体的利益。根据现代破产法学理论的观点，个人破产制度本质是一种对破产个人的救济，是对债务人、债权人以及社会公共利益的衡平，那么为了实现这种平衡并推进个人破产程序，管理人的中立性是破产程序对管理人的必然要求。① 另一方面，个人破产程序中管理人应当扮演什么样的角色，居于什么样的法律地位，各方主体莫衷一是，但破产程序需要管理人履行职责加以推进。而在法官、债务人、债权人等多方主体对管理人地位观点不一时，管理人的中立性得以明确，能够保证管理人不受其他任何主体的干预，依法履行其职责，保障破产程序的有效推进。

因此，个人破产程序中的管理人不应站位于任何一方主体，其应当保留自身的中立性，坚守其核心职责是推进破产程序，实现破产财产最大化，维护、衡平多方主体的利益。要实现破产管理人的中立性，则要求：

其一，个人破产管理人应当与债权人、债务人、破产财产没有任何利害关系。个体行为往往会受到主观意志的影响，当管理人与破产程序中的某类主体或者某类利益相关，其可能会本能地站在自己偏向的一方，根据自己的偏好以不同的标准、观念对待不同的主体，最终可能会阻碍甚至破坏破产程序的客观公正性。正因如此，个人破产程序中的管理人选择应当与债权人、债务人、破产财产等没有任何利害关系，只有超脱于利害关系之外，管理人才能够客观地整理破产财产、变价分配破产财产，并对破产重整计划或和解计划作理性分析，也才可能更独立地作出判断。

其二，个人破产管理人应当只服从于个人破产相关法律法规。个人破产管理人的职责和权力均来源于个人破产制度的相关法律法规的规定，其应当遵守相关规定，也应当按照相关法律法规的规定管理破产程序的相关事务。需要注意的是，破产管理人既不服从于法院也不服从于破产事务部门等行政机关。破产管理人虽然是由法院指定，但是破产管理人的权限并不由法院授予，法院也仅仅是根据个人破产法律法规对个人破产管理人作出指定，以便其推进个人破产程序。破产事务管理部门虽然负责编制调整破产

---

① 曾毅、周玉英：《浅析我国破产管理人的法律地位》，载中国法院网 2010 年 1 月 22 日，https://www.chinacourt.org/article/detail/2010/01/id/392324.shtml。

管理人名册、对管理人进行培训、监督管理人履行职责、撤销管理人执业资格等，但是破产事务管理部门仅是对个人破产管理人进行监督的政府部门，管理人履行职责、处理个人破产中的民商事法律关系、执行破产清算程序等均不受破产事务管理部门的干扰，也并不服务于破产事务管理部门。

3. 公正性

个人破产管理人的独立性和中立性都是为了保证其公正性的基石。如果说个人破产管理人的独立性和中立性是法律法规对管理人的客观要求，那么公正性则是个人破产制度对管理人的主观要求。[①] 个人破产管理人的公正性要求：

其一，个人破产管理人应当依法维护债务人、债权人以及其他利害关系人的权益。个人破产管理人的职责非常广泛，如调查核实债务人及其相关人员信息、通知债权人申报、调查管理债务人财产、撤销不当清偿行为等是对债权人及相关利害关系人利益的保护，如提出债务人豁免财产清单、代表债务人参加相关诉讼等是对债务人及其亲属利益的保护，如对重整计划、和解协议、债务人考察期行为等的监督是对债权人、相关利害关系人乃至社会公共利益的保护。正如前述，个人破产制度的相关法律法规规定了个人破产管理人对每一方主体利益维护的职责，易言之，个人破产管理人不代表任何一方的利益，其应当"勤勉尽责、忠实执行职务"，依法维护债务人、债权人以及其他利害关系人的权益。

其二，个人破产管理人应当遵循程序公正原则。个人破产制度是实体和程序的结合，更多强调程序，破产程序在个人破产制度中占据着一席之地，而程序公正也是审理案件的一大基本要求。因此，在个人破产程序中，个人破产管理人应当遵循程序公正的要求，实现破产程序公开、透明。个人破产管理人应当遵守个人破产制度的相关程序规定，当法律有明确规定时，就应当根据法律规定执行。比如，个人破产管理人应当及时公告通知其他债权人申报债权，保障其他债权人能够及时参与个人破产程序，又如，个人破产管理人在发现债务人有欺诈、恶意减少债务人财产或者其他损害债权人财产权益的行为时，应当遵守规定及时告知债权人并向法院提出申请。当法律没有明确规定或者规定较为模糊时，个人破产管理人作为具有相关专业知识和实践经验的主体，应当尽力为债权人、债务人等主体进行解答，并以符合程序公正、最具效率的方式实施破产程序管理行为。

---

① 陈泽桐：《破产管理人制度研究》，吉林大学 2008 年博士学位论文，第 44—45 页。

4. 专业性

破产管理人在破产程序中具有非常重要的地位，破产清算、破产重整计划、债务人财产整理与变价、财产分配方案的拟定和执行等均由个人破产管理人进行，其在破产程序中的职责已然要求其具备一定的专业性。在个人破产程序中，理论上债务人财产的整理和变价等应当相对企业破产而言更为简易，而实际上个人破产程序中对个人破产管理人职责的要求更为烦琐和细致。在《深圳经济特区个人破产条例》中即有体现：条例中为管理人列举式规定了十一项职责，除企业破产程序中如财产调查和审查、债权申报通知、接管债务人财产、制作债务人财产报告、拟定财产分配方案、召开债权人会议、监督重整计划及和解协议的执行等传统的职责外，还规定了个人破产管理人应当调查核实债务人及其相关人员的基本情况、提出豁免财产清单意见和管理监督债务人考察期间的行为三项特殊的规定。对比之下，个人破产程序中管理人的职责类型更为多样、烦琐，对管理人的专业性提出了更高的要求。

一方面，专业性的个人破产管理人能够最大化债务人财产。个人破产程序的运行如何影响的不仅仅是债务人的生存，更是债权人的利益。而多方利益的衡平重点在于债务清偿程度如何，而债务清偿主要在于债务人财产的变价和分配，而债务人财产的变价和分配又依赖于拥有深厚财务、金融、会计知识的专业管理人。专业的个人破产管理人能够运用其专业知识，将债务人财产合理合规地整理成册，结合其具有的法律知识、财会知识、实践经验，将债务人的破产财产进行合理变价并分配，减轻法官、债务人、债权人等主体的负累。如在《英国破产法》中对个人破产管理人的专业性也提出了要求，需要通过统一的资格考试，同时需要获得受认可专业团体的授权。

另一方面，专业性的个人破产管理人能够提高个人破产程序运行效率。众所周知，个人破产程序繁杂，其自受理之日起持续时间长、涉及的民商事法律关系众多、债务人主观情绪明显等特征均会影响破产程序的顺利推进。而具有专业性的个人破产管理人的加入，能够发挥其专业技能和团队合作能力，解决个人破产中可能出现的婚姻家庭关系、遗产继承关系等民商事法律问题，并以专业的态度面对破产个人流露的主观情绪，做好法院、债务人、债权人之间的协调，从而在整体上提高个人破产程序的效率。

二、个人破产管理人的法律地位

（一）法律地位的相关理论学说

明确个人破产管理人的法律地位对落实个人破产制度和破产管理人履行职责具有重要的理论指引意义。在学界，关于个人破产管理人的法律地位的学说颇丰，具有代表性的主要有代理说、职务说、破产财团说、破产信托人说等。各学说均有其理论依据和实践支撑，需要加以剖析研究，明确我国个人破产管理人的法律地位。

1. 代理说

代理说主要秉持在个人破产程序中管理人是以代理人的身份参与、处理破产事务，其处理破产事务等权利均来源于被代理人的授权，以被代理人的名义处理破产事务，履行管理人职责，代理效果归属于被代理人，其行为效力也由被代理人承担，其法律地位是被代理人的代理人。[①] 代理说的理论基础来源于民事委托代理，在破产程序中主要分为债务人代理说、债权人代理说和共同代理说。

（1）债务人代理说认为，管理人的代理权来自债务人。债务人的破产申请被受理后，主体资格依然存在，其财产只是暂时交由管理人保管，并未丧失其债务人财产的所有权；破产财产变价、分配以及破产清算程序中管理人对债务人财产的处分也是为了公平有效地清偿债务，本质上是变价清算，管理人仅仅是债务人为回避利害关系而委托的履行清算程序的第三方主体。同时，管理人的变价、分配和清算等程序的效力及于债务人，已经清偿的债务，债务人不再承担清偿责任；已经变价的财产，债务人不再拥有所有权等。而这些都不会对管理人产生效力，管理人只需要对未忠实尽职承担责任。因此，管理人是债务人的代理人。

（2）债权人代理说认为，管理人的代理权来自债权人。一方面，债务人申请破产或者债权人申请债务人破产后，人民法院可以根据债权人的推荐指定管理人。债务人财产是债权人的债权获得清偿的重要保障，而管理人则是债权人推选出来以代为管理债务人财产的主体，负责对债务人财产整理编册、变价分配等。管理人对债务人财产的处分行为最直接的效果便是清偿债权人的债权，管理人的职责多为代理债权人对债务人财产进行管

---

① 汤维建：《破产程序与破产立法研究》，人民法院出版社 2001 年版，第 286 页。

理。另一方面，债务人在破产申请受理前或者破产程序期间可能会实施欺诈、隐瞒、不当清偿或者其他有损债权人利益的行为，管理人均可代理债权人向相对人行使撤销权。因债务人的可能损害债权人利益的行为并未侵犯管理人的利益，管理人没有向相对人行使撤销权的法律依据，但是法律却规定管理人可以行使，甚至管理人可以代表债权人行使对破产财产的质权、抵押权等，本质上都是管理人在代理债权人行使此项权利。因此，管理人是债权人的代理人。

（3）共同代理说认为，管理人的代理权来自债务人和债权人的共同授权。在破产程序中，管理人并不仅仅代表一方行使权利，如前所述，管理人需要代为保管债务人的财产、变价处分债务人的财产、代表债务人向法院提出重整申请等，此时管理人主要是代理债务人行使权利，管理人是债务人的代理人；管理人同时也需要代表债权人行使撤销权、破产财产质权、破产财产抵押权等，此时管理人代表的是债权人团体的利益，管理人是债权人的代理人。因此，管理人不能被视为任何一方单独的代理人，而是债务人和债权人双方的共同代理人。

2. 职务说

职务说是与代理说长期对立的一种学说，该学说最早源自1892年德国帝国民事判例集中所记载的一则判例，德国、日本等多数学者主张该学说。[1] 该学说又被分为公法上的职务说和私法上的职务说。

（1）公法上的职务说。公法上的职务说认为，管理人是由人民法院指定的管理债务人财产等破产事务的主体，同时管理人要受到破产事务专门管理部门的授权、监督和管理，其对债务人财产进行管理和处分等均是在履行其公法上的职务。管理人在未被指派为管理人之前或为行政部门的公务人员，由行政部门支付报酬，那其从始至终便具有公务职责；或为市场中从事破产事务的执业主体，其本不具有管理人资格，只有当其进入破产事务管理人部门的名册或者获得授权、得到人民法院的指定时，其才能够进入破产程序成为管理人，本质上在执行其公法上的职务。与此同时，公职务说认为破产程序本质上是一种概括性的强制执行程序，是全体债权人对债务人财产进行的破产清算，不属于私法上的清算关系，因此管理人实施清算等权利只专属于管理人，即管理人实施的破产清算行为，债务人和

---

① 陈泽桐：《破产管理人制度研究》，吉林大学2008年博士学位论文，第25页。

债权人均无权干预。[①]

（2）私法上的职务说。私法上的职务说认为，管理人虽然是在履行职务而管理和处分债务人财产，对破产程序中相关事项承担管理职责，但是其并非履行公职，而是以私人名义进行的，属于私法上的职务。除了有的国家中规定的官方接管人具有完全的公职外，在破产程序中承担主要管理职责的管理人均是市场第三方主体，多为律师事务所或会计师事务所，其并非公职人员，因此也不承担公务。同时，管理人并不受破产事务管理部门和法院的指导，其依据法律履行职责，其报酬也由债务人财产变价支付或由债权人支付。从管理人履行职务的身份性质、报酬给付等角度来看，其均不具有公务身份，而是以私人身份进入破产程序履行管理职务。

3. 破产财团代表说

为了弥补代理说和职务说中存在的局限，破产财产代表说产生，该学说最早起源于德国。破产财团代表说最大的突破在于，其赋予了债务人财产拟制的法律人格，将债务人财产的法律地位从权利客体提升至权利主体，而管理人则为该权利主体的代表主体。[②] 易言之，破产财团代表说认为，债务人财产因破产宣告而成为破产财产以供破产清算清偿债务，而这些债务人财产将被人格化为类似于财团法人性质的破产财产，由管理人担任该被人格化的破产财产的代表机关。在破产财团代表说下，管理人完全独立于债权人和债务人，不受其干预，也完全不受人民法院和破产事务管理部门的干涉，被人格化了的债务人财产才是管理人产生的唯一源头。该学说在一定程度上克服了代理说和职务说的局限性，如管理人作为破产财团的代表机关，管理人因履行职务侵害他人权益时可以由破产财团的财产承担赔偿责任，因为管理人是破产财团的法定代理人，代理破产财团履行职务。[③]

4. 破产管理机构法人人格说

破产管理机构法人人格说是日本通说，由日本学者伊藤真创设，该学说不同于代理说、职务说和破产财团代表说最关键的一点在于，其承认了管理人的中立性、独立性特征，管理人不再代表任何主体的意志，也不再从属于任何机关履行职务。破产管理机构法人人格说认为，管理人是独立

[①] 张军：《论破产管理人的法律地位》，载《武汉大学学报（哲学社会科学版）》2012 年第4 期，第78 页。

[②] 张在范：《论破产管理人的法律地位》，载《北方论丛》2005 年第1 期，第149 页。

[③] 廖焰迪：《我国破产管理人的法律地位之探析》，载《福建商贸协会2019 年座谈会论文集》。

的管理机构，具有独立的法人人格，独立地处分债务人财产并处理相关破产事务。该学说下，管理人需要根据法院的主持和安排履行相应阶段的职责，依法维护各方主体的利益，不能有失偏颇。

5. 信托受托人说

信托最初是指一方主体基于对另一方主体的信任，将自己的财产托付给其代为打理，后来演变为委托人想让专业人士管理自己的资产使其保值或升值。目前，信托是指委托人基于对受托人的信任，将其财产权委托给受托人，由受托人按委托人的意愿以自己的名义，为受益人的利益或特定目的，进行管理和处分的行为。具体到破产程序中，即为法院、债务人、债权人以及其他利害关系人基于对某个管理人的信任，将债务人财产交由其负责管理，在之后的破产程序中均由管理人按照委托人的意愿、以管理人的名义，为受益人的利益或者特定的目的，对破产财产进行管理和处分。

信托受托人说是英美法系主张的学说，也起源于英美法系中的一项衡平法义务，甚至是英美法系明确规定的管理人的法律地位。在《美国联邦破产法》中明确规定，破产管理人是破产财产的代表，破产管理人作为破产财产的代表对破产财产承担被信任者的义务，其需要秉持破产财产最大化的原则，采取相关措施保护所有利害关系人的利益。在《英国破产法》中也有相似规定，即接管人履行其职责、行使其职权时，将其视为破产人的代理人。在信托受托人的主张下，法院、债权人、债务人以及其他利害关系人是并列的几大主体，管理人不再是其中任何一方的代理人，也不是履行职务的国家机关工作人员，其是在法院、债权人、债务人以及其他利害关系人之间建立的一种信托关系。① 信托受托人说不同于代理说，在信托关系中，破产申请被受理后破产财产即成为独立的法人实体，债务人的所有财产都被归入该法人实体中，而破产管理人即为该法人实体的受托人，因此其可以以自己的名义起诉和应诉。但是这只是一种法律上的假定代理关系，并不是真正意义上的代理，这种代理关系被代理人无权终止破产管理人也不受被代理人监督，其对被代理人承担的是信托关系中的受托人义务。② 信托受托人说将信托制度与破产制度相结合，对个人破产管理人的法律地位确定及个人破产制度的落实有重大意义。

---

① 冯兵、朱俊伟：《论我国破产管理人制度的构建》，载《西南政法大学学报》2004 年第 5 期，第 90 页。

② 张军：《论破产管理人的法律地位》，载《武汉大学学报（哲学社会科学版）》2012 年第 4 期，第 79 页。

（二）法律地位理论学说的评述

前述有关个人破产管理人法律地位的相关学说均有其理论依据和特色，但仔细剖析仍存在一些不足，具言之：

代理说不论是债务人代理说、债权人代理说还是共同代理说在逻辑上都是难以自洽的。一方面，在民事代理中，代理人不能超过被代理人的意志和授权范围履行职责。但是在破产程序中，管理人实施的监督债务人考察期的行为显然超过债务人的授权和意志范围，管理人实施的给予债务人及其亲属基本生活保障的豁免财产可能也不在债权人的考量授权范围之内。同时，根据管理人的特征可知，管理人的职责来源于法律的规定，受破产事务管理部门的监督，管理人独立于任何主体，依据法律规定履行职责。另一方面，代理说违背了民事代理基本法律理论。在民事代理中，代理人的代理事项仅包括法律行为而不包括事实行为，但是在管理人的职责中如对债务人的财产进行调查、对债务人及其亲属相关信息进行调查等均属于事实行为，不属于代理范围。除此之外，民事代理中禁止双方代理，即民事法律关系中的相对方不能委托同一代理人。共同代理说认为管理人是债务人和债权人的共同代理人是站不住脚的。①

职务说不论是公职务说还是私职务说均主张破产程序是概括性强制执行程序，尤其是公职务说，强调国家权力对债务人与债权人之间破产程序的介入，管理人是在履行强制执行的职务，具有公法关系而不是私法关系。但是综观职务说和破产程序中管理人职责，发现职务说难以自圆其说：其一，管理人虽然是由人民法院指定，受破产事务管理部门的管理和监督，但是管理人并不具有任何国家司法机关或者行政机关中的职务，人民法院只是履行了法律规定其指定专门人员管理破产事务的职责，破产事务管理部门对管理人的管理是基于保障破产程序的顺利进行和管理人执业市场的公平有效目的。没有任何机关赋予管理人公职，管理人履行公务这一说法也就不攻自破。其二，管理人具有独立性，与履行职务的国家机关工作人员的从属性不同。在破产程序中，管理人需要参与与债务人相关的诉讼，具有独立的诉讼参与权，独立地成为诉讼中的原告或者被告。但如若按照职务说的观点，管理人是履行职务的国家机关工作人员，那么意味着在相关诉讼中国家机关将成为诉讼当事人，这与诉讼的基本观念不同。

---

① 傅颖：《个人破产程序中破产管理人制度设置研究》，广西大学 2022 年硕士学位论文，第 7 页。

除此之外，管理人未依法履行法律规定的相关职责应当独立承担相应的法律责任，国家司法机关和行政机关均不受影响，这与国家工作人员责任承担的理念也有所不符。①

破产财团代表说虽然能够弥补代理说和职务说一定的不足，但是其也存在一些桎梏。首先便是债务人财产的法人拟制，破产财团代表说是建立在债务人财产被拟制为破产财团法人的基础上，但是在各国法律中均没有关于此拟制的相关规定，该拟制在现实中能否践行无从得知。除此之外，根据破产财团代表说的主张，管理人是根据破产财团的授权和意志履行职务，以破产财团的名义从事破产事务管理活动。但是，管理人是独立的，其以自己的名义独立地参加诉讼，以自己的名义独立地承担相关法律责任，也即管理人横贯整个破产程序都是以自己的名义独立地履行职责，这与破产财团代表说的主张存在冲突。

破产管理机构法人人格说肯定了管理人的中立性和独立性特征，强调管理人应当维护各方主体的利益，推进破产程序的有序进行。但是，破产管理机构法人人格说在管理人因未忠实尽职履行相应职责而承担法律责任的情况下难以解释。②

信托受托人回答了代理说、职务说以及破产财团代表说等不能回应的问题，满足了管理人不受破产程序中任何当事人的影响和控制的要求，维持了其独立性。同时，信托制度使得破产程序中多方主体之间的关系简化，管理人能够充分发挥其主观能动性实现个人破产程序目的。但是正如前述，该学说起源于英美法系，与我国的兼容性较弱。一方面，信托受托人说起源于英美法系中的衡平法义务，而我国并非衡平法国家，法律差异将导致该学说在我国难以融合适用。另一方面，信托制度对社会信用要求较高，目前我国虽然正在积极建立信用中国等平台，采取多种措施多方位提高社会征信基础，但仍处于发展阶段，难以匹配对社会征信基础要求较高的信托制度，强行适用可能会适得其反。

目前，我国学者对破产管理人的法律地位的主张主要有两类：一类主张管理人是破产财团代表人，但同时支持引入英美法系中的信托制度弥补现有立法之不足；另一类主张破产管理人为独立机构，因无法将管理人纳

---

① 张军：《论破产管理人的法律地位》，载《武汉大学学报（哲学社会科学版）》2012 年第 4 期，第 78—79 页。

② 傅颖：《个人破产程序中破产管理人制度设置研究》，广西大学 2022 年硕士学位论文，第 8 页。

入任何法律主体范畴中，将其独立出来，适用特别规定。① 虽然目前观点并未达成一致，但是管理人设置的意义便是帮助实现个人破产程序的价值目标。保护债权人、债务人和社会公共利益是我国破产法和个人破产制度的价值目标，要求管理人在破产程序中以该价值目标为核心，公正有效地推进破产程序。因此，在确定个人破产管理人的法律定位时，应当能够落实个人破产制度的价值目标，并保护、凸显管理人独立性、中立性、公正性、专业性等特征。

三、个人破产管理人的主要功能

个人破产制度的核心目的是为个人"重生"，维护正当债权债务关系，建立个人破产制度有其必要性。然而，我国个人破产制度尚未完善、统一，个人破产程序复杂，需要独立、专业的主体介入以便程序推进。个人破产管理人具有多元功能，能够有效帮助个人破产制度实现其价值目标，设立个人破产管理人以与法院配合推进个人破产程序成为必然。个人破产程序中的管理人一般具有以下功能。

（一）接管功能

个人破产管理人的接管功能包括临时接管功能和正式接管功能。临时接管功能主要出现在英美法系中的个人破产管理人制度中。在个人破产程序中有不同的阶段，在每个阶段管理人都需要承担一定的职责，在英美法系中，法院尚未指定管理人或托管人之前，会指定一名没有利害关系的人员担任个人破产案件的临时接管人，该临时接管人不同于正式管理人接管债务人财产。英美法系主要实行"破产程序受理开始主义"，即破产申请提交后、债权人会议未召开之前，法院为了防止破产财产因无人管理而出现问题，或者债务人恶意转让财产而损害债权人利益等，指定一名没有利害关系的人担任临时接管人，在确定正式的管理人之前暂时接管债务人财产。在美国和英国，临时接管人一般是由官方管理人担任，隶属于专门的破产管理机构，具有公务性质和独立性。《美国联邦破产法》规定，在依据相关规定发出债务免除令后、指定正式接管人之前，联邦托管人应当立即任命一名无利害关系的人员担任案件中的临时托管人，主要负责正式接管人确定前所涉及的所有破产管理事务。在我国个人破产程序中尚未对此

---

① 张在范：《论破产管理人的法律地位》，载《北方论丛》2005年第1期，第149—150页。

有明确的规定，但是我国企业破产法第 13 条规定了我国破产管理人同时拥有临时管理人和破产管理人双重身份，可以认为我国个人破产程序中的管理人也应当具备临时接管功能，以解决个人破产程序开始后债务人财产接管和资产调查工作衔接不畅的问题。[①]

临时接管一般在确立正式管理人后结束，此时管理人正式接管债务人财产，履行破产职责。个人破产程序之主要目的是清算债务人财产，实现变价分配以清偿债务，管理人最重要的任务便是接管债务人的财产并对其进行调查整理。虽然在个人破产案件中，经常存在债务人财产较少、无产可破等情况，但债务清偿主要依凭债务人财产得以清偿，管理人接管债务人财产能够有效避免债务人恶意偿债、欺诈隐瞒等行为出现，损害债权人及相关利害关系人的利益。在履行破产程序过程中，管理人需要对债务人财产进行审查、将债务人个人财产与家庭财产进行分离、合理支配债务人财产、避免债权人侵夺财产等，均为对债务人财产的依法接管，避免债务人财产损失。除此之外，管理人还需要接管债务人的所有印章、账簿和其他文件资料，对保护债务人也具有极大的意义。因此，接管这一制度功能，是保障债务人、债权人及其他利害关系人利益的关键。

（二）咨询功能

个人破产程序是一类涉及多方法律关系的程序，其程序内容烦琐复杂，具有极强的专业性要求，从而需要具有专业性知识和技能的个人破产管理人进入，以在推进破产程序时给其他参与主体提供相关咨询服务。但正如前述，个人破产程序中的管理人并非某类主体的代表人，其具有独立性和中立性，运用专业知识和技能为债务人、债权人、法院等主体提供咨询服务。

首先，个人破产管理人具有给债务人提供咨询的功能。债务人一般对破产程序如何推进知之甚少，尤其是个人债务人，但其却是个人破产程序中非常重要的一类主体。管理人一般是具有个人破产程序方面专业知识的专家，为保障债务人的利益，其有义务在法律许可的范围内为债务人提供相应的帮助，助力债务人清偿债务。根据美国个人破产制度的规定，管理人要为债务人履行清偿计划提供咨询和帮助。在我国个人破产程序中，管理人也具有为债务人提供咨询服务的功能。如在个人破产财产豁免制度

---

① 杜若薇：《个人破产程序中的管理人设置》，载《中国政法大学学报》2021 年第 4 期，第 214 页。

中，债务人制作豁免财产清单后，管理人应当对豁免财产清单提出意见，即管理人可以对债务人豁免财产清单提供一些专业性建议和判断。又如，在破产重整和破产和解过程中，管理人可以为重整计划和和解协议的制定提供专业性建议。

其次，个人破产管理人具有给债权人及其他利害关系人提供咨询的功能。在个人破产程序中，主要是通过管理债务人财产进行变价分配清偿债权人的债权额。在债权申报过程中，债权人及利害关系人可能对能否申报、如何申报等事项存疑，便需要管理人对此提供帮助。在涉及债权人及其他利害关系人利益的债务人实施恶意清偿、不合理交易、无偿担保、提前清偿等行为时，若债权人及其他利害关系人无法判断行为性质，则管理人可以以其专业知识对债务人行为定性，并决定是否行使撤销权或追回权。

最后，个人破产管理人具有给法院提供咨询的功能。个人破产程序中需要对债务人财产进行调查核实，还需要厘清债务人与其他利害关系人之间的法律关系，接管并整理债务人财产，这些破产事务都具有一定的专业性，交由专业的管理人负责能够为法院提供直观的参考结果，并以专业知识为法院答疑解惑。除此之外，管理人需要进入个人破产清算、破产重整、破产和解等程序中。在这些程序中如破产财产分配方案的可行性、债务人免责考察的效果、重整计划的可行性、和解协议的可行性等均需要管理人进行前置审查并报请法院，在一定程度上为法院提供了咨询服务，减轻了法院的负累。

（三）监督功能

个人破产程序中管理人的监督功能主要体现在两个阶段：一是破产程序进行阶段；二是破产程序终结后的考察阶段。在这两个阶段中又同时包含管理人对债务人的监督以及破产管理机构对管理人的监督。

在破产程序进行阶段，根据广义上的监督功能内涵，监督功能具体表现为管理人对债务人的监督和官方破产管理机构对市场管理人的监督。在破产重整阶段，债务人将在管理人的监督下自行管理财产和业务，债务人在重整期间是否存在恶意清偿、免除债务、不合理抵押担保等行为均将受到管理人的监督。同时，当破产重整计划通过后，管理人也将继续监督债务人执行重整计划。除此之外，管理人还需要监督和解协议的执行、及时在重整不能等情况下向法院申请债务人破产，此类行为均是管理人在履行监督职能。而官方破产管理人在破产程序执行期间对管理人的监督主要是管理、监督管理人履行职责，当管理人有履职不当时及时采取措施避免损害债务人、债权人及其他利害关系人的利益。如在英国破产程序中，管理人需要接受破产管理部门的监督，破产管理部门有权要求管理人提供账册或相关资料，对其履职行为进行普遍性监督。

破产程序终结后的考察阶段，不同于企业破产程序终结后管理人的职务履行结束，个人破产程序中管理人还需要在债务人的考察期内继续履职，对债务人行为进行监督。如在《深圳经济特区个人破产条例》中规定，破产管理事务部门要对债务人在考察期内的个人收入、支出和财产状况进行登记申报，管理人要审核债务人提交的年度个人收入、支出和财产报告，同时债务人的考察期是否通过还需要管理人和破产事务管理部门的意见。对个人破产程序中的债务人设置考察期并进行监督，是督促债务人尽快达到免责获得"重生"、保障债权人利益的有益之举。

（四）利益衡平功能

个人破产管理人能够有效衡平债务人与债权人之间的利益、债权人与债权人之间的利益。个人破产制度核心目的是给"诚实而不幸"的债务人一个重新做人的机会，但同时也可能会导致有些债权人在尚未完善的个人破产制度下失去获得清偿的机会，因此个人破产管理人的首要职责便是衡平债务人与债权人之间的利益。债权人作为债务可能难以被清偿的利益受损一方，天然地会与债务人存在矛盾，管理人需要依法采取措施力促双方利益衡平。在破产申请受理后，管理人接管财产时允许债务人提交豁免财产清单并审查，便是衡平债务人与债权人利益的例证。除此之外，在个人破产程序中，管理人行使撤销权、追回权等也是衡平债权人与债务人利益的表现。在债务人破产申请提出的两年内，若债务人实施了无偿清偿、不合理交易、追加担保、提前清偿、恶意延长债权期限等不当财产处分行为，管理人有权请求人民法院撤销，以避免债务人处分行为侵犯债权人利益。在破产程序中，若债务人有为逃避债务而不当处分财产和财产权益的、虚构债务或者承认不真实债务的，管理人均有权将债务人财产追回。在破产程序终结后、债务人考察期内，管理人对债务人继续监督管理，及时监管其是否违反考察期义务、是否实施不当减少财产等行为，并按年度对债务人新增的财产进行接管分配。前述举措，并非为了某一主体的利益，而是管理人履行自己的监管职责，实现债权人和债务人衡平的正常外部性表现。

管理人不仅具有衡平债务人和债权人利益的功能，其也具有衡平债权人之间利益的功能。在个人破产程序中，一个债务人几乎都有两个以上债权人，所有债权人申报债权均是为了能够实现债务清偿。但是个人申请破产的前提必然是资不抵债或者资产不足以清偿全部债务，因此债务人财产也必然是有限的，难以清偿全部债务或者在短时间内无法清偿全部债务，因此债权人有可能会为实现自己债权额的全部清偿而实施利己行为。但是，当某个债权人实施了利己行为，其他债权人被清偿的债权额比例将会减少，便导致其他债权人的利益受损。在个人破产程序管理人职责中，为了避免此类情形的发生，当债权人在明知债务人申请破产或者可能破产的前提下，与债务人实施的个别清偿行为将被认定为无效，管理人有权追回债务人财产。同时，债权人可以将其对债务人负有的债务向管理人主张抵销，但管理人会发挥其专业性对债权人主张抵销的债务进行审查，若属于破产申请后取得、恶意取得等情形，管理人将会拒绝抵销。在各自为利的个人破产程序中，如果没有中立的管理人履行监管职责和行使相关权利，债权人之间将会为实现自身利益最大化使尽浑身解数，这将会导致债权人之间的利益极不平衡，个人破产制度难以推进。

实现第一个百年奋斗目标后，我国正进入发展新阶段，也面临着新的机遇和挑战。进入"十四五"时期，我国对外开放持续扩大，经济实力、科技实力、综合国力和人民生活水平跃上新台阶，但同时也进入了一个风险社会，无论是企业还是个人都将面临新的风险。企业破产法对企业面临的经济风险提供了防范路径和救济手段，在消费水平攀升和金融信贷快速发展的背景下，个人破产制度也已得到重视。但制度制定尚需时日和人员加以落实，个人破产管理人具有接管、监督、咨询、利益衡平等多种功能，有利于推动个人破产程序的展开及个人破产制度的贯彻实施。

四、设置个人破产管理人的必要性

虽然破产管理人可以为个人破产程序的有序推进提供助力，但是在个人破产程序中这些助力是否为必要条件，破产管理人制度在个人破产程序中是否还有其存在的必要性，对此学术界存在不同的观点意见。我们从破产法律实务角度出发，认为在未来我国建立个人破产制度时，破产管理人仍然在其中扮演着不可或缺的角色，理由如下。

（一）有助于克服债权人自主管理的弊端

个人破产管理人制度的设定可以避免债权人固有的非理性和自益性对

个人破产程序的推进造成不利影响。以英国为例,《英国破产法》中关于个人破产管理人制度方面的衍进历史大体可以概括为破产托管人管理到债权人自主管理,再到回归破产托管人管理财产的立法变迁过程。① 其中,导致英国立法机构选择回归破产托管人制度的根本原因就在于"债权人自主管理"对个人破产程序的推进所产生的桎梏。从理论层面分析,债务人在进入破产程序后,债权人作为破产财产最为重要的利害关系人,必然会为了最大化实现自身利益而竭尽全力地管理和处分债务人财产,推动破产程序的快速、有序推进。但是在实践中债权人却表现出对债务人财产管理的整体非理性状态,其中主要表现为两种形式:一是个别债权人会滥用其对破产财产的管理权利,为自身牟取私利,甚至有的债权人会与债务人私下串通,合谋滥用破产程序,个别清偿自己的债权;二是受到"搭便车"思想的影响而产生的债权人不作为行为,即债权人作为个人破产程序中的受损一方,会在破产程序中基于自益性,尽可能地减少自己在破产程序中时间和精力的付出,以获得在破产程序中恒定可回收利益的最大化。这种受到债权人非理性和自益性影响的"债权人自主管理模式"不仅会成为个人破产程序推进过程的绊脚石,同时也与个人破产法中公平偿债的立法理念背道而驰。英国的"债权人自主管理模式"在颁布后仅仅 14 年就被废止,重新回归到破产托管人管理的"行政主义"模式,② 用以避免"债权人自主管理模式"失灵时对破产程序所产生的不利影响。由此也可以看出,个人破产管理人制度的设定可以有效地解决债权人自主管理破产财产所产生的乱象。

(二) 有利于提高破产案件办理效率

破产案件中存在大量非裁判类事务,繁杂且耗费时间和精力,如果由法院包揽破产案件,将不利于提高破产案件办理效率。一方面,个人破产案件由法院承接将影响司法公信力、降低司法效率,产生司法权力与行政权相冲突的问题。个人破产案件作为破产案件中的一个重要分支,其与破产案件一样不只是单纯地涉及司法裁判问题,其中还包含着大量的行政性综合事务,具有开会与开庭相结合、办案与办事相结合的特征。③ 人民法院如果在破产程序中既扮演司法裁判者又担任行政事务的管理者和决策

---

① 贺丹:《论个人破产中的行政介入》,载《经贸法律评论》2020 年第 5 期,第 5—6 页。
② 英国的个人破产程序是在官方的破产管理机构的主导下开展的。
③ 王欣新、尹正友:《破产法论坛》第八辑,法律出版社 2013 年版,第 445 页。

者，这种既是运动员又是裁判员的角色划分行为不仅有悖于法院中立裁判的宗旨和立场，破坏司法公信力；同时还会浪费大量的司法资源，不能将有限的司法资源集中于审判各类民商事司法案件之中，降低司法审判效率。另一方面，个人破产管理人具有独立性、专业性等特性，能够有效提高破产案件办理效率，维护司法公信力。美国个人破产制度实行严格的行政权与司法权分离，其破产管理体系由美国破产管理署为中枢，以全国设立的 21 个分署为辅支，共同管理全国及各自辖区的个人破产事务。同时，美国在各个联邦地区审区内设立专门的破产法院，根据债务人提起的破产申请对案件进行审理，其中个人破产管理人将根据不同的破产类型，对破产财团财产进行控制和处置，并在破产法院的监督下管理破产事务、推进破产程序。加拿大在联邦工业部下设破产管理总署，划分东部、西部和安大略省为三大破产管理区，并在三大区下设立 14 个办公区，负责全国破产案例的推进和破产管理人的监督。加拿大破产案件由破产管理署下设的办公区所在的省高等法院管辖，法官负责审理破产案件、指导监督破产管理人，独立于破产管理署和破产管理人。美国、加拿大等发达国家在个人破产立法中均将司法权与行政权进行严格分离。笔者认为，设置个人破产管理人制度是减轻法院工作负担，剥离法院烦琐的破产行政事务，维护司法公信力的必要方式。[①]

（三）有利于实现个人破产的制度价值

专业的个人破产管理人，是个人破产工作高效推进的坚实基础。一方面，专业的个人破产管理人能够有效应对繁杂的个人破产管理事务。一般而言，个人破产案件相较于企业破产案件具有资产规模小等特点，但是个人破产案件仍有许多繁杂的事务，涉及婚姻家庭、遗产继承等法律关系，同时具有清偿周期长等特点，对个人破产管理人的破产程序熟悉程度、各类诉讼业务熟悉程度、团队稳定性等各方面要求都比企业破产案件要高。在个人破产案件中，个人破产管理人是四位一体破产办理体系中的执行者，承担着个人破产案件债权审查、财产调查、破产财产分配、监督执行等多项重要职责，是人民法院审理破产案件、市破产事务管理署强化行政事务管理的重要依托。另一方面，个人破产管理人能够推动个人破产制度核心价值的落实。现代意义上的个人破产法律制度具有着鼓励创新、宽容

---

① 贺小荣、费汉定、郁琳：《美国、加拿大破产法律制度与司法体制的变革与发展》，《新华月报》2018 年第 1 期。

失败、救济贫困等人道主义色彩，同时兼顾打击逃废债等破产欺诈行为，其是兼具债权人利益保护和债务人救济的法律之一。虽然在理论上存在债务人的所有财产均为豁免财产的情况，"财产管理"似乎已经不再需要管理人参与，但为了避免落入个人破产制度就是债务人理直气壮地逃避债务的法律保障的误区，个人破产管理人对债务人财产进行整理、拍卖，用所得价款以偿还所欠债务的行为，能够有效保护债权人的利益，实现个人破产制度兼顾债务人救济和债权人利益保护的核心价值。此外，近几年随着科学技术水平的快速发展，人民法院在总对总、点对点财产查控方面已经取得了显著的效果，对债务人的财产基本上可以通过法院查控系统进行查明，但是单靠法院的查控系统就想将债务人财产进行全部查明也并非易事。对于债务人转移、隐匿财产的行为仍然需要破产管理人的仔细调查才可以发现。除了对债务人财产状况的初期调查需要管理人的参与之外，在债务人处于免责考察期时，也同样需要管理人履行监督职责。综上所述，在个人破产案件中，破产管理人制度是其中不可或缺的一部分。

建立和实施个人破产制度，有利于陷入严重财务困境的个人或家庭，依法通过个人破产程序，免除一定的债务，使其能够重新通过努力实现正常的生产和生活。个人破产制度对陷入严重财务困境的个人或者家庭有较为重要的保护作用。但是，个人破产程序中事务烦琐、关系复杂，需要相关专业人员共同负责管理个人破产事务。因此，在阐释个人破产管理人相关概念、特征、功能、法律地位、设置必要性等理论下，如何搭建个人破产程序中的管理人制度体系框架，解决个人破产管理人选任、履职、报酬、监督等相关理论和实务问题，对助推个人破产制度真正全面落地实施至关重要。本书在后续章节将对上述问题逐一展开详细论述。

第二章 个人破产管理人的选任制度

一、个人破产管理人的任职主体

研究个人破产管理人的选任制度，首先应当明确个人破产管理人的任职主体，即从哪些主体范围中选任个人破产管理人。自个人破产制度产生以来，由哪些机构或个人来担任个人破产管理人一直存在争议，并随着时代的发展不断变迁。在这其中，最为主要的是两个方面的争议：一是官方管理人与市场管理人的争议。即个人破产程序的管理人应以官方管理人为主，还是以市场化的管理人为主，另一方有无存在的价值和意义。二是机构管理人与个人管理人的争议。即个人破产程序的管理人应以机构管理人为主，还是以个人管理人为主，另一方有无存在的价值和意义。对于以上两个争议问题，不同国家和地区在不同时期呈现了不同的制度选择，为我国全面构建个人破产制度提供了很好的理论和实践借鉴。

（一）官方管理人与市场管理人之争

官方管理人亦称公职管理人，主要指由政府公职人员担任个人破产管理人的情形。市场管理人则与之相对应，主要指由市场主体（自然人或法人）担任个人破产管理人的情形。在世界不同国家和地区，在设置模式上对二者的态度存在较大差异。既有如英国、美国等以市场管理人为核心，官方管理人（官方接管人、联邦托管人）为替代的模式；亦有如日本只有市场管理人，不设置官方破产管理机构和官方托管人的单一模式。

在英国，个人破产管理人采广义的解释，包括官方接管人和破产执业者，其设置模式采破产执业者为核心，官方接管人为替代，破产服务局为监督的方式。官方接管人（Official Receiver Service）隶属于破产服务部门，是指在个人破产清算程序、公司清算程序、个人自愿安排、债务纾缓程序等多个广义的破产程序中，依据《英国破产法》的相关授权开展工作的人。官方接管人因是破产服务局的组成部分，因此由内阁大臣任命具体的工作人员担任，薪资由议会提供的资金支付，任职资格、职责范围、免职等由内阁大臣决定。同时，官方接管人隶属于英国高等法院或者有破产管辖权的地方法院，也可同时隶属于两个法院，官方接管人根据法院的授权担任该法院破产案件的管理人。官方接管人的主要职责是，对债务人破产前和破产程序中的破产行为、破产财产等进行调查。破产执业者是英国破产管理人中的另一类管理人，该类管理人是指在公司破产程序中担任清算人、临时清算人、重整管理人、行政接管人，个人破产程序中担任的破产管理人、临时接管人、临时管理人、苏格兰地区受保护信托的受托人、个人自愿安排中的代理人或者检查人、遗产破产中的管理人。破产执业者要想担任个人管理人需要通过破产职业资格统一考试，获得受认可团体的授权，受破产服务局的监督。值得一提的是，在英国个人破产管理人中还存在破产联合管理委员会，其主要职责是从行业监管、职业道德和最佳实践角度出发，制定、修改、完善破产标准，并通过一系列手段改进、提升破产管理人的实务水平。[①]

对于如何协调市场管理人和官方管理人的关系，《英国破产法》规定：官方管理人在破产财产不足以支付市场管理人报酬的破产案件中承担扮演破产管理人角色的任务，官方管理人会对破产财产的规模和范围进行一个初步的调查，如果调查发现破产财产足以支付管理人报酬等破产费用，官方管理人会再将案件移送给市场管理人。[②]《英国破产法》还规定，官方管理人在正式的破产管理人被任命之前，承担保管和照看破产财产的任务。在个人破产案件中，如果一直没有任命正式的破产管理人，则暂时由官方管理人履行破产管理人的工作，推进个人破产程序进行，直至新的任命作出时才向市场管理人移交破产工作。在"有产可破"的案件中，自然首先是由市场管理人担任正式的破产管理人，但是在官方管理人提出合理要求时，市场管理人有义务向官方管理人提供其所要的文件、信息或者协助。

美国管理人设置模式与英国类似，成立联邦托管人机构作为破产管理人的监管部门，同时由私人执业的破产管理人负责破产事务管理。美国托管人计划隶属于美国司法部。但是，与英国破产服务局有所不同的是，联邦托管人的监督范围不局限于破产人和受托人，还包括与破产事务有关的其他行政部门，以保障破产程序的顺利推进。该计划还可以与其他执法机

---

① 徐阳光：《英国个人破产与债务清理制度》，法律出版社 2020 年版，第 63—75 页。

② ［英］费奥娜·托米：《英国公司和个人破产法》（第二版），汤维建、刘静译，北京大学出版社 2010 年版，第 208 页。

构联合调查破产程序中的恶意行为。[1] 美国个人破产管理人是与联邦托管人性质不同的管理人，其可以是具备相应资质的自然人或法人，并不隶属于任何行政机构。美国对联邦托管人和破产管理人之间的关系设置是：只有在被指定的管理人不愿意履职的情形下，联邦托管人才作为替补成为个人破产案件的管理人。在美国个人破产管理人的设置模式中是以私人执业的破产管理人为核心的，联邦托管人本质上是为了保障个人破产程序的顺利进行而采取的一种兜底行为。

　　不同于英美法系，日本个人破产程序采取的是单一的破产管理人设置模式，即破产管理人是个人破产程序中有权管理和处分破产财产的人，不存在官方破产管理机构和官方托管人。细观之，日本采取此种设置模式原因有二：一是日本对破产管理人的法律地位倾向于"破产财团法人代表人说"，破产管理人接管破产财产之时即为接管了债务人的法律地位，同时需要承担维护债权人利益的代表人。在此种学说下，设置官方托管人和官方管理机构监督、管理于法无据。二是日本的破产管理人是由法院在裁定受理破产程序时同时选任的，可以选任一人也可以选任多人，担任破产管理人的既可以是自然人也可以是法人，对破产管理人的专业资质并没有如需要通过统一考试等要求，实务中通常是由法院选定一名律师担任。在此种法院主导、破产管理人无专业要求的实务主义色彩较为浓厚的选任模式下，官方管理机构或官方托管人等并没有设置的必要性和可行性。在没有破产管理机构的背景下，日本的破产管理人主要由法院负责监督，破产管理人的选任也通常由法院进行衡量，如法院根据案件情形决定选任一人还是多人、法院根据破产管理人的资历和能力决定选任管理人等，法院履行着类似于破产管理人管理机构的职责。[2]

（二）机构管理人与个人管理人之争

　　在进行了官方管理人与市场管理人之争的分析之后，另外一个问题接踵而至，即无论是官方管理人还是市场管理人，这个管理人应该是一个机构法人为好，还是一个自然人个人为好。对此，在不同国家和地区亦存在着不同的做法。例如，英国规定破产执业者必须是个人。美国规定个人破产管理人可以是具备相应资质的自然人或法人，但《联邦破产法》第12

---

　　① 赵锦琴：《论我国破产管理机构的构建》，云南财经大学 2022 年硕士学位论文，第 24—25 页。

　　② ［日］谷口安平主编、［日］山本克己、［日］中西正编：《日本倒产法概述》，［日］佐藤孝弘、田言等译，中国政法大学出版社 2017 年版，第 57—61 页。

章和 13 章中案件的管理人一般规定的是由单个自然人担任。日本的破产管理人既可以是自然人也可以是法人，但实务中通常由律师担任。《俄罗斯破产法》规定，破产法律程序中的管理人应由俄罗斯联邦公民担任。①

通过以上对比可见，由个人担任破产管理人日渐成为主流。在我国，无论是企业破产法还是《深圳经济特区个人破产条例》均赋予了个人担任管理人的法律地位，与上述主流做法保持一致。② 但纵观国内整个破产司法实践，由个人担任破产管理人的情况却极少出现。即使在深圳个人破产试点中，深圳市破产事务管理署于 2022 年 12 月 15 日发布《深圳市个人破产管理人名册》，被列入名册的仍然是 40 家中介服务机构，无个人破产管理人入选名册。

上述法律规定与司法实践的巨大反差，即是机构管理人与个人管理人之争的最好注释。个人管理人既然获得了法律的承认，但为何在司法实践中却又从未登上历史舞台，以至于在新近的深圳个人破产试点中仍未能如愿？对此，通过总结发现，当前理论界及实务界对于个人担任破产管理人主要存在以下四个方面的疑问：一是个人破产管理人精力与能力有限。在处理债权人人数众多、债权债务关系复杂，需要与法院、税务、工商、人社等不同部门沟通协调的复杂案件中，个人担任破产管理人，无论是精力上还是能力上恐怕均难以胜任；二是我国的信用体系建设不够完善，以个人形式担任破产管理人难以控制其可能发生的道德风险；三是个人赔偿能力有限。如果由个人担任管理人，一旦发生执业风险，其难以承担由此造成的赔偿责任；③ 四是担心个人担任管理人与现行的《中华人民共和国律师法》的规定相冲突。我国律师法第 25 条和第 54 条规定，律师不得以个人名义承办业务，需要由律师事务所统一与当事人签订授权委托合同，律师费按照国家规定的标准由律师事务所统一收取，律师违法执业或因过错给当事人造成损失的，由律师事务所承担损害赔偿责任。如允许律师编入

---

　　① 俄罗斯的破产管理人成为仲裁管理人，是指仲裁法院任命的、执行破产程序或者现行联邦法律规定的权利、作为某自治组织成员的俄罗斯联邦公民。

　　② 企业破产法第 24 条第 2 款规定："人民法院根据债务人的实际情况，可以在征询有关社会中介机构的意见后，指定该机构具备相关专业知识并取得执业资格的人员担任管理人。"《最高人民法院关于审理企业破产案件指定管理人的规定》第 17 条规定："对于事实清楚、债权债务关系简单、债务人财产相对集中的企业破产案件，人民法院可以指定管理人名册中的个人为管理人。"《深圳经济特区个人破产条例》第 157 条第 1 款、第 2 款规定："管理人由符合条件的个人或者机构担任。律师、注册会计师以及其他具有法律、会计、金融等专业资质的个人或者相关中介服务机构，经破产事务管理部门认可，可以担任管理人。"

　　③ 李燕：《论我国破产法中管理人的法律地位》，载《当代法学》2007 年第 6 期，第 85 页。

管理人名册并担任管理人，即意味着存在允许律师以个人名义执业，自己承担执业风险，这与律师法的规定是相矛盾的。

支持在司法实践中由个人担任破产管理人的观点认为，以上疑问虽有其合理性，但从长远来看，尤其是在个人破产程序，应当以个人担任破产管理人为主。

首先，个人破产案件一般情况下较为简单，从而为个人担任破产管理人提供了基础。相较于企业破产案件，个人破产案件普遍存在债权人人数较少、债权债务关系较为清晰、需要处置的资产亦较少等特征。在此情况下，个人担任管理人完全能够胜任。我国台湾地区为了更好地推进破产程序和债权分配，甚至允许债务人在破产程序中选任金融机构或金融主管机构认可的不具备法律知识的公正第三人，担任其破产管理人。[①]

其次，个人破产案件中"无产可破"的比例较高，管理人报酬难以保障，个人担任管理人能够降低成本，提升制度运行效率。纵观整个个人破产制度发展史，"无产可破"是其主要特征。在此情况下，由个人担任管理人将能够降低管理人工作成本，从而减少管理人报酬的获得预期。如一味坚持由机构担任管理人，一方面会增加破产成本，另一方面如机构长期无法获得应有报酬，从事个人破产管理人变成一种"公益"活动，这显然对个人破产制度的全面构建是极为不利的。

再次，在破产案件司法实践中处理破产实务的仍然是机构中的个人，而非机构自身，个人办理破产事务的经验和能力不是一个机构能够反映出来的。且即使由个人担任管理人，为工作需要，亦可聘请辅助工作人员。集体负责制在实践中是存在显著弊端的，相比较之下，个人负责制更容易将责任明确到位。而且在企业破产司法实践中，即使是在机构担任破产管理人的情况下，法院也会明确要求机构落实具体的负责人员，并且会在指定管理人的决定书中加以释明。

最后，从欧美发达国家的破产制度中发现，可以通过法律制度为管理人设置严格的准入门槛，用以确保个人管理人具有较高的个人信用及丰富的破产事务处理经验。[②] 如通过个人信用体系建设和行业协会等方式加强对个人管理人的职业道德约束，通过建立强制的个人管理人执业保险制度，增强个人管理人的赔付能力等。

---

① 肖谢：《我国台湾地区消费者债务清理管理人制度研究——兼谈对我国大陆个人破产管理人制度的借鉴》，载《重庆文理学院学报（社会科学版）》2015 年第 4 期，第 98 页。
② 李曙光：《破产法的转型》，法律出版社 2013 年版，第 104 页。

此外，对于个人担任管理人与现行律师法相冲突的担忧，我们认为亦有办法予以解决。虽然个人管理人在破产案件中是以个人名义从事破产管理工作，承担赔偿责任，但是在本质上仍然是一名律师，其与所任职的中介机构并没有脱离联系。如何赋予其以个人名义承办破产案件的资格，以及以个人名义承担赔偿责任的能力，可以通过配套制度的构建予以实现。一是必须坚持企业破产法第24条第2款关于"征询有关社会中介机构的意见后"方能指定该机构具备相关专业知识并取得执业资格的人员担任管理人的规定。可以考虑在编制个人管理人名册时，要求申请人必须提交所任职的中介机构同意其编为管理人并随时接受指定的证明材料，该证明材料可以视为律所的概括性授权指派。二是必须严格贯彻落实企业破产法第24条第4款关于"个人担任管理人的，应当参加执业责任保险"的制度。被编入名册的个人管理人，必须强制购买执业责任保险，以避免律所为此承担赔偿责任。

（三）我国个人破产管理人任职主体的选择

当前，我国正处于构建个人破产法律制度体系的关键时期，如何设置个人破产管理人的任职主体，事关整个体系架构。前述关于官方管理人和市场管理人、机构管理人和个人管理人的分析，应当为我国个人破产管理人任职主体的选择提供较好的参考借鉴。

1. 关于官方管理人

通过前述分析发现，英美法系个人破产管理人设置模式几乎都采用了"官方管理人＋私人管理人"相结合的设置模式。采取此种设置模式的好处在于，一则能够解决在个人破产程序中尚未正式确定管理人时程序的衔接问题和债务人财产空缺管理问题，二则能够有效衡平个人破产程序中债务人财产较少但履职周期较长、履职报酬较少等问题，三则以公权力介入个人破产程序，能够加强对破产案件的监督和管理。

我国是否有必要在个人破产程序中构建官方管理人制度，实践中已进行了一定的探索。《深圳经济特区个人破产条例》创造性地提出了建立"破产事务管理部门"，这是我国破产法律制度的重大制度性创新。根据条例规定，个人破产事务管理部门是指由市一级人民政府创设的履行与个人破产事务相关的行政管理职能的工作机构。其主要职责规定在条例第155条，具体包括：（1）确定管理人资质，建立管理人名册；（2）依照本条例第18条规定提出管理人人选，即在债权人未推荐管理人人选或者人民法院认为债权人推荐的人选不适宜担任管理人的，破产事务管理部门须在得到人民法院通知后，5 日内提出管理人人选；（3）管理、监督管理人履行职责；（4）提供破产事务咨询和援助服务；（5）协助调查破产欺诈和相关违法行为；（6）实施破产信息登记和信息公开制度；（7）建立完善政府各相关部门办理破产事务的协调机制；（8）其他与本条例实施有关的行政管理职责。深圳市破产事务管理署已经成立并开始履行职责。对于其具体职责，在 2022 年 7 月 18 日发布的《深圳市破产事务管理署暂行办法（征求意见稿）》中，第 7 条明确规定了公职管理人作为深圳市破产事务管理署的拓展职责。① 目前，该暂行办法暂未发布正式通过版本，公职管理人的制度能否在深圳得到试点落实暂未可知。

此外，浙江温州地区在个人债务集中清理的实务探索中亦采取了设置公职管理人的路径。该公职管理人制度的特征可以简要概括为"个人担任、机构管理"。"个人担任"即指以个人身份而非机构名义担任公职管理人，并且该个人还必须同时满足两个条件，首先必须是公职人员，其次该公职人员必须具有法律职业资格。"机构管理"即指公职管理人的监督管理机构是由司法行政机关的公共法律服务部门担任。为此，温州市司法局还专门成立了破产公职管理人工作处，以履行对公职管理人破产工作的管理、协调、监督等职责，确保个人债务集中清理程序的顺利推进。

在学者研究层面，北京外国语大学个人破产法研究中心于 2020 年 3 月发布的《中华人民共和国个人破产法（学者建议稿）》（以下简称《学者建议稿》）也明确指出了建立公职管理人的思路。公职管理人的功能主要体现在两个方面：一是在债务人财产较少、可能无法支付管理人报酬的情况下，由公职管理人来代替市场管理人担任破产管理人职务。这体现在《学者建议稿》第 52 条，其中规定："下列情形，经破产申请人申请人民法院批准后，或者由人民法院依照职权直接决定，由有权机关指定的公职管理人负责正常情况下应由管理人承担的相关工作：（1）人民法院同意减、免、缓缴破产申请费的案件；（2）预计因债务人的破产财产数量和价

---

① 《深圳市破产事务管理署暂行办法（征求意见稿）》第 7 条规定："【拓展职责：公职管理人】市破产管理署可以探索建立公职管理人制度，建立专业化的公职管理人队伍，提升破产案件办理质效并降低办理成本。以下案件及事务可以由公职管理人履行管理人职责：（一）人民法院委托市破产管理署组织和解但未指定管理人的；（二）债务人和全体债权人在庭外自行委托市破产管理署组织和解的；（三）其他需要任用公职管理人的情形。公职管理人资质条件、履行管理人职责的案件及事务范围、名册编制、薪酬保障以及规范公职管理人履行职责的具体办法由市破产管理署另行制定，报市人民政府批准后实施。鼓励市破产管理署符合条件的工作人员申请编入公职管理人名册。"

值过少而未来可能无法支付破产管理费用的；（3）人民法院认为应当指定公职管理人的其他情形。公职管理人的收费问题，由审理破产案件的人民法院决定。"二是公职管理人可以在特定条件下担任临时管理人，《学者建议稿》第53条规定："尚未指定管理人或者管理人不能正常履职又必须立即处理相关工作的，人民法院应当指定公职管理人为临时管理人。之后根据案件的具体情况，临时管理人将管理职务移交正式管理人或者被指定为正式管理人继续履职。"

综上所述，通过借鉴国外先进经验，我国无论是在理论研究还是在深圳、浙江等地区的试点实践中，均采纳了建立官方管理人（公职管理人）制度的模式。该项制度设计一方面可以在一定程度上解决因破产程序开始前破产财产无人接管而产生的乱象，另一方面也可以缓解市场管理人因自身的逐利性而对不同破产案件区别对待的问题，尤其是缓解了"无产可破"案件的现实困境。但该项制度是否适合上升到立法层面在全国范围内推广，仍然存在一定的困难和疑问，其中最为主要的就是人员编制和经费保障问题。我国一直采取的是与日本类似的单一市场管理人模式，如增设官方管理人，则将是一次重大的制度变更，其影响和成本都是十分巨大的。我们认为，在试点期间，应当首先选择通过市场管理人模式推进个人破产程序，充分观察该模式下存在的问题和不足，并采取针对性的弥补措施，尽量维持原先的单一市场管理人模式。

2. 关于个人管理人

通过本节第二部分"机构管理人与个人管理人之争"中的详细对比分析，我们认为，我国个人破产制度的构建离不开个人管理人在司法实践中的落地实施，个人破产程序的现实特点决定了个人管理人将是我国未来个人破产制度全面实施的必然选择。当前，对于加快个人管理人在司法实践层面的落地实施，应重点关注落实以下几个方面。

一是参照企业破产，建立个人破产程序中个人破产管理人的强制执业保险制度，解决赔偿能力问题。我国普遍存在重集体、轻个人的观点，认为只有法人单位才是可靠的，个人往往就是"个体户"，没有什么履职能力和承担责任的能力。该观点亦是个人管理人长期无法在司法实践中落地实施的主要阻碍因素。因此，要想推动个人管理人的落实，必须首先解决个人破产管理人的赔偿能力，由此方能让制度制定者和破产的债权人、债务人安心。我国企业破产法律制度中要求，个人管理人必须购买执业责任保险。企业破产法第 24 条规定了个人管理人参加执业责任保险的法定义务。①《最高人民法院关于审理企业破产案件指定管理人的规定》关于个人申请编入管理人名册必须提供执业责任保险证明，以及执业责任保险失效属于更换个人管理人法定情形之一的规定，② 进一步落实了强制个人管理人参加执业责任保险的现实要求。

目前，个人破产制度已处于试点阶段，但深圳的相关试点规则尚未对管理人执业责任保险制度作出规定。在《深圳经济特区个人破产条例》第157 条关于管理人类型的规定中，并未采取企业破产法第 24 条的模式，直接规定个人担任管理人的，应当参加执业责任保险。在第 158 条关于管理人的消极条件规定中，亦无关于执业责任保险的规定。深圳市破产管理署发布的《深圳市个人破产管理人名册管理办法（试行）》亦未将参加执业责任保险作为机构或个人的入选条件。在深圳市破产事务管理署组织的《深圳市个人破产管理人名册》编制工作中，亦未将管理人执业责任保险作为考核项，其原因可能系基于本次名册编制只允许机构管理人报名的缘故。针对个人破产案件可能更多任用个人管理人的制度预期，为了尽早实现个人破产管理人名册的编制，有必要尽早明确个人管理人的强制执业责任保险制度。对于个人破产管理人的执业责任保险制度，本书在第四章中将进行专门论述。

二是细化完善个人管理人的遴选标准、履职监督、考核制度，解决履职能力问题。有观点认为，个人破产管理人作为个体难以保障充分的履职能力和履职精力，并以此为由反对编制个人管理人名册。我们认为，上述考量因素并不成立，因为任何一项破产事务，归根结底都是由个人来实施的，个人恰恰才是最重要的履职者。解决该问题的办法，应当是建立起一套科学的遴选与监督考核机制，确保能够选拔到具备前述履职能力的个人管理人，并确保其能尽职尽责地履职，而非永远地将个人管理人排除在名册之外。

我国企业破产法从 2006 年颁布实施至今已有十余年时间，经过十几年的破产经验积累及破产业务的市场化改革，目前我国市场管理人的队伍不断壮大，大量的律师事务所、会计师事务所及破产清算公司入选破产管理

---

① 企业破产法第 24 条第 4 款规定："个人担任管理人的，应当参加执业责任保险。"

② 《最高人民法院关于审理企业破产案件指定管理人的规定》第 8 条规定："个人申请编入管理人名册的，应当提供下列材料：……（四）执业责任保险证明；……"第 34 条第 1 款规定："个人管理人有下列情形之一的，人民法院可以根据债权人会议的申请或者依职权运行决定更换管理人：……（六）执业责任保险失效；……"

人名册。相较于企业破产法刚刚施行的时候，现在参与处置破产企业财产和各种破产相关事务的律师、会计师、清算师数量不断增加，并且这些破产业务专业人员的执业能力和专业水平都有了显著提高，已经具备了成为个人管理人的基础。另外，截至 2022 年 12 月，全国省市两级的管理人协会已有 100 余家，[①] 已经初步构建起了管理人行业自治的组织基础。全国各地的破产管理人协会也出台了一系列规章文件，对管理人的职权和执业行为进行明确的规定，逐步建立了管理人履职监督和考核机制。因此，允许个人担任个人破产管理人的人才储备和组织保障已经具备。随着个人破产试点工作的逐步推进，应当加快个人管理人名册的编制工作，建立一套科学有效的遴选标准，将称职的个人管理人选拔出来，编入名册；建立一套科学的履职监督、考核体系，对个人管理人履职进行全流程监督、评价，确保其尽职履责。

三是继续加强个人信用体系建设，解决履职职业道德问题。如前所述，个人担任破产管理人时，其职业道德更易遭受怀疑。解决该问题，除了前述关于加强履职监督、考核等制度建设外，进一步加强个人信用体系建设，将个人破产管理人违反职业道德的行为纳入个人信用体系亦是一项重要措施。我国个人信用体系和征信系统的建设虽然起步较晚，但是发展到今天已经取得长足的进步，不再是个人担任破产管理人的阻碍因素。[②] 从 20 世纪 90 年代开始，国家相关部门和机构就陆续发布了一系列与个人信用相关的管理办法、条例等政策法规，1999 年中国建设银行济南分行发布的《个人信用等级评定办法》开启了我国个人信用体系建设的先河。2002 年 1 月 1 日正式实施的《深圳市个人信用征信及信用评级管理办法》成为国内第一部正式规范个人信用制度的地方性法规。此后，上海市发布的《上海市个人信用征信管理试行办法》和中国人民银行颁布的《个人信用信息基础数据库管理暂行办法》《关于落实〈个人信用信息基础数据库管理暂行办法〉有关问题的通知》等规范性文件都在一定程度上推动了我国个人信用体系的建设。在规范层面上，2013 年国务院发布的《征信业管理条例》为我国征信市场的发展壮大提供了有力支持。自此，我国征信系统和个人信用体系建设已经拥有了一个从中央到地方，涵盖征信标准、方

---

① 《全国各地破产管理人协会一览表》，载 https：//mp. weixin. qq. com/s/0zIDByFa23az4O59I-CRXA，最后访问时间：2022 年 12 月 14 日。

② 刘静：《信用缺失与立法偏好——中国个人破产立法难题解读》，载《社会科学家》2011年第 2 期，第 33—34 页。

式、机构管理等内容的多方位政策法规的支持，并且 2005 年我国开始实施的违法失信联合惩戒制度亦为个人信用体系建设贡献了力量，因为国家机关在执法过程中形成的失信人员名单、限制高消费人员名单等信息都可以为个人信用评级提供依据。[①]

随着我国个人信用体系和征信系统的建设深入推进，在世界银行的《营商环境报告》中，我国的信用信息指数已从 2007 年的 3 分提升到近三年连续获得满分 8 分的成绩，甚至领先于部分发达国家。[②] 截至 2019 年 7 月，中国人民银行的征信系统已累计录入 9.9 亿自然人，2591 万户企业和其他组织的有关信息，个人和企业信用报告日均查询量分别达 550 万次和 30 万次，成为世界上收录人数最多、数据规模最大、覆盖范围最广的征信系统，基本覆盖了全国范围内每一个有信用活动的企业和个人。[③] 如此广泛的个人征信系统，将使所有人更加珍视自己的信用和道德，个人破产管理人在履职过程中也将会更加注重履职规范性，避免违反职业道德事件的出现。

二、个人破产管理人的任职资格

个人破产案件工作需要破产管理人具备过硬的专业能力和优秀的职业道德品格，是一项难度高、任务重的综合性工作。个人破产管理人具备独立性、公正性、专业性、中立性的特征，这些特征决定了能够胜任个人破产管理人工作的只能是少数群体。个人破产程序能否顺利完结是以规范化、法律化的破产管理人任职资格为前提条件的，因此，世界各国立法者都会通过各种方式对个人破产管理人的任职资格加以限制。在限制方式上主要分为三种，一是通过法律明文规定破产管理人任职的积极资格和消极资格；二是通过类似破产管理人协会等行业协会对管理人的资格加以明确和细化；三是通过破产业务市场进行筛选，从而逐渐形成相对固定的破产管理人。在本节中，笔者将从个人破产管理人任职资格的法理学分析入

---

① 卢林：《深圳经济特区个人破产条例草案建议稿附理由》，法律出版社 2005 年版，第 45 页。
② "信用信息指数"是世界银行用来反映一个国家从公共或者私人征信系统获取信息的难易程度以及所获信息范围和质量的指标，分数越高表明该国的个人信用体系和征信系统提供给授权机构的信用信息越多。
③ 单晓冰：《我国建立了全球规模最大的征信系统》，载中国经济网 2019 年 6 月 14 日，https://baijiahao. baidu. com/s? id = 1636314714384248364&wfr = spider&for = pc，最后访问时间：2022 年 11 月 15 日。

手，结合我国目前对管理人资格的实践探索和域外成功经验，分析我国未来个人破产管理人任职资格的配置模式。

（一）个人破产管理人任职资格的考量因素

1. 个人破产管理人任职资格的法理学分析

（1）公平正义。公平是一个社会学名词，在法律上，公平也是法律所追求的基本价值目标之一，具体是指办事中立、公允、不偏不倚。正义一词属于政治学、伦理学范畴，意指是非分明、惩恶扬善。公平正义不仅是社会主义核心价值观的重要组成部分，还是中国特色社会主义法治建设的价值目标、应有之义和重要原则。在法律中，实现公平正义的前提是要以事实为依据，以法律为准绳。在本节中讨论个人破产管理人的任职资格问题时，我们认为其与公平正义的理念也存在着共通之处。

首先，在个人破产案件中，破产管理人的工作主要是为利益冲突的债权人和债务人提供服务，与案件存在着利害关系的相关人员都要按照破产法的规定进行回避，尽可能保证破产管理人能够忠实勤勉地履行职责，以确保个人破产程序的公平、有序推进。例如，管理人对"逃废债"和破产欺诈行为的遏制、对违法转移财产的追回等，以保证更好地维护债权人和债务人的合法权益。其次，法院的司法权是一种公权力，而在个人破产案件中，对债务人的破产财产进行保管、变价、评估、分配等工作属于私法性质。因此，从公平正义的角度出发，法院应该保持中立的地位，不宜对破产财产进行管理处置，而是交给管理人更为稳妥。最后，在个人破产案件中，除了法官和管理人之外，其他的主体均是和案件本身存在或多或少利害关系的当事人，如果由他们来担任破产管理人，则极有可能基于自身的自益性缺陷而损害其他当事人的利益，损害公平正义理念。因此，以法律形式明确个人破产管理人资格，成立专业化的个人破产管理人团队，对于个人破产案件工作的有序开展具有非常重要的现实意义。

（2）秩序。法律是调整社会主体行为的规范。有关个人破产管理人任职资格的法律规定主要是为了更好地保证管理人履行职责，完成破产工作。设置各种积极资格条件和消极资格条件也是为了从源头上避免有损破产管理工作秩序的各类事件的发生。个人破产法的立法宗旨是：规范个人破产程序，公平偿债，保证各方利益主体的债权债务关系能够得到公平处理；对诚实而不幸的债务人进行人道主义救赎，保证其基本的生存权和发展权，确保市场经济秩序稳定和社会安定团结。因此，立法者对个人破产管理人的任职资格加以限制，确保管理人能够具有较强的专业能力和道德素养，从而保证管理人能不偏不倚地推进破产程序，使其规范运行。总而言之，通过设定破产管理人任职资格来确立专门的破产管理人队伍，既能够兼顾个人破产案件中的各方当事人利益，又可以维护市场经济秩序的稳定。

2. 个人破产管理人任职资格的经济学分析

破产是一种常见的市场退出机制，作为一种经济现象，是市场竞争导致优胜劣汰的必然结果。从经济学的角度来看，个人破产管理人的任职资格除了具有法学研究价值之外，亦具有重要的经济学研究价值。

（1）交易成本。在个人破产案件中，破产管理人要为债务人及其财产进行全面的管理和清算，工作量巨大。有学者认为，法院作为司法裁判机关，是中立的象征，由法院担任破产管理人是最合适不过的选择。我们认为，个人破产工作是法律事务和大量非法律事务的综合体，远非法院能够独立完成的，如果将破产工作全部强加于法院身上，不仅无法很好地推进破产程序，反而会增添法院的工作负担和压力。从世界各国的个人破产立法和实践角度来看，各国均通过各种配套制度（例如，英国的破产资格考试制度）来确保破产管理人具备一定的专业能力。其目的一是确保破产工作的有序开展，保证其规范化运行；二是节约时间成本，专业的管理人具备扎实的功底和丰富的破产管理经验，由其担任管理人可以保障个人破产程序的快速推进，节约时间成本；三是降低交易成本，因为时间成本的降低，可以提升交易效率，从而导致各项日常开支的减少，最终导致交易成本的降低。

（2）经济效率。在法经济学中，效率永远是被重视的指标之一，效率的提高则意味着成本的降低。在个人破产程序中，立法对破产管理人任职的积极资格以及具有犯罪行为等消极资格的限定，其实质上是为了确保破产管理人具有专业性、中立性和独立性，进而提高交易效率，降低交易成本。无论是破产财产的接管、管理，还是破产财产的评估、变价、拍卖、出售、分配，抑或是对破产债务人行为的监督，纵观从个人破产程序的开始到破产程序终结，无不体现着破产管理人的专业水平和能力，所以法律对于破产管理人任职资格的规定，彰显了经济效率原则。

（二）个人破产管理人任职资格的具体设置

1. 个人破产管理人任职的积极资格

个人破产管理人任职的积极资格是指担任破产管理人所必须具备的条件，主要是针对管理人的专业能力而言，目的是保障入选的破产管理人具备处理破产管理事务的能力。个人破产业务是一种全方位、综合性的法律业务，其工作内容涉及政治、经济、法律、金融、会计等多方面知识，即使是执业律师或者注册会计师也会因为工作领域的局限性和自身能力的差别而对个别复杂破产案件力不从心。因此，个人破产法应当对破产管理人所应该具备的执业资格作出全面、细致、专业的规定。

我国企业破产法第24条是关于企业破产管理人积极资格的规定，主要将企业破产管理人分为清算组、律师事务所、会计师事务所、破产清算公司以及具备相关专业能力的个人共五大类。① 在个人破产试点中，《深圳经济特区个人破产条例》第157条第1款将个人破产管理人任职的积极资格简单概括为符合条件的个人或者机构，第2款则进行分类细化，与企业破产的规定类似，即律师事务所、会计师事务所和具有法律、会计、金融等专业资质的个人或者中介机构（例如破产清算公司）。在浙江省的个人债务集中清理试点中，浙江省高级人民法院发布的关于《浙江法院个人债务集中清理（类个人破产）工作指引（试行）》第24条第1款规定，个人债务集中清理工作中，可以指定列入破产管理人名册的社会中介机构及其执业律师、执业注册会计师，或者政府部门的公职管理人，担任个人债务集中清理工作的管理人。综上可知，个人破产管理人任职的积极资格最为重要的就是专业性，实践中主要分为以下几类主体。

（1）会计师事务所、律师事务所

纵观世界各国的个人破产立法，大多数欧美发达国家和地区的个人破产管理人均是由律师或者注册会计师以个人身份来担任，形成的是一种以个人管理人为主导的个人破产模式。而我国的企业破产法和深圳个人破产试点则采用的是完全相反的模式，即采用由律师事务所、会计师事务所、破产清算公司等社会中介机构担任为主导，律师、会计师等专业人员担任管理人为辅助的模式。虽然落实到每个个人破产案件中，还是由具体的律师或者会计师个人去推进破产程序，开展具体的工作。但是机构和个人担任管理人仍然有以下几个方面的区别：第一，由机构担任管理人相较于个人更容易凝聚集体的力量，针对不同类型的破产案件可以有选择性地任命不同人才进行破产工作，这样可以提高个人破产案件的工作效率。第二，我国目前这种以中介机构为主导的管理人任职模式更具有管理性，更方便规范当事人的行为，也可以提高对律师、会计师等中介机构工作人员的监

---

① 企业破产法第24条第1款规定："管理人可以由有关部门、机构的人员组成的清算组或者依法设立的律师事务所、会计师事务所、破产清算事务所等社会中介机构担任。"

督效率。第三，在执业损害赔偿问题上，律所等机构相对于律师等个人来说也更有保障。毕竟中介机构的财产规模相比较于个人而言一般是较为充足的，能够保证执业赔偿责任的承担。

另外，我们通过检索关于个人破产管理人的数据发现，虽然目前中介机构占比较多，但是在这些机构也有细分，其中律师事务所的占比相较于会计师事务所和破产清算公司会更高一些。例如，深圳市破产事务管理署在2022年12月15日发布的《深圳市个人破产管理人名册》中共有40家机构管理人入选，其中律师事务所就37家，会计师事务所2家，破产清算公司只有1家。

（2）破产清算公司

破产清算公司是指专门以破产清算、重整、和解为主要业务的公司或者机构。破产清算公司是我国个人破产管理人选任制度中的一个特色，世界各国破产立法中关于这一管理人资格的规定比较少见。我国破产法律中规定了破产清算公司这一特殊主体具备管理人资格是因为该机构的自身性质和优势。俗话说，术业有专攻，专业的人做专业的事，破产清算公司是以破产业务为主的，理论上来说相比于会计师事务所和律师事务所而言，其对破产业务工作的开展应该更有经验，可以更高效率、更低成本，事半功倍地完成破产工作。但是近几年在司法实践中，由于缺乏破产管理人专业化考察制度和专门的破产执业资质管理机构等破产辅助制度，破产清算公司的规模和水平也是良莠不齐，有些破产清算公司的成立是为了蹭破产市场的热度和红利，公司人员组织结构混乱，工作人员专业能力不足，甚至缺乏执业风险赔偿能力。[1] 目前，我国现有的破产法律规定中缺少对破产清算公司的设立标准的明确规定。笔者认为，对破产清算公司的规范要求可以类推律师事务所的规范要求进行设定，具体的规范设计应该从以下几个方面入手：第一，要从破产清算公司设立的组织形态上进行明确。现在市场上的破产清算公司大多是以公司形态存在，但是也有采取合伙组织性质的，甚至还有从国家机关中分离出来的事业单位性质的，企业性质的不统一容易导致管理人执业风险责任承担的不一致。第二，要严格把关破产清算公司员工的专业能力和执业资格。不同于律师和注册会计师这类群体，在执业前都要通过严格的考试筛选方可取得执业资格，而破产清算公司的工作人员能力参差不齐，缺少准入门槛制度和专业能力考察机制。第

---

[1] 《高法民二庭负责人就破产法司解答记者问》，中国法院网2007年4月17日，https://www.chinacourt.org/article/detail/2007/04/id/243673.shtml，最后访问时间：2023年2月1日。

三，从设立条件上来看，会计师事务所和律师事务所在设立标准，设立条件方面都有明确的法律规定和严格的准入门槛要求，而目前法律对破产清算公司的设立要求却缺少明确的规定。如果立法机关不对破产清算公司的设立提出标准化、规范化、明确化的要求，破产清算公司很可能不但无法实现前文所说的术业有专攻的优越性，反而会影响破产市场秩序。这不仅是目前企业破产法亟须解决的问题，也是未来个人破产立法中需要关注的方向。

（3）具备破产专业知识和执业资格的个人

如前所述，具备破产专业知识和执业资格的个人是当前世界各个国家和地区个人破产管理人的主要构成。很多国家个人破产法规定，只能由自然人来担任破产管理人。如德国破产法律规定，破产管理人必须是由具有相关资质的自然人而不是团体或者公司担任，[①]《英国破产法》规定，只有自然人有资格担任管理人，法人团体或者负有债务未清偿的个人均无资格担任。这些国家的立法者认为，个人相较于机构更具有优越性，这种优越性主要包括个人管理人具有时间灵活性、程序便捷性、成本低廉性和工作高效性等优势。

纵观上述各国的个人破产立法，其对"具备破产专业知识和执业资格的个人"的要求并不一致。在英国，要求具备破产专业知识，并通过统一的职业资格考试。在日本，则无须通过专门的职业资格考试，但要求必须是律师，并在当地律师协会申请备案。由此可见，对于个人担任破产管理人，其积极资格的设定最基本的要求是应当具备破产专业知识。对于如何检验个人是否具备该专业知识，则要根据各国法律传统设置不同的考察方法。

在我国，无论是企业破产法，还是试点的《深圳经济特区个人破产条例》均赋予了个人在破产程序中担任破产管理人的可能性。企业破产法第24条第2款规定，人民法院根据债务人的实际情况，可以在征询有关社会中介机构的意见后，指定该机构具备相关专业知识并取得执业资格的人员担任管理人。与之配套的《最高人民法院关于审理企业破产案件指定管理人的规定》第17条规定，对于事实清楚，债权债务关系简单，债务人财产相对集中的企业破产案件，人民法院可以指定管理人名册中的个人为管理人。由此可见，在企业破产案件中，个人要想成为管理人，一是必须具备相关专业知识并取得执业资格。但此处的取得执业资格是什么执业资格并不明确。二是必须被列入管理人名册。三是要征求个人所就职的社会中

---

① Paulus C G, The New German Insolvency Code, *Texas International Law Journal*, 1998, p. 33.

介机构的意见。但在具体执行过程中，如前所述，在企业破产案件中，个人被列入管理人名册并被选任担任管理人的情况并不多见。

在深圳市的个人破产试点中，《深圳经济特区个人破产条例》再次将具备专业知识的个人作为管理人的候选类型之一。该条例第157条第1款、第2款规定，管理人由符合条件的个人或者机构担任。律师、注册会计师以及其他具有法律、会计、金融等专业资质的个人或者相关中介服务机构，经破产事务管理部门认可，可以担任管理人。通过该表述可以发现，律师、注册会计师首先被认可，该两种类型较容易判定和识别，在此不做赘述。我们认为，对于"其他具有法律、会计、金融等专业资质的个人"，与企业破产法相比，更加宽泛而且不易把握。其他法律、会计、金融等专业资质的范围是非常广泛的，该类人员是否具备破产专业知识，是否具备完成个人破产工作的能力是非常值得商榷的。

在深圳开展个人破产试点以来，尚未出现个人担任管理人的案件。深圳市破产事务管理署编制破产管理人名册时，亦明确不接受个人的报名申请。但我们认为，个人破产制度未来的全面实施，必然离不开个人管理人制度的贯彻落实。大量的无产可破案件，仅仅依靠机构管理人从事"破产事务公益服务"来完成，是不现实也是无法持续的。因此，当务之急，应当尽快编制个人管理人名册，积累个人参与破产管理的试点经验。但在此过程中，如何识别"其他具有法律、会计、金融等专业资质的个人"将是一件困难的事情。我们甚至担心，是否是该规定所带来的难度导致了试点城市不能推进个人管理人名册的编制工作。对于该问题，建议分步实施，在首批个人管理人名册的编制时，只考虑具有破产经验的律师和注册会计师。如该名册编制后，仍不能满足市场需求时，再考虑将范围扩展至"其他具有法律、会计、金融等专业资质的个人"。此外，应参考企业破产相关法律规定，在将个人编制进入名册时，个人应当提交其所就职的社会中介机构同意其编入名册，以及今后随时被任命为个人管理人的证明文件。

2. 个人破产管理人任职的消极资格

关于个人破产管理人任职的消极资格，世界上大多数国家的立法均有明确规定。由于各国自身国情的特殊性和差异性，立法规定也并不完全相同，但关于消极任职资格的立法宗旨和基本精神都具有一定的共通性。

（1）我国关于破产管理人任职的消极资格的规定

我国企业破产法第24条第3款关于破产管理人任职消极资格的规定，分为四种情形：因故意犯罪而受到刑事处罚的，曾被吊销破产相关执业证书的，与本案有利害关系的以及人民法院认为不宜担任破产管理人的其他情形（兜底条款）。在个人破产中，《深圳经济特区个人破产条例》第158条是关于消极任职资格的规定，其与企业破产法的规定大致相同，只是兜底条款规定的更加详细一些。第158条中关于兜底条款的规定是："法律、行政法规规定或者人民法院、破产事务管理部门认为不宜担任管理人的其他情形。"相较于企业破产法增加了法律、行政法规规定的前提条件，其次是除了人民法院之外，增加破产事务管理部门认为不宜担任的规定。破产事务管理部门是深圳个人破产实践探索中新增设的一个机构，负责履行对破产管理人的监督和管理职责，在关于破产管理人消极任职资格的规定中增设这一主体，体现了《深圳经济特区个人破产条例》的立法工作考虑得较为周全和细致。兜底条款是我国立法的特色设计，在很多部门法规定中都能看到其身影。破产立法在关于破产管理人任职的消极资格设定上增加兜底条款，可以为法院选任管理人提供自由裁量的空间，而其自由裁量权的适用范围则在《最高人民法院关于审理企业破产案件指定管理人的规定》第9条中进行了详细的阐述。①

"与案件有利害关系的"主要分为两种情形：一是社会中介机构、清算组成员与案件有利害关系，具体包括：（1）与债务人、债权人有未了结的债权债务关系的；（2）在破产受理前三年内，为债务人提供长期稳定的中介服务的；（3）在破产受理前三年内曾是债权人或者债务人的实际控制人或者控股股东的；（4）在破产受理前三年内曾担任债权人或者债务人的法律顾问或者财务顾问的。② 二是社会中介机构的派出人员或者清算组的派出人员以及个人破产管理人与案件有利害关系，具体包括：（1）《最高人民法院关于审理企业破产案件指定管理人的规定》第23条规定的情形

---

① 《最高人民法院关于审理企业破产案件指定管理人的规定》第9条规定："社会中介机构及个人具有下列情形之一的，人民法院可以适用企业破产法第二十四条第三款第四项的规定：（一）因执业、经营中故意或者重大过失行为，受到行政机关、监管机构或者行业自律组织行政处罚或者纪律处分之日起未逾三年；（二）因涉嫌违法行为正被相关部门调查；（三）因不适当履行职务或者拒绝接受人民法院指定等原因，被人民法院从管理人名册除名之日起未逾三年；（四）缺乏担任管理人所应具备的专业能力；（五）缺乏承担民事责任的能力；（六）人民法院认为可能影响履行管理人职责的其他情形。"

② 《最高人民法院关于审理企业破产案件指定管理人的规定》第23条规定："社会中介机构、清算组成员有下列情形之一，可能影响其忠实履行管理人职责的，人民法院可以认定为企业破产法第二十四条第三款第三项规定的利害关系：（一）与债务人、债权人有未了结的债权债务关系；（二）在人民法院受理破产申请前三年内，曾为债务人提供相对固定的中介服务；（三）现在是或者在人民法院受理破产申请前三年内曾经是债务人、债权人的控股股东或者实际控制人；（四）现在担任或者在人民法院受理破产申请前三年内曾经担任债务人、债权人的财务顾问、法律顾问；（五）人民法院认为可能影响其忠实履行管理人职责的其他情形。"

的；（2）在破产受理前三年内曾担任债务人或者债权人的董事、监事、高级管理人员的；（3）与债权人或者债务人的董事、监事、高级管理人员或者控股股东存在夫妻、直系血亲、三代以内旁系血亲或者近姻亲关系的。[①]

（2）域外国家关于破产管理人任职的消极资格的规定

① 美国。《美国破产法典》规定，无论是企业破产案件还是个人破产案件，其破产托管人都必须是"非利害关系人"，即破产托管人与债务人或者债权人不存在关联，并且在实质上不享有不利于破产财产的利益。《美国破产法典》第 11 卷第 101 条对"非利害关系人"作出了列举式规定，主要包括：（1）不是债务人的债权人、股东或者企业内部人员；（2）在申请破产日前的 2 年内不是债务人的董事、高级管理人员或者雇员；（3）没有因为与债务人或者其他原因存在直接或间接的关联而与破产财产、各种类债权人、股东存在实质性利益冲突。[②] 可以看出，《美国破产法典》对与案件有利害关系者的认识，主要是跟债务人或者债务人的破产案件存在利害关系，包括其董事、监事、高级管理人员或者是为债务人提供证券服务的银行家等。

② 英国。在英国，个人破产管理人任职的消极资格主要分为三大类型：第一是与破产债务人或者债权人存在利害关系的人不得担任管理人；第二是工作态度和工作能力有问题的人，比如说曾有过因工作不称职而被解除管理人职务的人或者曾有过渎职行为的人；第三是不具备完全民事行为能力的人等。例如，《英国破产法》第 390 条规定，下列人员不宜被指定为破产管理人：（1）与债权人或者债务人具有财产利害关系的人；（2）曾有过渎职行为或曾因不称职行为而依据《1986 年公司管理层不称职法》被解除过管理人职务的人；（3）曾经法院判决宣告因患有精神病而无处理自己事务能力的人；（4）未经解除债务责任的破产人。

③ 俄罗斯。俄罗斯关于破产管理人任职的消极资格的规定体现在《俄罗斯破产法》第 20 条，其具体规定为有经济犯罪前科或者中等严重以上

---

① 《最高人民法院关于审理企业破产案件指定管理人的规定》第 24 条规定："清算组成员的派出人员、社会中介机构的派出人员、个人管理人有下列情形之一，可能影响其忠实履行管理人职责的，可以认定为企业破产法第二十四条第三款第三项规定的利害关系：（一）具有本规定第二十三条规定情形；（二）现在担任或者在人民法院受理破产申请前三年内曾经担任债务人、债权人的董事、监事、高级管理人员；（三）与债权人或者债务人的控股股东、董事、监事、高级管理人员存在夫妻、直系血亲、三代以内旁系血亲或者近姻亲关系；（四）人民法院认为可能影响其公正履行管理人职责的其他情形。"

② 《美国破产法典》第 101 条第 14 项。

的犯罪前科者、债务人或债权人的利害关系人、参与破产程序中的人员、没有履行管理人职务时致相关损失的人员、依法丧失或者被剥夺管理职务（含董事、监事、受托理财人）者、未依法参加破产案件参与人损害责任保险的人员，法院不得批准其担任管理人。《俄罗斯破产法》第19条则是对上文中的利害关系人的概念进行细化和明确，具体规定为：其一，本联邦法律所称的债务人的利害关系人指的是根据民事立法，作为债务人的母公司或子公司的法人、债务人的经理人，以及债务人的董事会（监事会）成员、债务人的集体执行机构、债务人的总会计师，其中包括提起破产案件诉讼程序之前一年内被解雇的上述人员；其二，联邦法律所称的公民的利害关系人，指的是其配偶、直系长辈亲属和直系晚辈亲属、姐妹和兄弟以及姐妹和兄弟的晚辈亲属、配偶的父母、姐妹和兄弟；其三，在本联邦法律规定下，仲裁管理人、债权人的利害关系人，根据本条前两款规定的程序确定。通过《俄罗斯破产法》第19条的规定可以看出，俄罗斯立法在利害关系人问题上，除了包含个人存在利害关系的情形，还增设了企业法人存在利害关系的情形。

④ 澳大利亚。《澳大利亚破产法》规定有下列情形的人，不得在破产程序中担任管理人：该个人或者该个人实际控股的法人对该企业或者其关联企业负债超过5000澳元；该个人为该企业或者其关联企业的债权人，且所持债权超过5000澳元；该个人为该企业的高级职员；该个人为该企业财产的抵押权人法人的高级职员；该个人为该企业的审计员；该个人为该企业高级职员的合伙人、雇主或者雇员。

⑤ 日本。《日本破产法》规定犯重罪的人、破产失权的人、拒绝服兵役的人以及与破产案件存在利害关系的人不能担任破产管理人。① 除此之外，有关人员在被判处刑罚或者被取消公证人资格后的一定期限内（一般是5年），注册会计师、律师被吊销执业证照后的5年内，破产债务人的实际控制人、法定代表人、董事、合伙人等高级管理人员在破产程序终结之后的5年内均不得申请担任破产管理人。

（三）关于破产管理人职业资格考试的讨论

1. 域外国家关于破产管理人执业资格考试的规定

我国破产管理人执业目前是没有资格考试要求的，域外国家对于从事

---

① ［日］石川明：《日本破产法》，何勤华、周桂秋译，中国法制出版社2000年版，第136页。

破产管理人工作是否需要通过执业资格考试的规定也是各不相同。例如，英国就设置了破产职业资格考试制度。英国的破产职业资格统一考试制度（Joint Insolvency Examination，简称 JIE）是针对破产执业者的一个准入性考试制度，其前身是破产执业者协会早期制定的破产专业考试制度。英国破产执业者协会于 1981 年首次举办破产专业考试，为非法学、会计学、金融学人士提供了从事破产工作的可能性和机会，1989 年该考试制度改为现在的破产职业资格统一考试，成为破产执业者执业之前必须参加的考试制度。

英国破产职业资格统一考试的报名必须先到受认可专业团体注册账户，然后按照规定提交材料。该考试对报考人员没有教育背景和文化程度的限制，理论上来说任何个人都可以参加报名，但是考试内容主要是有关破产业务工作中实际接触到的知识，所以也只有具备破产相关领域实务经验的考生才适合报考。破产职业资格统一考试取得职业资格所要求的标准和受认可团体及法律团体所拟定的最终资格考试所要求的标准是相同的，考试通过率较低，竞争激烈，然而每年的报名人数仍然居高不下。

除此之外，英国破产执业者协会为了给考生提供一个在破产职业资格统一考试之前的学习和训练机会，也为了给初入行者提供一个证明自己破产法领域专业能力的机会，决定在每年的 6 月和 12 月举行"破产专业能力证书考试（Certificate of Proficiency in Insolvency）"。而且考虑到考生未来可能会为公司或者个人等不同主体提供破产方面的服务，协会还将上述证书考试专门分为"公司破产专业能力证书考试（Certificate of Proficiency in Corporate Insolvency）"和"个人破产专业能力证书考试（Certificate of Proficiency in Personal Insolvency）"两种类型。通过该考试的考生可以申请成为破产执业者协会的会员，而且会被颁发证书，该证书可以在求职时作为证明自己专业能力之用。[①]

正如英国的破产工作者必须通过破产职业资格统一考试一样，部分欧洲国家如法国、波兰、葡萄牙等国的破产法也规定了破产从业资格考试制度，[②]并且比英国的考试制度规定得还要严格，对报考者的教育背景和专业方向以及工作经验都有着严格的限制，必须是具有会计学、金融学、法学、管理学教育背景同时有一定年限工作经验的人才可以报考。

通过上述英国和部分欧洲国家的法律规定可以看出，他们在破产管理

---

① See Joint Insolvency Examination（JIE），available at：https：//www.insolvency-practitioners. org. uk/examinations/jie，最后访问时间：2023 年 1 月 21 日。

② 种林：《破产管理人选任制度：中欧比较研究》，载《政法论丛》2015 年第 4 期，第 39 页。

人任职的积极资格设定方面规定得非常严谨且严格,通过设立职业资格考试制度,提高准入门槛,同时对报考人的教育背景和专业方向进行限制以及通过考试后的实习期等规定,进一步保证了破产执业者的专业水平和工作能力,间接地也提高了破产工作的效率。但是,也有些国家的破产法和我国一样没有规定破产职业资格考试制度,但这并不代表立法降低了对破产执业者专业水平的要求。这些国家很多也规定了破产执业者应该从法律或者会计专业人士中选任。不过也有个别国家对破产管理人的任职资格未设置条件,如荷兰、奥地利、丹麦、瑞典、德国等国家的破产法便没有对破产管理人的准入资格设置相应的条件,法律规定也比较笼统。① 但是这些国家在破产实践中对选任管理人可不像他们的法律规定那样简单笼统,在具体选任管理人的设置门槛上存在自由裁量的空间。②

在日本,立法目前也没有规定全国统一性的管理人职业资格考试制度,而是由各地区的律师协会来把控破产管理人任职的积极资格要求,不同地区的律师协会对破产管理人的要求也不尽相同。有些地区如岩手县、青森县的律师协会对律师的执业年限都不加限制,只要报名登记后参加破产研修会学习,即可进入破产管理人候选名册。而在东京、北海道等大城市,律师协会要求律师至少要登记管理人名册3年后方可加入候选名册。

2. 我国建立破产管理人职业资格考试制度的探讨

关于我国是否需要建立破产管理人职业资格考试制度,是学术界和实务界长期争论的一个话题,目前主要存在两种观点。

支持者认为,无论个人破产和企业破产案件管理是一种综合性强、难度高的工作类型,应当设立专门的破产管理人资格考试制度来筛选人才,只有通过考试取得特殊执照的个人才能担任破产管理人。设立全国统一的破产管理人职业资格考试制度可以保障破产管理人的专业能力水平,减少办理破产案件的时间和经济成本。首先,设置统一的破产职业资格考试是选拔优秀破产管理人才的第一步也是至关重要的一步。破产管理人职业资格考试的内容不同于以往的法律职业资格考试和注册会计师考级考试那样单一化,其中涉及经济学、管理学、会计学、法学和金融学等各方面知识。因此通过管理人职业资格考试的人才相较于传统的律师和注册会计师

---

① 根据《德国破产法》第56条第1款规定,破产管理人对具体破产案件来说是合适的,特别是懂行且独立于债权人和债务人的自然人。

② 种林:《破产管理人选任制度:中欧比较研究》,载《政法论丛》2015年第4期,第40页。

而言，他们所掌握的知识结构更加全面，由他们来担任管理人，履行破产管理职责对于破产程序的快速、有序推进更有帮助，可以在很大程度上节约时间成本。其次，众所周知，破产案件不同于普通的民商事案件，破产程序从启动到终结要经历漫长的过程，这其中需要耗费大量的人力、物力和财力。从法经济学的角度来看，只有效率的提高才可以降低成本的支出，所以只有提高整个破产程序的工作效率，才可以达到降低破产支出的目的，从而实现破产财产的增值。设立破产管理人职业资格考试制度实际上就是在间接地降低成本，提高效率。最后，在我国现有的破产法律规定下，破产管理人是否真的具有相应的能力和资格是模糊不定的，由法院通过从众多的会计师事务所、律师事务所、破产清算公司中经过层层筛选编制管理人名册的方式来确定管理人的资格是种低效的选拔破产管理人的方法。这也是目前个人管理人无法落地实施的主要原因。我国的人民法院作为司法权力机关，由其来确认管理人资格容易导致权力寻租，权力寻租并不会创造价值，只是会导致财富的转移。① 基于以上理由，应当立即组织实施破产管理人职业资格考试制度，从而为未来即将推广实施的个人破产制度提供专业的管理人保障。

反对者认为，对于另行创设职业资格考试制度应当持谨慎态度。对于破产管理人任职资格，可以利用现在的法律职业资格考试和注册会计师考级考试等资格考试制度来作为破产管理人准入门槛的制度要求，无须另行设定破产管理人职业资格考试。

我们认为，为破产管理人的任职设定积极资格条件是为了保证破产管理人在破产工作中能够始终符合独立性、中立性、公正性、专业性的要求。从经济学角度来看，破产管理人队伍的专业化和规范化具有非常重要的经济学意义，能够降低时间和经济成本，提高破产工作效率。因此，从长远来看，建立统一的破产管理人职业资格考试制度有其必要性。但同时亦应考虑到我国破产管理人行业仍处于发展初期阶段的状况。我国的破产管理人行业自企业破产法实施以来，虽然已经历了十几年的发展，但仍然存在人员队伍薄弱、专业化程度不高等问题，当前尚无法有效满足企业破产的需要，面对即将来临的个人破产浪潮，更是存在巨大的人员缺口。在此情况下，如果贸然"一刀切"地推行统一的破产管理人职业资格考试制度，要求通过考试才能执业，则势必在短期内将会极大地削弱破产管理人

---

① ［美］沃德·法恩斯沃思：《高手：解决法律难题的 31 种思维技巧》（经典再版），丁芝华译，法律出版社 2016 年版，第 79 页。

队伍人数，给尚在襁褓之中的破产管理人行业造成重大影响。综合以上因素考量，我们认为，为应对未来即将全面实施的个人破产以及其对个人管理人的需求，在具体方式上，可以参照英国分设管理人职业资格统一考试，作为授予管理人执业资格的评价制度。通过该考试取得该执业资格的，可以从事破产管理人工作。但不能把该考试作为从事破产管理人工作的唯一评价标准，同时建立从事破产事务的执业律师和注册会计师可以免试申请获得资格的例外制度，以促进破产管理人行业的健康发展。

三、个人破产管理人的选任方式

有关破产管理人制度的规定，最早可以追溯到古罗马时期。古罗马时期之后，破产财产的整体拍卖逐渐转变为个别拍卖，程序变得更加复杂，所以法律规定应当选出专业的破产管理人，而不是由财产管理人兼任破产管理工作，破产案件的处理权限也逐步回归到法院身上。[①] 由此现代破产法律意义上的破产管理人制度逐渐在各国发展起来，这其中关于破产管理人选任方式的规定在各国立法中均不尽相同，这也是我国学术界和破产实务界长期讨论的话题之一。

（一）影响个人破产管理人选任方式的因素

不同国家和地区关于个人破产管理人选任方式的规定并不完全相同，这是由各国家和地区不同的法律诉讼模式、个人破产管理人所代表群体的不同和公权力对破产程序介入的程度不同导致的。首先，各国不同的诉讼模式会直接导致个人破产管理人选任方式的差异。在当事人主义的诉讼模式下，立法者更倾向于规定由债权人来选任个人破产管理人。因为债务人在资不抵债的情况下申请个人破产对于债权人来说本身就失去了完全实现到期债权的可能性，只能同债务人的其他债权人一起就破产财产进行公平受偿。债权人在自身利益遭受损失的情况下选择自己信任的破产管理人来代表并维护自己的权益，这是合乎商业规则和法律逻辑的。而在职权主义诉讼模式下，立法者更倾向于将个人破产管理人的选任主体分配给人民法院。因为法院的中立地位可以确保全体债权人就破产财产得到公平受偿，并且可以兼顾债权人和债务人双方的合法利益。其次，个人破产管理人所代表利益群体的不同影响着管理人的选任方式和选任主体。如果认为个人

---

① 陈晓峰：《破产清算法律风险管理策略》，法律出版社 2011 年版，第 38 页。

破产管理人代表着债权人群体的利益，则由债权人会议来选举破产管理人更加符合逻辑要求。但是这样也存在一个弊端，不同债权比例的债权人为了实现自身利益的最大化，会倾向于推选自己信任或熟悉的机构或个人来担任破产管理人，导致债权人会议难以形成选任管理人的统一意见，影响破产案件的办案效率，同时也不利于小比例债权人的利益保护。若破产管理人不仅代表债权人的利益，同时兼顾债务人利益和社会公共利益的保护，那么则由法院作为选任主体从破产管理人名册中选拔管理人更为合理。法院作为中立的一方来选任更能确保兼顾到各方群体的利益。最后，公权力的介入程度影响着破产管理人的选任方式。在个人破产程序中，无论破产管理人是由谁选任出来的，都应将管理人视为独立的、中立的个人，要严格按照法律规定履行职责，不得被任何组织或者个人所左右。但需要注意的是，破产管理人在个人破产程序中虽然是独立、中立的个体，但是其所有的工作行为均要受到监督。如果破产管理人是受法院监督，对法院负责，则从降低破产成本的角度出发，由法院作为选任主体较为适宜；如果破产管理人是受全体债权人监督，对全体债权人负责，那么则应该由债权人会议选任较为合适；如果破产管理人是对行业主管部门或行业协会负责，受其监督，那么由行业主管部门或行业协会进行选任更能确保各方群体的利益公平实现。

（二）　不同选任方式的特征分析和利弊权衡

在个人破产案件中，繁杂、冗长的破产工作是由破产管理人统一负责，管理人的专业能力和职业素养直接关系到个人破产程序能否快速、公平、高效地推进。因此，立法者如何设计破产管理人选任方式以确保所选的破产管理人能够完美匹配相应的个人破产案件，便成了司法实践中至关重要的问题。纵观世界各国的破产立法，其中关于个人破产管理人选任方式的规定都各具特色，具体分为以下四种方式。

1. 法院选任方式

由法院选任个人破产管理人的方式被日本、法国、德国等大陆法系国家所青睐。这种模式的设计原理是基于债权人利益并不是个人破产制度的唯一价值目标这一认识。个人破产制度的宗旨是鼓励创新，宽容失败，其是一部兼顾债权人利益保护和债务人人道主义救济双重价值目标的法律制度。[①] 这种选任方式具体是指由法院担任选任主体，挑选、指定和监督破产管理人，其可以直接从破产管理人名册中挑选和指定，也可以在破产管

---

① 王利明：《关于制定我国破产法的若干问题》，载《中国法学》2002 年第 5 期，第 86 页。

理人名册中通过随机摇号、抽签等方式来确定管理人。① 例如,《日本破产法》和《日本民事再生法》都规定由法院担任破产管理人的唯一选任主体,即法院在各地律师协会提供破产管理人候选名单中挑选管理人。②《韩国统一破产法》规定,破产管财人由法院统一选任。③《德国破产法》甚至规定,法院可以无须任何理由否决掉债权人会议选任的破产管理人,这实际上仍然体现了法院选任管理人的思想。④

由法院选任破产管理人的优势主要体现在以下两个方面:首先是这种选任方式可以确保更高效地接管债务人的破产财产,在法院受理破产申请后立即指定破产管理人,可以降低破产受理和指定管理人之间的时间空挡,避免债务人转移破产财产和个别清偿债权的情况发生。其次是可以保证各位债权人无论其债权比例的高低均可得到公平公正的清偿,因为由法院选任管理人可以避免债权比例大的债权人推选自己信任的管理人来欺压小比例债权人的情况发生。

但是凡事均有利弊两面,该种选任方式的弊端主要有三点:一是法院作为公权力机关,而个人破产案件又属于私权法律关系,由法院选任破产管理人存在公权力干预私权关系之嫌疑;二是法院选任方式排除了债权人发挥作用的可能性,难以体现债权人群体的意愿,违背了债权人利益最大化的破产法原则;三是法院选任方式容易造成权力寻租现象的发生,扰乱破产市场秩序。

2. 债权人会议选任方式

大多数英美法系国家采用由债权人会议来选任个人破产管理人的模式。这是由于英美法系国家更加注重对当事人意思自治的保护,即使是在破产案件中也要尊重当事人的自治权利,认为债权人才是自身利益的最有利保护者,因此更加看重债权人的选任意愿。例如,《美国破产法典》第702条规定,破产管理人(破产托管人)由债权人会议选任,但如果债权人会议未能按规定选出破产托管人,则由联邦托管人⑤任命的临时托管人充当个人破产案件中的托管人。又比如,1986年《英国破产法》第100条规定,破产管理人的选任由债权人会议负责,在破产宣告后四周内债权人

---

① 李飞:《当代外国破产法》,中国法制出版社2006年版,第745页。

② [日]石川明:《日本破产法》,何勤华、周桂秋译,中国法制出版社2000年版,第151页。

③ 韩国《统一破产法》第147条。

④ 谢俊林:《中国破产法律制度专论》,人民法院出版社2005年版,第287页。

⑤ 联邦破产受托人,是1978年《美国破产法典》规定的在13个州试行的一项制度。联邦破产受托人是联邦司法部任命的官员,其主要任务是代替原破产法官指定、监督破产受托人,或自己亲自担任破产受托人。1986年《英国破产法》已经把这一制度在全国范围内推广适用。

会议还未选出破产管理人的，则由英国贸易部负责任命破产管理人。

由债权人会议选任个人破产管理人的好处在于可以充分考虑债权人的意思自治，尊重债权人的选择权和决定权，保障债权人利益的最大化实现，同时防止法院的独断专行和权力寻租现象的发生。但是这种选任方式的弊端就在于效率低下，因为债权人会议选任个人破产管理人的过程其实是一个利益群体冲突和协调的过程，很难在最短时间内选出各位债权人都满意的破产管理人，容易导致债务人利用时间空挡转移破产财产，从而造成破产财产的流失。除此之外，按照这种选任方式选出的破产管理人很可能受到大比例债权人意愿的影响（因为其主要是大比例债权人所信任或长期合作的机构或个人），损害小比例债权人的利益。所以，这种选任方式虽然在最大程度上尊重了当事人的意思自治，但是也受限于国家和地区的民众素养、法治程度和市场化水平，并非在所有国家都完全适用。只有在商法私法化程度较高、市场经济发达，破产管理人道德标准较高且破产管理人配套制度完善的国家才可以将此种选任方式的优势发挥到最大化。

3. 法院和债权人会议共同选任方式

由法院和债权人会议共同选任个人破产管理人的这种双轨制模式，集合了法院选任和债权人会议选任两种方式的优点，原则上以法院选任为主，但是同时保留了债权人推选的可能性。此种选任方式彰显了法院的优先性地位和对债权人群体意思自治的尊重，融合了当事人主义和职权主义诉讼模式，是个人破产管理人选任方式的发展趋势。

我国台湾地区即采用这种双轨制选任模式。其规定，法院在受理个人破产案件后，由于此时债权人会议还没有召开，债权人还无法选任破产管理人，则由法院先行指定破产管理人对债务人财产进行接管，在后续债权人会议召开时，允许债权人再选任正式的破产管理人，即法院选任为主，债权人选任为辅的方式。[①] 这种双轨制选任模式是未来个人破产管理人选任方式的发展趋势。有些大陆法系国家在传统的法院选任方式的基础上也开始逐渐赋予债权人会议一定的自治权利。例如，德国的个人破产法规定，在破产程序开始后，法院即可选任一名破产管理人，但是债权人可以在召开第一次债权人会议时选任其他管理人顶替法院选任的破产管理人，对此法院只能以债权人会议选任的管理人不适合担当职责为理由进行驳回，而且对于法院的驳回，任一债权人均有权向上一级法院起诉。

---

① 韩中节：《台湾地区破产法基本制度评析及借鉴意义》，载《北京工商大学学报（社会科学版）》2009 年第 3 期，第 118 页。

从完善个人破产管理人权责体制的构建角度来说，双轨制选任方式有利于改善个人破产管理人的责任体系。因为在法院选任方式下，个人破产管理人的职务侵权赔偿责任由何方主体如何承担的问题尚不明确；而在债权人选任方式中，个人破产管理人的执业过失责任如何独立于破产受理后至管理人选任前产生的损害责任也是一个未解难题。[①] 双轨制选任方式集合了前文中两种选任方式的优点，规避了其各自的缺陷，能够在个人申请破产的同时选任出破产管理人，保证管理人可以在第一时间内对债务人的财产进行接收和管理，避免债务人转移财产和个别清偿情况的发生，也给予债权人充分的时间以选举出最合适的个人或者机构来担任破产管理人。从完善个人破产管理人监督机制的角度来看，由于个人破产案件不仅关系到债权人的利益保护，还涉及债务人基本生存权和发展权的保障以及社会公共利益的维护。因此对管理人的监督不仅要依靠债权人会议的外部制约，还应该重视司法机关对破产和审判的实体与程序问题的监督作用。双轨制选任方式可以弥补内外部监督机制各自的不足，对个人破产管理人的监督机制起到完善作用。

4. 第三方独立机构选任方式

在《贸易法委员会破产法立法指南》中，联合国国际贸易法委员会指出，在部分国家中可以由负责破产管理人监督管理职责的机构（即破产管理人协会或个人破产事务管理部门）挑选破产管理人。采用此种选任方式的国家中比较典型的就是俄罗斯，《俄罗斯破产法》第 45 条是关于管理人选任方式的规定，其第（1）项规定："申请人（债权人会议）向列入全国性名单的破产管理人自治组织（相当于破产管理人协会）提议由其推选破产管理人候选人，并提出候选人的具体要求。"[②] 我国《深圳经济特区个人破产条例》中关于债权人未推荐破产管理人情况下的处理方式与此有相似之处，条例第 18 条规定："债权人未推荐管理人人选或者人民法院认为债

---

① 邓惠：《再论破产管理人的选任方式》，载《中国商法年刊（2007）——和谐社会构建中的商法建设》，第 364 页。

② 《俄罗斯破产法》第 45 条规定："破产管理人的选任程序如下：（1）申请人（债权人会议）向列入全国性名单的破产管理人自律性组织（相当于管理人协会）提议由其推举候选人，并提出候选人的具体要求。（2）该自律性组织按照申请人的要求一次提出 3 名候选人，并将 3 人按职业水平递减的顺序排列。（3）该自律性组织必须采用集体决定的方式，作出推选管理人候选人名单的决议。该自律性组织接受任何人对推选程序的信息查询。（4）自接到申请人提议 5 日内，将附有管理人职业水平和推荐理由的结论性报告送交法院、申请人和债务人。（5）申请人和债务人有权从候选人名单中各排除其中一名候选人，剩余的候选人由法院指定为破产管理人。（6）无论申请人和债务人是否行使上述排除权，法院均按候选人名单的职业水平顺序，指定条件最优者为破产管理人。"

权人推荐的人选不适宜担任管理人的,人民法院应当在裁定受理破产申请时,通知破产事务管理部门五日内提出管理人人选;破产事务管理部门提出人选后,人民法院应当在五日内作出指定管理人的决定。"

第三方独立机构选任方式相较于法院选任的优势在于可以充分发挥第三方机构所享有的管理人人才储备优势,可以针对不同类型、不同难度的个人破产案件有针对性地推荐管理人。而且从法院的角度出发,由法院掌握对破产管理人选任的绝对权力也不利于破产工作的开展。这是因为法院作为公权力机关,其本身的司法裁判任务压力比较大,而个人破产案件涉及的利益群体众多,工作事项纷繁复杂,如果让法院在个人破产案件中再承担较多的角色和工作,无疑会影响案件推进效率,浪费司法资源。除此之外,国家公权力的干涉过多,不可避免地会影响债权人的意思表示,从而削弱债权人利益的保护屏障。

但是需要注意的是,要想充分发挥第三方独立机构选任方式的先进性和优越性,其前提是司法实践中必须具备符合要求的机构存在或者司法环境具备建立这种独立管理机构的条件。[①]

(三) 我国个人破产管理人选任方式的定性

在讨论我国个人破产制度中关于管理人选任方式的规定之前,我们认为有必要先对我国企业破产制度中的管理人选任规定进行简单的分析和总结。我国的企业破产制度最初规定在《中华人民共和国企业破产法(试行)》之中,其中明文规定清算组的选任权归人民法院所有。不可否认的是,《中华人民共和国企业破产法(试行)》为当时中国的破产制度建立和实施提供了明确的法律指引,推动了企业退出机制的发展完善;但是其中关于破产管理人选任方式的规定完全排除了债权人群体的参与权和异议权,容易诱发法院"一言堂"现象和权力寻租现象的发生,被学术界认为存在严重的制度设计缺陷。此后,在2006年企业破产法制定过程中,学者们针对上述问题进行了激烈讨论,最终在提交给全国人大常委会审议的《中华人民共和国企业破产法(草案)》中采用了"先由法院选任破产管理人,再由债权人会议确认或者另行选任"的主张。可惜的是在随后的审议中,该主张还是未能获得通过。最终我国企业破产法还是规定由人民法院承担选取破产管理人的职责。虽然未能设定债权人会议关于选任管理

---

① 联合国国际贸易委员会:《贸易法委员会破产法立法指南》,2006年纽约,中文版,第159页。

的参与权，但是相较于《中华人民共和国企业破产法（试行）》，企业破产法增设了债权人会议的异议权，也算是在一定程度上保障了债权人会议参与破产管理人选任的可能性。① 总而言之，按照前文中关于破产管理人选任方式的分析，对号入座，我国企业破产制度中关于破产管理人选任方式的规定属于典型的法院选任模式。

在个人破产程序中，《深圳经济特区个人破产条例》关于破产管理人的选任方式主要规定在第 16 条至第 18 条中，其中规定破产管理人由单个债权人或者全体债权人向人民法院推荐产生，在债权人未推荐或者人民法院认为债权人推荐的人或机构不适宜担任本案破产管理人的情况下，由破产事务管理部门负责向人民法院推荐管理人人选。② 可以看出，相较于企业破产制度中由法院选任破产管理人的方式，《深圳经济特区个人破产条例》将个人破产管理人的选任方式更改为由债权人推荐为主，破产事务管理部门推荐为兜底的方式，其改革初衷也是为了落实破产案件加大债权人自治的改革思路。在管理人选任这个利益攸关点上，将法院"置身事外"，以其超脱姿态自示池清，昭示破产案件审判的趋势在不断地法治化、市场化，以公开、公平、公正为价值取向，充分保护债权人的利益。

关于我国目前个人破产管理人选任方式的法律定性，我们认为《深圳经济特区个人破产条例》所采取的选任方式既不属于前文中分析的债权人会议选任模式，也不属于典型的第三方独立机构选任模式，更不属于法院与债权人会议共同选任模式，而是立法者结合我国特殊国情创设出的一种具有中国特色的新型选任模式，即以债权人推荐选任为主，破产事务管理部门选任为兜底的个人破产管理人选任方式。我们认为，该种选任方式较为符合当前的破产法发展趋势和潮流，将是未来个人破产全面推开之时的较好选择。但是需要我们注意的是，任何一项新制度的实行都是牵一发而

---

① 企业破产法第 22 条规定："管理人由人民法院指定。债权人会议认为管理人不能依法、公正执行职务或者有其他不能胜任职务情形的，可以申请人民法院予以更换。指定管理人和确定管理人报酬的办法，由最高人民法院规定。"

② 《深圳经济特区个人破产条例》第 16 条规定："自人民法院公开破产申请之日起十五日内，债权人可以单独或者共同向人民法院推荐破产管理人（以下简称管理人）人选。"第 17 条规定："人民法院同意债权人推荐的管理人人选的，应当在裁定受理破产申请时同时作出指定管理人的决定。管理人执行职务的费用由其推荐人预付。多名债权人推荐不同的管理人人选的，人民法院可以从中指定一名或者多名管理人。"第 18 条规定："债权人未推荐管理人人选或者人民法院认为债权人推荐的人选不适宜担任管理人的，人民法院应当在裁定受理破产申请时，通知破产事务管理部门五日内提出管理人人选；破产事务管理部门提出人选后，人民法院应当在五日内作出指定管理人的决定。"

动全身。该种选任模式实施的前提是必须设立独立的破产事务管理部门，这虽然是英美等国家的常规设置，但在我国当前情况下，设立一套自上而下的破产事务管理部门，配置专门的人员编制和经费保障，是否具有可行性，亦值得商榷。当前一段时期，修订企业破产法，将个人破产列入立法，是当务之急。个人破产入法已是阻力重重，在此同时，如果再要增设一套自上而下的破产事务管理部门，其难度更是可想而知。

四、个人破产管理人的选任时间

破产程序涉及债权人、债务人和社会多方面利益，面对各方利益群体之间的冲突，需要破产管理人从中加以平衡和协调，破产管理人的选任时间问题不仅关系到管理人何时能够介入个人破产程序，还会影响债权人和债务人的利益平衡，对于破产程序的顺利推进起到至关重要的作用。[1] 在个人破产程序中，上述问题将更为重要。因为相较于企业，个人债务人的财产更易于转移且无法监控记录，管理人何时介入并接管财产显得至关重要。

（一）破产开始时间对管理人选任的影响

纵观世界各国的个人破产立法，不同法系国家由于立法理念的不同，对于破产管理人选任时间的规定也不尽相同。英美法系国家和大陆法系国家根据个人破产程序的开始时间不同，分别形成了破产受理开始主义和破产宣告开始主义两种模式。在讨论我国个人破产管理人选任时间问题之前，首先需要对这两种破产开始主义进行简要的阐述和分析。

1. 破产宣告开始主义下的管理人选任时间制度

在大陆法系国家中，大多对个人破产管理人选任时间的规定采用破产宣告开始主义。在破产宣告开始主义下，在人民法院作出破产宣告之前，破产程序还未真正地启动，此时债务人的财产还不受个人破产程序的限制，债务人仍然可以自由处置其财产。可知，只要法院未作出破产宣告，就无法启动破产程序，也就无法选任破产管理人对债务人财产进行接收和监管。如果遇到债务人利用管理人还未选任的时间空当来恶意转移财产的行为，债权人可以向法院申请民事诉讼程序中的财产保全措施来追回和保护破产财产，以防止利益受到损害。当人民法院宣告债务人破产时，破产程序随之启动，债务人财产也随即变成了破产财产，债务人失去对其财产

---

[1]　汪世虎主编：《破产管理人选任机制创新研究》，华中科技大学出版社 2019 年版，第 164 页。

的管控权限，需要统一交由管理人负责管理。在破产宣告开始主义下，法院在破产宣告的同时即启动破产程序，同时也应该在此时指定破产管理人，尽量保持破产宣告和管理人选任时间的一致性，避免为接管破产财产留下时间空挡。例如《日本破产法》第142条规定："法院在破产宣告的同时，选任破产管理人。"

破产宣告开始主义下的个人破产管理人选任时间设定，被大多数大陆法系国家采用，有其合理性和可行性。但是，该种选任时间设定方式也有一个严重的弊端，即在破产受理和破产宣告之间存在一段时间空当，容易给债务人转移财产留下空白，不利于债权人的利益保护。

2. 破产受理开始主义下的管理人选任时间制度

不同于大陆法系国家，在英美法系尤其是以英国和美国为代表的国家中，关于个人破产管理人选任时间的规定采用的是破产受理开始主义。在法院受理破产申请前，个人破产程序还未开始，除非法院对债务人的财产采取保全措施，否则债务人有权对其财产进行处分。但是，在法院受理破产申请后，即使还未作出正式的破产宣告，由于适用的是破产受理开始主义，意味着个人破产程序已经启动，债务人已经丧失了对其财产的处分权，从这个时间节点开始，债务人财产的法律性质转变为破产财产，应全部由破产管理人进行接管和处分。破产受理开始主义对个人破产管理人选任时间的设定更加严谨，完美衔接了个人破产程序中可能存在的时间空挡，可以最大限度地保障债权人利益。

3. 两种破产开始主义的利弊分析

结合前文中对两种开始主义的比较分析可知，破产宣告开始主义和破产受理开始主义的最主要区别就在于个人破产程序的开始时间节点不同，从而进一步决定了个人破产管理人的选任时间和对债务人财产的接管等方面的差异。正是由于这种不同，破产宣告开始主义为了确保对债权人利益的保护，在破产受理之后至破产宣告之前的时间节点上，往往采用财产保全措施对债务人的财产进行控制，以弥补个人破产管理人选任之前所存在的管控空白。所以这两种破产开始主义都以自己的方式对债务人财产进行了制度上的配置，以期实现对破产财产的严密管控，二者的功能效用实际上并不存在质的区别。

现代意义上的个人破产制度经数百年的发展历程，其价值目标经历从注重债权人利益保护，到保障债务人的基本生存权和发展权，再到现在的兼顾债权人整体利益受偿和债务人的合法权益保护的变化过程。在法院作出正式的破产宣告之前，对债务人的财产监管主要可以分为两个时间节点，分别是债务人提出破产申请至法院正式裁定受理破产的阶段和破产裁定受理至法院正式作出破产宣告的阶段。在债务人提出破产申请至法院正式裁定受理破产的阶段，因为破产程序还未正式启动，债务人对其财产的管控不应受到任何限制，如果出现债务人可能转移财产或者个别清偿债权的情形，无论是在破产宣告开始主义下还是破产受理开始主义下，都只能是由当事人向人民法院申请民事诉讼程序中的财产保全措施来确保破产财产的安全。从这一角度来看，两种破产开始主义在此时间阶段对于债务人财产的保护并不存在实质差别。在破产裁定受理后至破产宣告之前的时间段，依据破产受理开始主义，此时个人破产程序已经启动，而依据破产宣告开始主义，破产程序则还未开始，开始与否的差异直接影响管理人对债务人财产的接管权限，两种破产开始主义的差别在此刻才凸显出来。

进入 21 世纪后，随着破产市场化和全球经济一体化的发展，有些国家的破产立法在破产管理人选任时间的设定问题上也发生了一些新变化，例如，一直采用破产宣告开始主义的大陆法系国家开始逐渐采纳破产受理开始主义的理念。这其中最为典型的就是德国，德国自 1999 年起实行的新《破产法》在管理人选任时间问题上即采用的破产宣告开始主义的观点。这从一定程度上说明大陆法系国家开始意识到现代个人破产法律制度下破产受理开始主义的制度优势，其将逐渐成为影响个人破产立法的主流观点。

（二）关于我国个人破产管理人选任时间的认定

我国企业破产法采用的也是前文中所说的破产受理开始主义，即规定在企业破产案件中，人民法院在裁定受理债务人企业的破产申请的同时指定破产管理人接管破产企业。在我国个人破产的地方试点中，浙江省台州市中级人民法院发布的《执行程序转个人债务清理程序审理规程（暂行）》第 15 条明文规定，按照本规程受理的个人债务清理申请案件，在裁定受理申请的同时指定管理人。[①] 另外，苏州市吴江区人民法院发布的《关于个人债务清理的若干规定》第 21 条第 1 款也规定，裁定受理债务清理申请的，应当同时指定管理人。[②]

---

① 浙江省台州市中级人民法院《执行程序转个人债务清理程序审理规程（暂行）》第 15 条规定："依本规程裁定受理债务清理申请的，于裁定受理之日同时指定管理人。"

② 苏州市吴江区人民法院《关于个人债务清理的若干规定》第 21 条规定："裁定受理债务清理申请的，应当同时指定管理人。依本规定第四条第一款第一项进行个人债务清理的，由企业破产案件的管理人担任个人债务清理管理人；其他个人债务清理案件管理人的指定，参照企业破产案件管理人的指定方式处理。对于符合本院《关于破产案件指定个人管理人的规定（试行）》的案件，应依照该规定指定个人担任管理人。"

　　《深圳经济特区个人破产条例》并未明文规定个人破产管理人的选任时间，但是笔者通过分析认为我国《深圳经济特区个人破产条例》采用的也是破产受理开始主义。虽然条例没有明文规定，但是在相关法条中均有关于破产受理后指定管理人的表述。例如，根据《深圳经济特区个人破产条例》第25条第1款规定，人民法院裁定受理破产申请后，债务人的次债务人或财产持有人应当向管理人清偿债务或者交付财产；第26条第1款规定，人民法院裁定受理破产申请后，管理人对破产申请受理前成立但债务人和对方当事人均未履行完毕的合同，有权决定解除或者继续履行；尤其是第29条规定，人民法院裁定受理破产申请并作出指定管理人的决定后，已经开始但尚未终结的涉及债务人财产权利的民事诉讼或者仲裁，应当由管理人代为参加。① 综上可以看出，《深圳经济特区个人破产条例》的上述三个法条均有意指在破产申请受理时即同时确定破产管理人。

　　因此，我国的企业破产制度和个人破产实践在关于管理人选任时间问题上都采纳的是破产受理开始主义，这也是目前世界各国的主要潮流。这样可以更好地避免破产程序中可能存在的时间断点，便于破产管理人高效、严密地完成对破产财产的接管工作，防止给债务人留下转移财产的机会，最大限度保障债权人的利益。

　　综合本章前述分析，为实现个人破产管理人市场的规范化、职业化、可持续性发展，结合个人破产程序特点，对个人破产管理人选任制度进行创新性研究，确定合适的任职主体和任职资格，构建科学合理的选任机制，对我国当下的个人破产实践探索和未来全国性个人破产立法工作都有着理论意义和现实价值。但是，个人破产管理人选任制度也只是个人破产管理人制度中的一部分，要想个人破产管理人制度发挥出其应有的功能和效力，还需要个人破产管理人履职制度、报酬制度和监督制度的建立完善。本书后续章节将依次对履职制度、报酬制度和监督制度进行详细展开。

---

① 《深圳经济特区个人破产条例》第25条第1款规定："人民法院裁定受理破产申请后，对债务人负有债务的人或者债务人财产的持有人应当向管理人清偿债务或者交付财产。"第26条第1款规定："人民法院裁定受理破产申请后，管理人对破产申请受理前成立但债务人和对方当事人均未履行完毕的合同，有权决定解除或者继续履行，并通知对方当事人。"第29条规定："人民法院裁定受理破产申请并作出指定管理人的决定后，已经开始但尚未终结的涉及债务人财产权利的民事诉讼或者仲裁，应当由管理人代为参加。法律另有规定的，从其规定。"

第三章 个人破产管理人的履职制度

一、个人破产管理人履职制度概述

个人破产管理人履职制度是个人破产管理人制度中的核心关键环节。个人破产管理人如何履行法定职责、如何承担法定责任等内容将直接关系到个人破产案件的有效推进和个人破产制度目标的实现。由于我国目前尚未建立统一的个人破产制度，个人破产管理人的履职制度亦是在不断地试点、完善过程之中。在此状况下，借鉴世界不同国家和地区个人破产管理履职制度的主要内容，并对比参照企业破产案件中的管理人履职制度内容无疑具有十分重要的意义和价值。此外，在我国深圳特区的个人破产试点以及浙江等省份的个人债务集中清理过程中，亦积累了众多关于个人破产管理人履职制度的实践内容，这些内容将为我国未来构建统一的个人破产管理人履职制度提供坚实的实践基础。本章即结合以上域外经验、国内试点实践等内容，在总结当前我国个人破产管理人履职困境的基础上，试图从整体上勾勒出未来个人破产管理人履职制度的基本框架。

一般观点认为，个人破产管理人的履职起自被裁定、批准任命为管理人时。但参考域外立法经验，由于个人破产案件法律程序繁杂，且个人破产案件的当事人一般不具备该类专业知识，因此程序启动前的专业咨询和建议显得十分必要。此外，各个国家和地区亦越来越重视个人破产的和解程序，在此过程中，个人破产管理人作为专业人士亦应发挥越来越重要的作用。

在正式担任个人破产管理人后，管理人的主要职责包括调查核实债务人及相关人员的基本情况，审查债权人的债权情况，接管与债务人财产状况的相关资料，调查债务人财产状况和财产变动情况并制作债务人财产报告，对债务人豁免财产清单提出意见，调查、接管债务人财产，拟订并实施破产财产分配方案，代表债务人参与司法活动，召开债权人会议，管理、监督、协助重整计划或者和解协议的执行，管理、监督债务人在考察期的行为。在讨论以上职责时，一个无法回避的问题就是个人破产管理人的履职制度与企业破产管理人的履职制度有何异同。我们认为，二者相比，个人破产管理人的职责内容可能会更为繁杂，例如，在债务免责阶段对债务人豁免财产清单提出意见，以及对考察期内的债务人进行监督和考察的职责，显然是企业破产管理人未曾涉及的内容。

在完整的个人破产管理人履职制度中，除以上履行职责等主要内容外，必须构建与之相配套的辅助制度体系。一是个人破产管理人的法律责任制度。权利与义务必须对等，破产管理人在拥有众多权利的同时，必须承担"勤勉尽责，忠实履行职责"的法定义务。如有违反，轻则将被警告、罚款甚至开除名册，重则承担民事赔偿责任及刑事责任。二是个人破产管理人的变更与解任制度。建立个人破产管理人"能上能下"制度，若管理人确有不能顺利履职的情形，则可申请对管理人进行更换，法院也可依职权对管理人进行更换。三是个人破产管理人的执业责任保险制度。为确保个人破产管理人（尤其是以后可能出现的由个人担任管理人的情形）能够依法承担法律责任，有必要建立强制的个人破产管理人执业责任保险制度。四是个人破产管理人履职保障制度。个人破产管理人涉及更多的财产调查、监督职责，而且其难度也将高于企业破产。为使管理人顺利履职，与履职相关的法院、公安、民政、社会保障、税务、市场监管等部门和金融、征信机构等单位，应对管理人提供必要的履职保障。

二、个人破产管理人履职困境

（一）宏观上：缺乏法律确权和指引

我国目前的破产法仅涉及企业破产，没有明确规定个人的破产能力和破产制度，管理人能否参与个人破产程序以及如何参与破产程序都没有法律的授权和规定。[①] 企业破产程序中，因破产情况多样、破产事务繁杂等原因会出现许多棘手的问题，需要管理人加以解决，而个人破产制度正在探索起步阶段，更是面临诸多问题。但是企业破产中，管理人可以根据企业破产法以及相关指引对破产程序中的问题予以解决，而个人破产程序

---

① 承勇：《个人破产程序中管理人制度的构建探索（一）》，载威科先行·法律信息库 2022 年 11 月 10 日，https://law.wkinfo.com.cn/professional-articles/detail/NjAwMDAxOTg4MjU%3D？q =% E4% B8% AA% E4% BA% BA% E7% A0% B4% E4% BA% A7&module = &from = editorial，最后访问时间：2022 年 12 月 23 日。

中，个人破产制度尚未入法，管理人仅有地方条例或者地方工作指引能够参考。地方条例和地方工作指引毕竟只是地区性文件，在个人破产程序起步阶段，其对个人破产程序推进过程中可能会产生的实践问题也未能有效回应，管理人履职缺乏法律上的指引可能会导致管理人履职困难和偏离个人破产程序的价值目的。如在《深圳经济特区个人破产条例》中，规定了管理人应当继续管理、监督债务人在考察期的行为，虽然在第99条中规定管理人应当负责审核债务人提交的年度个人收入、支出和财产报告，按照破产财产分配方案对债务人年度新增或者新发现的破产财产进行接管分配，但是该条款只是强调管理人要对债务人新增的财产进行及时分配以清偿债务，而对于如何监督管理人考察期行为、监督时应当注意什么、发现问题是否需要报告、如何报告、向谁报告等均没有作出规定和指引，可能会导致管理人因缺乏工作指引而怠于履行监督职责，从而使得该监督管理债务人条款形同虚设。

（二）微观上：管理人权责不明晰

1. 管理人履职期限尚不明确

根据企业破产法的相关规定，管理人一般的履职期限自破产程序宣告终结时停止。但是在个人破产程序中，管理人除需要在破产程序中担任破产事务的管理人外，其仍需要对被设置了考察期的债务人在考察期内的相关行为进行监督管理。在《深圳经济特区个人破产条例》中，自人民法院宣告债务人破产之日起三年内，为免除债务人未清偿债务的考察期，在考察期内债务人应当履行法院对其作出的限制行为决定中规定的义务，如有违反，法院可以决定延长其考察期，最长不超过两年。[1] 易言之，管理人在破产程序宣告终结之后，仍然需要在接下来的三年内履行管理监督义务，而若债务人未忠实诚恳地履行相关义务时，管理人的履职期限可能还会被延长。在《浙江法院个人债务集中清理（类个人破产）工作指引（试行）》第57条同样规定："所有债权人均同意免除剩余债务并终结执行的，不设行为考察期。也可将设置行为考察期作为同意免除剩余债务的条件。有债权人不同意免除债务人剩余债务或者将设置行为考察期作为同意免除剩余债务的条件的，行为考察期为裁定终结个人债务集中清理程序后的五年。"[2] 在浙江地区，管理人履职期限是个人破产程序终结后还是个人破产

---

① 《深圳经济特区个人破产条例》第95条。
② 《浙江法院个人债务集中清理（类个人破产）工作指引（试行）》第57条。

程序终结后五年，取决于债务人是否被设置考察期，同时，个人破产程序本就周期较长，将管理人履职期限延长至破产程序终结后五年可能会阻碍一些市场主体进入管理人名册。

2. 管理人履职事务冗杂难定

一方面，个人破产程序中管理人履行事务冗杂繁多。个人破产程序中管理人的职责与企业破产中管理人的职责相似，但是在企业破产中管理人只需要将债务人的破产申请和相关信息公告，通知并等待债权人申报债权；而根据实务经验表明，在个人破产中债权人不及时申报债权的现象普遍，需要管理人及时督促，甚至可能出现补充申报的情况，影响管理人相关工作的开展，甚至造成阻碍，平添了管理人的事务。① 在破产程序中，管理人最重要的职责便是接管债务人的财产并编制成册，为下一步的变价分配作好准备。但是在个人破产程序中因个人财产和家庭财产极易混同，就需要管理人界分家庭成员的财产和个人财产，如若牵扯到更多的社会关系，因为没有财务账簿、报表等客观记录，管理人要想完全调查清楚债务人的财产需要进行非常烦琐细碎的工作。同时，个人破产程序中管理人要对债务人的基本情况进行调查，在调查中需要对债务人与亲属、雇工等社会成员的债权债务关系进行确认。而个人的社会关系往往非常复杂，管理人要想对债务人的债权债务关系进行明晰，必然会增加如询问债务人的家庭成员，向公安、民政、村委会、工作单位、信息查询平台等有关部门调查债务人信息等履职事务。除此之外，个人破产程序中的管理人还需要在债务人破产后对债务人考察期内的行为进行监督，涉及债务人的消费、任职、投资等方面，其中必定会增加管理人的履职事务内容。

另一方面，个人破产程序中管理人调查难度大。一是个人财产琐碎，调查难度大。我国对企业法人的经营提出了严格的要求，因此在企业破产程序中，管理人主要从企业的财务会计账簿、报表等有记录文件中进行调查和整理破产财产；但是在个人破产程序中，个人没有财务会计账簿，且其经济支出可能琐碎且隐蔽，需要管理人"点对点"实地调查、走访等。在个人破产程序中，个人生活性支出的合理性判断标准难以统一，能够追踪、有证据记录的收支较少，导致管理人想要调查厘清债务人的财产变动

---

① 《杜艳芝：个人破产管理业务初体验》，载腾讯网，https：//new.qq.com/rain/a/202110 22A01ER900#：~：text＝%E6%8C%89%E7%85%A7%E4%B8%AA%E7%A0%B4%E6%9D%A1%E4%BE%8B%E7%9A%84%E8%A7%84,%E6%8C%87%E5%AE%9A%E5%86%B3%E5%AE%9A%E4%B9%A6%E3%80%8B%E7%9A%84%E3%80%82，最后访问时间：2022年12月3日。

情况难度较大。如何对个人的财产状况进行调查、准确度如何保障成为个人破产实务中颇为棘手的问题。二是个人财产与家庭财产混同，调查难度大。在个人破产程序中，管理人对债务人及其亲属的基本情况、债务人财产情况、涉诉情况等事务进行调查是个人破产程序中极为重要的内容，但是个人生活化支出难以统计、个人财产与家庭财产混同化、个人关系错综复杂，使得管理人调查难度加大。三是在实务中会出现债务人希望能够获得破产免责资格，或者保护个人隐私的缘由而隐瞒欺诈管理人的行为，此类行为导致部分真实信息未被披露，管理人需要与债务人博弈，将会增加管理人调查难度。

3. 管理人履职报酬方案不明

目前，我国试行个人破产制度的地区如深圳、浙江等地，对管理人报酬的获得方案均是基本遵循《企业破产法》的相关规定，由债务人财产变价后将管理人报酬作为清理费用的一部分进行清偿。但是个人破产程序中，个人财产数额较少或无产可破的情况较多，导致难以负担管理人报酬，因此管理人报酬方案如何确定在个人破产程序中成为颇为棘手的问题。在《深圳经济特区个人破产条例》中，管理人执行职务的费用属于破产费用，由债务人财产随时清偿，但当债务人可供分配的财产不足以清偿同一顺序的所有破产费用或共益债务的，按照比例清偿，[①] 则有可能管理人得不到与其付出相称的报酬，这对激励市场主体积极进入个人破产程序成为管理人不利。在《浙江法院个人债务集中清理（类个人破产）工作指引（试行）》中，管理人执行职务的费用、报酬和聘用工作人员的费用为清理费用，[②] 由债务人财产优先清偿；指引同时也规定，公职管理人原则上不另行收取报酬，但执业律师、执业注册会计师被指定为管理人的，可以在各地设立的破产专项资金中支付报酬。[③] 但是，这种管理人履职报酬方案存在局限，目前各地尚未建立起统一的个人破产程序，也没有关于破产专项资金的统一制度，如何建立破产专项资金、如何拨付报酬等均没有具体的方案。因此，综合来看，目前我国关于个人破产程序中管理人报酬方案尚未明确。对于该问题，本书将设专章另行进行讨论。

---

① 详见《深圳经济特区个人破产条例》第 68 条。

② 详见《浙江法院个人债务集中清理（类个人破产）工作指引（试行）》第 47 条第（3）项。

③ 详见《浙江法院个人债务集中清理（类个人破产）工作指引（试行）》，第 27 条。

三、个人破产管理人的主要职责

（一）个人破产程序启动前的咨询建议及和解辅助职责

1. 咨询建议功能

联合国国际贸易法委员会《贸易法委员会破产法立法指南》指出，破产程序的理想启动标准是"透明和确定，便利方便、经济有效和迅速地进入破产程序"，破产制度的设计也应该平衡"适当和充分的保障和防止滥用"。① 这总结了各国关于破产程序的立法经验：必须明确准入标准以及多轨道的救济系统，具体表现为破产程序的准入要求和获得清偿的要求。如何构建科学的个人破产的准入制度，一是准入标准和要求要明确具体；二是个人破产程序启动前能够为债权人或债务人提供必要的咨询与建议。因此，在部分域外国家，个人破产管理人在程序启动前，应当为个人破产的债务人或债权人提供必要咨询、帮助和建议。该项职责从严格意义上讲并非个人破产管理人的真正法定职责，但在个人破产数量不断攀升、申请良莠不齐、法院全面审查难以为继的情况下，前置的咨询与建议程序将起到显著的筛选、过滤功能，从而提升个人破产的准入效率。

根据《美国破产法典》的规定，个人破产管理人应当对债务人履行清偿计划提供咨询和帮助。破产法院管辖 6 类破产案件，多为第 7 章（破产清算）和第 13 章（有固定收入的个人债务调整）案件。以 2021 年度统计数据为例，破产申请共有 413616 件，其中第 7 章案件申请 288327 件，占全年破产案件的 69%；第 13 章申请 120002 件，占 29%；第 11 章（破产重整）申请 4836 件，仅占 1%；其余申请的数量都很少，共计 451 件。② 其中强制破产程序只适用于第 7 章（破产清算）和第 11 章（破产重整）案件，第 12 章（有固定年收入的家庭农场主和渔业主的债务调整）和第 13 章（有固定收入的个人债务调整）破产程序只能由债务人自愿启动。③ 在自愿破产程序中，债务人必须按照《联邦破产程序规则》进行烦琐的破

---

① Fuyong Ou, Xiaoxiao Zhang, *An Anatomy of the First Personal Bankruptcy Legislation in China*, American Bankruptcy Law Journal, 2022, p. 601.

② See Bankruptcy Filings, 2021, available at: https://www.uscourts.gov/statistics/table/f-2/bankruptcy-filings/2021/12/31, 最后访问时间：2022 年 12 月 23 日。

③ ［美］查尔斯·J. 泰步：《美国破产法新论（上册）》，韩长印、何欢、王之洲译，中国政法大学出版社 2017 年版，第 134 页。

产申请程序，准备债权人名册、资产清单等大量文件，这复杂的程序要求导致债务人很难不寻求专业管理人士的指导而独立完成。① 美国 2005 年《破产滥用防止及消费者保护法》（Bankruptcy Abuse Prevention and Consumer Protection Act of 2005）要求申请破产的个人债务人需要接受认可的、非营利的信用咨询机构的信用咨询。在强制破产程序中，申请破产的债权人须为满足人数要求的适格债权人。适格债权人有债权性质和数额的要求，且"或然"债权人和"真实争议"债权人不为适格债权人。与自愿破产程序相比，强制破产程序申请的难点或为债权人所认定。② 因此在破产申请阶段需要管理人的咨询服务。

在英国，官方接管人、个人债务自愿安排程序中的监察人以及私人部门的破产执业者均可作为个人破产程序中的管理人。③ 获得临时保护命令的个人自愿整理程序中，个人破产管理人除了为申请破产的债权人和债务人提供咨询服务之外，获得提名的破产执业者，还需要向法院报告他是否认为自愿整理具有获得批准和施行的合理预期，以及是否应该召集债权人会议进行讨论。④ 德国建立的单轨系统设置了固定和严格的程序。由于对所有债务人都有强制支付协议，德国禁止债务人和债权人在不尝试和解协议程序的情况下直接启动正式破产程序，并准许其他专业人士对当事人提供咨询和服务。⑤ 相比之下，法国法律允许符合条件的债务人进入正式破产程序而无须进行前置程序。

与美国自愿破产债务人的困境类似的是，在俄罗斯非企业家的个人申请破产同样面临破产申请程序复杂的问题，最主要的原因是俄罗斯的破产制度中存在的管理费用过高和程序冗杂的问题。在个人破产程序修订之初，俄罗斯法院破产申请拒绝率高达90%，在可获得详细数据的 2017 年和 2018 年，法院驳回了约 10% 的申请。事实确实表明，许多获得很少或没有援助的债务人因未能准备符合标准的请愿书而难以从债务中解脱。对于财务状况已经很困难的申请人来说，为准备破产申请而产生的高昂费用

---

① ［美］查尔斯·J. 泰步：《美国破产法新论（上册）》，韩长印、何欢、王之洲译，中国政法大学出版社 2017 年版，第 152 页。

② ［美］查尔斯·J. 泰步：《美国破产法新论（上册）》，韩长印、何欢、王之洲译，中国政法大学出版社 2017 年版，第 172—175 页；

③ 徐阳光：《英国个人破产与债务清理制度》，法律出版社 2020 年版，第 87 页。

④ ［英］费奥娜·托米：《英国公司和个人破产法》（第二版），汤维建、刘静译，北京大学出版社 2010 年版，第 87 页。

⑤ Jason Kilborn, *The Innovative German Approach to Consumer Debt Relief*: *Revolutionary Changes in German Law*, *and Surprising Lessons for the U. S.*, Ssrn Electronic Journal, 2003, pp. 257, 271-272.

不可避免地会导致一些债务人不敢申请破产，或被迫独自准备各类必要文件，从而导致文件提交错误或呈请不妥当。大部分破产申请竟远没有进入法院系统，更不必说产生所要求的救济了。而当妥善完成破产申请准备后，法院通常较为容易通过。因此，债务人在编制所需文件清单和完成复杂的破产申请书时，难以避免寻求律师或者其他专业管理人员的指导。这也更凸显了有经验的管理人在破产程序启动之初关键的咨询职责。①

通过以上域外法经验可以看出，在个人破产程序启动前这个阶段，破产管理人的主要职能是提供咨询和建议。作为破产程序的专家，管理人既可以为债权人尽可能通过破产程序实现其债权提供建议，也可以为债务人实现法律规定的最合理的债务重组目标提供咨询。对于债务人和债权人来说，管理人不仅是在破产程序中接管资产和清算资产的人，更是一个在程序启动前值得信赖的顾问。而对于法院来说，更需要专业的破产管理人从中立和公正角度判断具体个案是否具有进入破产程序的价值和意义，以及申请人所准备的材料是否完善、合规。

上述观念的转变已在破产管理人的选任方式上得到呈现。在传统的企业破产管理人选任制度下，管理人的选任办法主要有以下三种：一是通过摇号的方式；二是通过竞选的方式；三是通过政府指定清算组的方式。以上三种方式，随机性较大，完全忽视了债权人和债务人的声音，选任的管理人可能是对案件毫无了解的机构，从而不利于破产案件的推进和办理。基于上述指定方式的局限性，近年来，主要债权人推荐指定管理人以及债权人与债务人协商指定管理人的模式逐步开始出现。如北京破产法庭发布了《北京破产法庭接受债权人推荐指定管理人的工作办法（试行）》，适用于北京地区的破产清算工作。重庆破产法庭亦发布有类似文件，在企业破产案件办理过程中允许符合条件的债权人推荐指定管理人。在个人破产案件中，《深圳经济特区个人破产条例》第16条同样规定，自人民法院公开破产申请之日起15日内，债权人可以单独或者共同向人民法院推荐破产管理人。第17条进一步规定，人民法院同意债权人推荐的管理人人选的，应当在裁定受理破产申请时同时作出指定管理人的决定。管理人执行职务的费用由其推荐人预付。多名债权人推荐不同的管理人人选的，人民法院可以从中指定一名或者多名管理人。此外，《浙江法院个人债务集中清理（类个人破产）工作指引（试行）》第8条亦规定，管理人工作人员可以在

---

① Jason J. Kilborn, *Fatal Flaws in Financing Personal Bankruptcy：The Curious Case of Russia in Comparative Context*, American Bankruptcy Law Journal, 2020, p. 425.

人民法院诉讼服务中心向债务人关于个人债务集中清理工作的受理条件、程序、法律后果等事项进行解释说明和引导。管理人在个人破产程序开始之前即可向债权人提供基本的信息和程序性建议。[1]

由此可见，在个人破产程序启动前，由个人破产管理人从专业角度为个人破产的债权人或债务人提供专业的咨询和建议，已经成为一种趋势和现实需求。在咨询和建议过程中，对案件情况具有深入了解并获得债权人认可的专业机构，可以通过债权人指定的方式成为管理人。这无疑为专业机构提供程序启动前的咨询和建议工作增加了制度激励措施。此外，我们还注意到深圳市破产事务管理署在成立之后，已着手开展个人破产申请前辅导工作。[2] 在未来，有必要吸引更多的个人破产管理人参与到这个前置辅导程序中来，从而减轻和降低行政管理机构的咨询辅导压力。

2. 和解辅助功能

在上述咨询与建议过程中，实际为债务和解亦提供了发挥作用的空间。当前，为节约司法成本，很多国家倾向于采取和解程序和其他救济途径来解决个人债务人的偿债问题，在此过程中个人破产管理人或者具有类似职能的组织或机构亦具有特定的职责。

英国的债务纾缓程序由专业的债务咨询管理机构来配合英国破产服务局（Insolvency Service）颁发债务纾缓令（Debt Relief Order），并完成 12 个月的考察期。以此种低成本、高效率的行政管理程序替代司法机关介入的形式来达到个人破产的目的。

美国《防止破产滥用和消费者保护法》（以下简称"BAPCPA"）试图通过要求债务人在申请破产前的 6 个月内参加"个人或团体汇报（包括通过电话或互联网进行的汇报），概述现有信贷的机会，并协助此类个人进行相关预算分析"，将债务人转移到其他非正式破产程序。在美国，大部分的债务咨询都是由私人机构提供的，并收取高额服务费。BAPCPA 意在将潜在债务人转向强制谈判的方式，因为债务咨询机构应该"提供专业的

---

[1]　杜若薇：《个人破产程序中的管理人设置》，载《中国政法大学学报》2021 年第 4 期，第 214 页。

[2]　深圳市破产事务管理署：《深圳市破产事务管理署关于开展个人破产申请前辅导的公告》，载深圳市人民政府网 2022 年 5 月 23 日，http://www.sz.gov.cn/cn/xxgk/zfxxgj/tzgg/content/post_9813920.html，最后访问时间：2022 年 12 月 23 日。

咨询和指导服务，可能包括为客户资金的汇总和分配提供建议"。①

部分欧洲国家的规定与美国的做法不同，其立法制度倾向于鼓励当事人选择自愿谈判作为正式破产程序的替代方案，并为此目的强制规定非正式程序，将正式程序特别是清算程序，作为陷入困境的债务人的最后手段。德国将债务人的庭外谈判和和解等自我救济手段作为启动破产程序的前置程序。为了启动破产程序，债务人必须提交一份证明，证明债务人在过去 6 个月内未能成功地"根据计划与债权人进行庭外和解"，并提交计划的副本和"失败的主要原因"的解释。值得注意的是，为了避免债务人申请正式救济，所有债权人必须明确同意拟议的计划。② 如果人数和索赔金额上的大多数债权人同意庭外和解，法院可以不顾任何债权人的反对批准拟议的计划。法国的破产法律采取了类似的做法，要求债务人在寻求正式破产前进行庭外和解。这些程序曾取得显著成果，其中离不开个人破产管理人以专业人士的身份为债务人提供服务，虽无法院指定破产管理人的名义，但是实际上也在履行个人破产管理人对债务人管理债务人财产、拟定债务人财产分配等职责。

《深圳经济特区个人破产条例》亦建立了一条多轨路径，为过度负债的债务人提供包含和解程序在内的最恰当的程序选项，③ 即允许庭外和解，亦允许由清算程序转入和解程序。法院可以指示人民调解委员会、特邀调解员、特邀调解机构或破产行政管理部门以及所有政府机构组织协助解决。④ 但我国在企业破产方面的经验表明，只有少数企业通过庭外谈判达成和解，⑤个人破产和解大概率将会遇到同样的情况。在此情况下，个人破产管理人作为专业人士，应当充分发挥在程序启动前的咨询建议功能，对有和解可能的个人破产案件，可以主动促使债权人债务人和解，并申请法院对和解协议予以确认。在个人破产清算、重整案件办理过程中，个人破

---

① Jason J. Kilborn, *The Hidden Life of Consumer Bankruptcy Reform: Danger Signs for the New U. S. Law from Unexpected Parallels in the Netherlands*, Vanderbilt Journal of Transnational Law, 2006, pp. 110-111.

② Jason J. Kilborn, *La Responsabilisation de l'Economie: What the United States Can Learn from the New French Law on Consumer Overindebtedness*, Michigan Journal of International Law, 2005, p. 644.

③ Fuyong Ou, Xiaoxiao Zhang, *An Anatomy of the First Personal Bankruptcy Legislation in China*, American Bankruptcy Law Journal, 2022, p. 589.

④ 《深圳经济特区个人破产条例》第 135 条、第 136 条。

⑤ 浙江省高级人民法院：《浙江法院 2019 年破产审判工作报告》，载搜狐网 2020 年 3 月 19 日，https://www.sohu.com/a/381459761_ 689962，最后访问时间：2022 年 12 月 18 日。该报告显示 2019 年浙江 1704 起破产案件中只有 2 起为和解案件。

产管理人也应发挥积极作用，对有和解可能的案件，尽量转入和解程序，以和解形式结案。

《深圳经济特区个人破产条例》第136条①的规定中，将债务人与全体债权人就债务清理在庭外进行和解时，可以自行委托的组织限定在"人民调解委员会、特邀调解员、特邀调解组织或者破产事务管理部门等"中间，并未包含个人破产管理人。我们认为，个人破产管理人在此程序中虽然不是法律名义上的管理人，但其作为一类经验丰富的中介机构，在这种庭外和解程序中能够发挥更大的作用和价值，理应被列入进去。

（二）个人破产程序中的主要法定职责

个人破产管理人在个人破产程序中的主要法定职责与企业破产管理人在企业破产程序中的主要法定职责基本一致，但在个别程序上略有不同。《深圳经济特区个人破产条例》第161条规定，个人破产管理人应当勤勉尽责，忠实履行下列职责："（一）调查核实债务人及其所扶养人、雇用人员的基本情况；（二）通知已知债权人申报债权并审查债权情况；（三）接管与债务人财产状况相关的财产清单、凭证以及债权债务清册等资料；（四）调查债务人财产状况和人民法院裁定受理破产申请之日起前二年的财产变动情况，制作债务人财产报告；（五）提出对债务人豁免财产清单的意见，调查、接管债务人可供分配的财产；（六）拟定破产财产分配方案并实施分配；（七）代表债务人提起、参加涉及债务人财产的诉讼、仲裁等活动；（八）提议、协调召开债权人会议；（九）管理、监督、协助重整计划或者和解协议的执行；（十）管理、监督债务人在考察期的行为；（十一）人民法院、破产事务管理部门依照本条例以及其他规定要求管理人履行的其他职责。"以上11项内容基本涵盖了个人破产管理人的主要法定职责。而企业破产管理人的主要法定职责为9项，在企业破产法第25条明确规定为："（一）接管债务人的财产、印章和账簿、文书等资料；（二）调查债务人财产状况，制作财产状况报告；（三）决定债务人的内部管理事务；（四）决定债务人的日常开支和其他必要开支；（五）在第一次债权人会议召开之前，决定继续或者停止债务人的营业；（六）管理和处分债务人的财产；（七）代表债务人参加诉讼、仲裁或者其他法律程序；

———————

① 《深圳经济特区个人破产条例》第136条规定："债务人与全体债权人可以就债务清理在庭外自行委托人民调解委员会、特邀调解员、特邀调解组织或破产事务管理部门等组织进行和解，达成和解协议的，可以直接请求人民法院裁定认可和解协议。"

（八）提议召开债权人会议；（九）人民法院认为管理人应当履行的其他职责。本法对管理人的职责另有规定的，适用其规定。"二者的具体对比情况详见下表：

序号	个人破产管理人职责	企业破产管理人职责	序号
1	调查核实债务人及其所扶养人、雇用人员的基本情况	/	
2	通知已知债权人申报债权并审查债权情况	债权人应当在人民法院确定的债权申报期限内向管理人申报债权（第48条）	1
3	接管与债务人财产状况相关的财产清单、凭证以及债权债务清册等资料	接管债务人的财产、印章和账簿、文书等资料	2
4	调查债务人财产状况和人民法院裁定受理破产申请之日起前二年的财产变动情况，制作债务人财产报告	调查债务人财产状况，制作财产状况报告	3
5	提出对债务人豁免财产清单的意见，调查、接管债务人可供分配的财产	/	
	/	决定债务人的内部管理事务	4
	/	决定债务人的日常开支和其他必要开支	5
	/	在第一次债权人会议召开之前，决定继续或者停止债务人的营业	6
6	拟定破产财产分配方案并实施分配	管理和处分债务人的财产	7
7	代表债务人提起、参加涉及债务人财产的诉讼、仲裁等活动	代表债务人参加诉讼、仲裁或者其他法律程序	8
8	提议、协调召开债权人会议	提议召开债权人会议	9
9	管理、监督、协助重整计划或者和解协议的执行	在重整计划规定的监督期内，由管理人监督重整计划的执行（第90条）	10
10	管理、监督债务人在考察期的行为		
11	其他	其他	11

通过以上对比可以发现，个人破产案件虽然面临的债权债务关系可能较之于企业会相对简单，但个人破产管理人的职责内容却要比企业破产管理人的职责更为繁杂。与企业破产管理人职责相比，个人破产管理人职责中有以下三个方面呈现较为明显的不同：一是提出对债务人豁免财产清单意见的职责；二是管理、监督债务人在考察期行为的职责；三是在调查债务人财产状况和人民法院裁定受理破产申请之日起前二年的财产变动情况并采取针对性措施方面，个人破产与企业破产亦存在一定区别。在该部分个人破产管理人的主要法定职责探讨中，将仅对上述三个可能存在差别的职责进行逐一分析。

1. 提出豁免财产清单意见的职责

个人破产相较于企业破产，最具特色的制度就是债务人豁免财产制度。在确定豁免财产阶段，管理人的职责是根据债务人提交的财产申报和豁免财产清单，在30日内完成债务人财产报告的制作和审查。管理人必须根据法律规定的豁免财产范围对豁免财产清单的各项内容进行审查，并提交债权人会议表决。在豁免财产清单经债权人会议表决通过或法院裁定后，接管债务人除豁免财产以外的全部财产。①

关于豁免财产的确定，《世界银行自然人破产问题处理报告》② 列出了当前不同国家主要采取的三种不同方法。第一种方法是为一小部分豁免资产设定最高价值。例如，《英国破产法》只允许债务人豁免职业和生活必需品。第二种方法确定了豁免财产类别，并对特定资产设置了价值限制。例如，《美国破产法典》规定，破产案件启动之日前债务人的所有财产，以及启动之日后的特定财产组成破产财产，并列举了豁免财产，详细说明了价值、数量和其他细节的限制。第三种方法是允许债务人豁免大部分资产，只要管理人不反对。

《深圳经济特区个人破产条例》对于该问题并未完全照搬其中一国，而是结合国情和现实需求规定了债务人豁免财产的范围。根据条例第36条第1款规定，债务人可以免责的财产包括：（1）债务人及其家属在生活、教育和医疗等日常生活必需品和合理费用；（2）保障债务人偿债能力的职业发展必需品和合理费用；（3）有纪念意义的物品；（4）无货币价值的个人物品；（5）勋章或者其他荣誉物品；（6）债务人的人身损害赔偿、社会

---

① 《深圳经济特区个人破产条例》第37条、第38条、第39条。
② 韩长印主编：《世界银行自然人破产问题处理报告》，殷慧芬、张达译，中国政法大学出版社2016年版，第94—97页。

保险、最低生活保障；（7）根据法律规定或者根据社会秩序，不应当用于清偿债务的其他财产。为了保护债权人的权利，豁免财产适用两项限制：第一，价值较大、不用于清偿债务明显违反公平原则的，不认定为豁免财产；第二，豁免财产的最高价值不应超过 20 万元（不包括勋章或其他荣誉和个人损害赔偿、社会保险和最低生活津贴）。上述规定的豁免财产范围既满足了债务人的生活、职业和精神需求，同时又在总额和高价值物品方面进行了适当限制，平衡了债权人和债务人之间的紧张关系。

尽管上述规定内容为管理人提供了指导方针，然而现实生活往往千变万化，每一个不幸的破产人都有其不幸的原因和现状，豁免清单的拟定将成为管理人最具挑战性的工作职责之一。例如，对出租车司机来说，机动车是职业必需品，但对作家来说，汽车可能不是。面对快速变化和复杂的经济，该条例避免建立"一刀切"的规则，允许法院适用自由裁量权，以适应债务人的情况和个人需求。[①]

在中国，由于个人破产的历史有限，很多人仍然认为个人破产是债权人的许可，而不是债务人的权利。同样，在许多国家也有理念认为"争取到的开始"比单纯的"重新开始"更能教会债务人更多的东西。[②] 在个别破产案中，免除债务之所以成为关注的焦点，是因为该制度的目的从向债权人分配赔偿转向了向"诚实但不幸的"债务人给予救济。但是，从亲债权人国家到亲债务人国家，其清偿机制有很大不同。中国对待"不劳而获"的文化心理和历史传统极大地影响了《深圳经济特区个人破产条例》，更集中地体现"争取到的开始"而不是简单的"重新开始"。[③]《深圳经济特区个人破产条例》通过为符合条件的债务人提供三条途径来获得债务免除，反映了促进困境债务人合作和防止恶意债务人滥用债务免除的双重需要：第一，债务人与债权人达成和解协议，按照协议履行债务后，可以申请债务免责；第二，有经批准的付款计划的债务人，可以在完成付款计划时申请豁免，也可以在遇到不可抗力导致无法偿还的情况下，免除不超过所有债务的四分之一；第三，债务人进行清算时，符合《深圳经济特区个人破产条例》第 100 条的情形，可以申请免除。

---

① Fuyong Ou, Xiaoxiao Zhang, An Anatomy of the First Personal Bankruptcy Legislation in China, *American Bankruptcy Law Journal*, 2022, p. 611.

② See World Bank's Report on the Treatment of the Insolvency of Natural Persons, 2014. available at: https://openknowledge.worldbank.org/handle/10986/17606, 最后访问时间：2022 年 12 月 22 日。

③ Fuyong Ou, Xiaoxiao Zhang, An Anatomy of the First Personal Bankruptcy Legislation in China, American Bankruptcy Law Journal, 2022, p. 589.

2. 免责考察期中的监督调查职责

免责考察期不区分债务人无力按时偿还债务的客观和主观原因，即使债务人"诚实但不幸"，也必须在三至六年的排除期内继续用维持家庭生存水平之外的收入偿还债务，并受到更严格的行为和职业限制。在免责期内对债务人施加的各种限制可能会阻碍债务人再就业、创新和建立新企业，而免责期的长度可能会对破产法中保护企业家和鼓励投资和创业的立法目标产生负面影响。各国和各地区对立法中的免责考察期的看法大相径庭，免责考察期的存在与否在治外法权理论中也有争论。

《深圳经济特区个人破产条例》采用了无准入壁垒的多轨道模式，限制破产宣告后在三至五年的考察期内符合要求的人可获得债务免责，这为债务人的重生提供了更大的灵活性。条例第 95 条规定："自人民法院宣告债务人破产之日起三年，为免除债务人未清偿债务的考察期限（以下简称考察期）。"第 96 条规定："债务人在考察期内应当继续履行人民法院作出的限制行为决定规定的义务，并履行本条例规定的债务人其他义务。债务人违反前款规定的，人民法院可以决定延长考察期，但延长期限不超过二年。"在考察期内，个人破产管理人"负责监督债务人考察期内的相关行为，审核债务人提交的年度个人收入、支出和财产报告，按照破产财产分配方案对债务人年度新增或者新发现的破产财产进行接管分配"。[①] 在考察期内，管理人依然承担着"调查、接管债务人可供分配的财产"的职责，并且在"考察期届满，债务人申请免除未清偿债务的，管理人应当对债务人是否存在不得免除的债务以及不得免除未清偿债务的情形进行调查，征询债权人和破产事务管理部门意见，并向人民法院出具书面报告"。[②]

免责条款一般分为两类：不可免责的债务和不可免责的情况。《深圳经济特区个人破产条例》第 97 条第 1 款规定了八类不得解除的债务，包括对他人负担的人身性财产权利以及恶意侵权、违法犯罪造成的债务。条例涵盖了不得免除债务的几种情况，包括债务人未遵守行为限制或未准确申报其财产，债务人在文件和与财产有关的文件中存在欺诈行为，以及债务人奢侈消费和赌博等。《日本破产法》的一些基本概念与之类似，但日本制度赋予法官在某些情况下准予有需要的债务人免除债务的自由裁量权。《深圳经济特区个人破产条例》还包括了对重复申请和撤销免责的两个额

[①] 《深圳经济特区个人破产条例》第 99 条第 2 款。

[②] Fuyong Ou, Xiaoxiao Zhang, *An Anatomy of the First Personal Bankruptcy Legislation in China*, American Bankruptcy Law Journal, 2022, p. 613.

外限制，以确保程序的公平使用。一方面，债务人在申请破产前 8 年内获得债务减免的，不得申请破产。这一限制比日本的 7 年限制更严格，也比亲债务人国家严格得多。严格约束的存在不仅是为了保护债权人的权利，也是为了限制债务人滥用这一制度的可能性，迫使他们在未来谨慎地安排财务。另一方面，如果债权人或其他利益相关方发现债务人在破产程序中有欺诈行为，法院可以撤销授予的救济。因此，任何通过非法手段实现解除债务的债务人都不能畅快地享受破产救济。考察期就像一把达摩克利斯之剑悬在债务人头上，管理人或其他利益相关方必将严格把关。

破产考察期的期限在各国各不相同。英国的债务纾缓程序允许债务人在获得债务纾缓令 12 个月后豁免其债务清偿责任。[①] 在破产程序中，自法官作出破产令之日起 1 年内，破产人如下行为将受到限制，官方接管人进行监督，如有违反，属刑事犯罪：（1）未告知对方自己已破产而获取 500 英镑以上收入，包括借款、延期付款、分期付款，甚至还包括言行，如订购货物时没要求信用，但货物送到后却未能付款。（2）未告知破产事实，而直接或间接地以申请破产之外的名字进行交易。（3）未经法院许可，直接或间接地参与发起、组建或管理有限责任公司，或担任公司董事。（4）担任某些公共职务，担任公益团体或养老基金的受托人。（5）破产人可以开立新的银行账户及房贷合作社账户，但破产人须事先告知对方自己已破产，以便设定某些条件和限制。相比之下，德国的债务人面临 6 年的监督期。[②]

常见的免责考察期的起算时点有两种，一种是破产财产分配完毕、破产清算程序终止之时，比如《深圳经济特区个人破产条例》中规定宣告破产后起算考察期，以及《浙江法院个人债务集中清理（类个人破产）工作指引（试行）》规定行为考察期为裁定终结个人债务集中清理程序后的 5 年；另一种是裁定破产清算程序开始之时。这两个起算点的区别在于是否考虑到在清偿审查期间分配破产财产的时间。后者加速了考察期的起算，并允许债务人提前获得破产免责。如果债务人的财产相对清晰或几乎不存在，债务人的债权相对简单，分配过程可以快速完成，那么起算点的差异就不大。如果破产财产的分配旷日持久，而破产开始之日为起算点，那么

[①] Fuyong Ou, Xiaoxiao Zhang, An Anatomy of the First Personal Bankruptcy Legislation in China, *American Bankruptcy Law Journal*, 2022, p. 605.

[②] Viktoras, et al., The Regulatory Framework of Consumer Over-Indebtedness in the UK, Germany, Italy, and Greece: Comparative Profiles of Responsible Credit and Personal Insolvency Law-Part I, *Business law review*, 2016, p. 68.

完成债务人财产的分配不久之后，债务人就可以被免责。破产程序的持续时间往往是由于债务人的财务和收入状况困难，或与大量债权人的社会关系紧张，或两者兼有。在前一种情况下，债务人有充分的机会隐瞒破产财产或伪造破产债权；在后一种情况下，快速免除债务人责任对许多债权人和公众来说是难以接受的。

在中国，关于考察期的期限仍在争论中。鼓励创业者提议应缩短到1年，而注重债权人保护的人认为应延长到6年。还有观点认为，符合一定条件的债务人将获得较短考察期的而尽快免责。目前的大多数规定都集中在避免滥用个人破产制度和使债权人利益最大化的目标上，对于如何将这种有利于债务人的制度限制在"诚实但不幸"的债务人范围内，仍然需要在制度上加以明确规定。

3. 调查财产交易情况并采取针对性措施的职责

破产管理人的工作是围绕着债务人的资产展开的，因此，管理人在调查债务人财产交易情况中的各项任务显得尤为重要。在财产交易过程中，管理人面临着财产确认和债权债务确认两个阶段的困境。个人债务人不像公司债务人那样有财务会计账簿，债务人的合作在此尤为重要，因为管理人必须将债务人的陈述作为调查的切入点。如果债务人故意隐瞒或虚报，管理人可能会面临无法下手的窘境。在实践中，管理人常常利用豁免权和不合作的后果来引导债务人，获得债务人的合作。债务人希望在不披露真实信息的情况下完成破产程序，这就给管理人留下了许多与债务人博弈的机会，使管理人的工作更加困难。即使是最愿意合作的债务人也有合作能力方面的问题。由于个人收入、支出和资产大多是零散的，因此很难记录生活性的支出（比如人情往来支出）并判断其合理性，而个人财产除了大额资产（如房地产、车辆和存款）外，还包括其他琐碎资产，这些资产往往容易贬值，难以变现。在没有记录的情况下，债务人很难详细准确地说明过去一两年的零星资产变化，而管理人也几乎不可能通过部分数据来事无巨细地重建债务人的资产变化。个人破产程序还与家庭资产交织在一起，家庭成员之间的资产所有权不明确，使管理人难以准确区分家庭成员的资产和债务。

这种复杂情况对管理人的履职水平提出了更高的要求。在此情况下，管理人需要以债务人财产保值增值为目标，以尽可能增加债务人财产的范围和价值为原则开展工作。为更好地维护破产财产的完整性，实现对债权人的公平清偿，避免债务人擅自转移资产或稀释其他债权人的债权比例等损害债务人财产利益和债权人平等受偿权的行为，个人破产管理人代表债务人提起撤销权之诉是管理人实现债务人财产保值增值的职责之一，也是个人破产的主要法律制度之一。《深圳经济特区个人破产条例》第三章第三节财产交易行为中对破产管理人撤销权的时效、范围、条件等内容均有明确规定，个人破产管理人在破产程序进行中，对破产申请提出前两年内，涉及债务人财产的特定处分行为，管理人有权请求人民法院予以撤销。在破产管理人撤销权的行使范围问题上，管理人对债务人的七种行为有权撤销："（一）无偿处分财产或者财产权益；（二）以明显不合理的条件进行交易；（三）为无财产担保的债务追加设立财产担保；（四）以自有房产为他人设立居住权；（五）提前清偿未到期的债务；（六）豁免债务或者恶意延长到期债权的履行期限；（七）为亲属和利害关系人以外的第三人提供担保。"[①]

企业破产法中管理人撤销权的相关规定有较多实践经验。企业破产管理人提起破产撤销权之诉系根据企业破产法第 25 条的规定应当履行的法定职责之一，同时也是个人破产管理人的应有之义，但是两者在可撤销民事行为实行时间上的规定略有差异。企业破产法规定的撤销权之诉受理范围是发生在人民法院受理破产申请前 1 年内的可撤销民事行为和 6 个月内的个人清偿行为，而《深圳经济特区个人破产条例》中个人破产人的撤销权囊括了破产申请提出前 2 年内的可撤销民事行为和对债务人亲友的个别清偿行为，以及 6 个月内的其他个别清偿行为。在企业破产法的司法实践中，还形成了其他关于管理人撤销权时效的规定。根据最高人民法院在许塍与四川元丰化工股份有限公司管理人破产撤销权纠纷中的判决，破产管理人在破产程序终结前均有权对符合企业破产法规定的应予撤销的行为行使撤销权，不以知道或者应当知道权利被侵害时起算其行使撤销权的期间。即使破产程序终结，债权人仍可在程序终结之日起 2 年内请求法院对追回财产按照原定的破产方案进行追加分配，而不受 1 年除斥期间的限制。[②]

《美国破产法典》为管理人设置了多项撤销权，主要有强臂撤销权、偏颇撤销权、欺诈撤销权，以将那些影响债权人公平受偿的交易行为予以撤销，从而维护破产法的公平原则。管理人对特定的给付或义务负担，有权通过法院的判决予以"撤销"。根据《美国破产法典》的规定，破产管理人撤销权的时效限制受到破产程序启动时间和管理人任命时间的限制。

---

① 《深圳经济特区个人破产条例》第 40 条。

② 四川元丰化工股份有限公司管理人与许塍、长城华西银行股份有限公司破产撤销权纠纷，参见最高人民法院（2021）最高法民申 2580 号民事裁定书。

破产管理人必须在破产裁定作出之日起 2 年内，或破产管理人被实际选定之日起 1 年内提起撤销权诉讼。当程序转换，比如从破产清算程序启动之日起 2 年内转换至破产重整程序且首次选定破产管理人，管理人也从上任之日起 1 年内可提起撤销权诉讼。管理人撤销权的行使范围取决于被撤销的法律关系的类型。针对交易型给付，管理人必须通过偏颇撤销权和欺诈撤销权才能撤销交易行为，并且还需向交易行为涉及的初始受让人受益主体提起诉讼才能使被转让的特定财产或其价值归为债务人财产。其中存在特殊情况，若初始受让人已将财产转让，后续受让人善意且不知道交易可被撤销，则在受让对价范围内免于返还责任，管理人只能起诉初始受让人。针对担保权给付，管理人提起的撤销权之诉会导致担保权变为无效，原来的担保债权人将被降为无担保债权人，而该财产也将不再负有对物性负担，全部价值归为破产财产。① 不过，作为替代措施，担保权人也可向管理人支付对价，从而保留其对担保标的物的权利。②

在债务人个别清偿是否能够撤销的问题上，《深圳经济特区个人破产条例》第 41 条明确规定了个别清偿行为撤销的条件："破产申请提出前六个月内，债务人对个别债权人进行清偿的，或者破产申请提出前二年内，债务人向其亲属和利害关系人进行个别清偿的，管理人有权请求人民法院予以撤销，但个别清偿使债务人财产受益或者属于债务人正常生活所必需的除外。"在企业破产法中对个别清偿的例外情况有更多规定，第 32 条规定了管理人有权请求人民法院对不能清偿到期债务，并且资产不足以清偿全部债务或者明显缺乏清偿能力的债务人在破产申请前 6 个月内对个别债权人进行的清偿。个别清偿制度下的 6 个月期限指已经发生的行为的撤销，而非未来的行为有关，不受中止和延期的规定的约束，并且不能因疫情或不可抗力等原因而中止或延长。其理论基础在于民法中的显失公平，显失公平的民事法律行为可被撤销，自撤销之日起自始无效。企业破产法以个别清偿可撤销为原则，以不可撤销为例外，并且不区分恶意和善意。同样的逻辑也适用于举证责任，因为在没有例外证据的情况下，个人清偿被统一视为可撤销。但是，企业破产法规定了个别清偿使债务人财产受益的情况不可撤销。在企业破产法司法解释中增加了部分不可撤销的优先债权，包括债务人基本生产所需费用、员工费用。在浙江福威重工制造有限公司

---

① 韩长印：《破产法学》，中国政法大学出版社 2007 年版，第 120 页。

② ［美］查尔斯·J. 泰步：《美国破产法新论》，韩长印、何欢、王之洲译，中国政法大学出版社 2017 年版，第 535 页。

破产清算案①中，福威公司与金龙公司的同时交易行为被判定为不可撤销，其原理仍是债务人财产保值增值的原则。

个别清偿不可撤销问题在《美国破产法典》中有更坚实的理论基础。《美国破产法典》将管理人对债务人个别清偿行为的撤销列为偏颇撤销权，是破产法作为一种总括强制执行程序与破产法之外的个别强制执行程序的主要差别所在。②与《英国破产法》不同的是，为贯彻对同一性质债权同等对待的原则，《美国破产法典》不要求证明债务人存在对部分债权人的偏颇意图。一是常规营业中的付款例外，债权人对债务人在正常业务、贸易或商业过程中产生的债务的支付，不受可撤销性破产救济的限制。这种制度的积极作用是鼓励债权人继续参与债务人的正常业务，维持债务人的业务不受干扰，并防止债务人在破产即将到来时进行非传统的支付或交易。二是同时实施的交易例外，根据《美国破产法典》规定，应予撤销的交易，如果交易是同时或基本上同时进行的，并且旨在为债务人创造新的价值，则不在撤销之列。偏颇行为的拒付对象仅限于对个别债权人提前清偿债务，如果交易在撤销期间是同时进行的，并且是基于促使债务人继续经营的意图，即使涉及清偿到期债务，也不应受到撤销。三是后续返还的新价值例外，当债务人进行相应的个别清偿之后，如果得到了债权人返还或者提供了相应的新价值或者财产利益，并且未提供新的担保，也未在新的价值基础上为债权人的利益进行不可撤销的交易，那么在该后续返还的新价值或者财产利益范围内，债权人所获得的利益不可被撤销。四是浮动担保的固定价值例外，浮动担保的债权人以管理人撤销权追诉期起算之日浮动担保财产的固定价值为限，所担保的债权利益不可被撤销。

四、个人破产管理人的法律责任制度

破产管理人以"勤勉尽责，忠实执行职务"作为行动准则，若有违背，轻则承担警告、罚款、更换管理人和开除名册的行政责任，若行为严重，则可能承担民事赔偿责任；构成刑事犯罪的，还应当承担刑事责任。

---

① 浙江福威重工制造有限公司管理人与嵊州市金龙混凝土有限公司等破产撤销权纠纷，参见浙江省绍兴市中级人民法院（2016）浙06民终2528号二审民事判决书。
② 韩长印：《破产撤销权行使问题研究》，载《法商研究》2013年第1期，第141—142页。

（一）行政法律责任

管理人在管理破产事务过程中，若因故意或者过失行为给债权人、债务人或第三人造成损害，或者虽未造成实际损害，但已违反法律规定的，应当承担行政法律责任。

我国企业破产法第 130 条规定，管理人未依照本法规定勤勉尽责，忠实执行职务的，人民法院可以依法处以罚款。《最高人民法院关于审理企业破产案件指定管理人的规定》第 39 条，进一步明确了人民法院有权处以罚款的两类情形，一是管理人在人民法院未许可辞职申请的情况下坚持辞职且不履行职责，二是人民法院决定更换管理人后仍拒不移交管理事务，并对上述情形下的罚款数额进行了范围界定。另外，针对管理人有前述两类行为或者无正当理由拒绝人民法院指定的，人民法院有权以暂停执业 1 年至 3 年或者除名的方式进行惩罚。上述规定明显存在缺陷：其一，处罚主体存在错位。行政处罚职权应当由事务对应的行政机关统一实施，鉴于我国尚未统一建立专门的破产行政管理机构，管理人缺乏垂直主管机关，立法规定由法院行使对管理人失职行为的处罚权。然而，法院并非行政机关，更不是管理人的"主管机构"，上述规定虽是我国破产制度发展初步阶段下的特殊设计，仍然造成法院职权向行政职权外溢的局面，同时不利于厘清法院与管理人之间的关系。其二，处罚事由规定不全。法律规定仅以忠实勤勉为标准对处罚情形进行模糊界定，并未明晰可以或者应当予以处罚的管理人行为或者损害后果；司法解释虽有列举式规定，仍然不够全面与系统，导致实务中具体管辖法院的自由裁量权较大，不能形成统一标准。其三，处罚种类过于单一。或许是受制于主体与职权不匹配的制度阻碍，企业破产法中设置的法定处罚形式仅包含罚款；司法解释虽加以补充，但以该形式设定行政处罚的方式也有待商榷。因此，上述单一的惩罚种类并不能切实发挥该制度对管理人行为的制约和惩戒作用。

个人破产制度试点对于解决上述问题作出了实践探索。《深圳经济特区个人破产条例》第 170 条第 2 款规定，行使行政处罚职能的主体为破产事务管理部门，即依照该条例设置的破产事务管理署；行政处罚事由为管理人怠于履行或者不当履行职责，较之企业破产法更为明确，实务中还可由破产事务管理署进一步具体规定，也使得条例文本保持简洁；在处罚种类上，上述条款将职权与主体进行匹配，具体由人民法院根据个案情况与管理人失职程度，决定责令改正、降低管理人报酬、依职权更换管理人；

由破产事务管理署决定行使暂停任职资格、从管理人名册中除名等行政处罚职权。

（二）民事赔偿责任

《深圳经济特区个人破产条例》第 170 条第 1 款规定了个人破产管理人的民事赔偿责任："管理人未依照本条例规定勤勉尽责、忠实执行职务，给债务人、债权人或者其他利害关系人造成损失的，应当依法承担赔偿责任。"本条沿用了企业破产法中的有关规定。① 目前，由于个人破产制度才刚刚开始试点，尚未出现个人破产管理人承担民事责任的相关案例，但企业破产案件中相关案例可以提供较为直观的借鉴和参考。

随着近年来破产法律服务的蓬勃发展，自 2014 年出现首起管理人被债权人、债务人或者第三人要求追究民事责任的案件以来，涉及破产管理人责任纠纷的案件数量大体上呈现着逐年上升的趋势。普遍观点认为，管理人赔偿责任属于侵权责任，因此，其构成要件为侵权责任的构成要件。一是管理人实施了损害他人利益的违法行为；二是债权人、债务人或者第三人利益受到了实际损失；三是管理人具有主观上的过错，且其违法行为与债权人、债务人或者第三人利益受到的损失之间有因果关系。根据企业破产法第 25 条和第 27 条规定，虽然管理人拥有广泛的权利，但他们也有义务勤勉和忠实地履行其职责。管理人的民事责任是基于假设管理人客观上违反了注意义务和忠实义务。勤勉尽责要求管理人保持应有的谨慎，履行好管理人的职责，而忠实义务则强调管理人不得利用自己的地位为自己或他人获取不正当利益。在河南安彩高科股份有限公司与华飞彩色显示系统有限公司管理人责任纠纷案②中，最高人民法院认为，管理人对谨慎、忠实、信用、注意等基本义务的违反，是其承担民事责任的前提和依据。管理人未勤勉尽责，忠实执行职务的评估标准应限于破产管理人是否有故意或严重过失。要想让破产管理人根据民法承担损害赔偿责任，必须有足够的证据表明管理人在行使职责时故意或严重疏忽地对破产财产造成了损害。本案中，三级法院均未支持债权人诉讼请求，其原因在于，从管理人履职的角度而言，其制定的《破产财产分配方案》已通过债权人会议并经人民法院裁定，管理人执行方案的程序和方式符合法律规定，并不存在故

---

① 企业破产法第 130 条规定："管理人未依照本法规定勤勉尽责，忠实执行职务的，人民法院可以依法处以罚款；给债权人、债务人或者第三人造成损失的，依法承担赔偿责任。"
② 参见最高人民法院（2014）民申字第 827 号民事裁定书。

意或过失。从债务清偿角度而言，债务人的股东垫付的费用属于需要优先予以清偿的职工债权费用，将债务人股东垫付的资金作为优先债权予以清偿，并不损害其他债权人利益。破产管理人既无减损债务人财产的故意或重大过失，也未给各债务人造成损害，因此，不需要承担损害赔偿责任。

破产管理人民事责任的认定受到破产程序阶段的影响。在胡电波与四川圣梓律师事务所、广安巨丰司法鉴定所管理人责任纠纷一案①中，法官认为，债权人的债权应通过债务人执行重整计划而受清偿，现重整计划尚处于执行阶段，人民法院并未裁定终结破产程序，破产案件仍处于审理中，债权能否得到全部清偿须先通过破产程序解决，债权人现在不能另行提起民事诉讼，故法院不受理债权人提起的本案诉讼，债权人的请求未能得到支持。

上述案件表明，债权人对破产管理人追究责任的实质是追究侵权责任，并确定破产管理人故意或过失地违反了其注意和忠实的义务，给债权人、债务人或第三方造成了损害，而且损害与破产管理人的行为之间有因果关系。但是，对于债权人的债权是否能获得清偿，能获得多少清偿，或者是否能判断基于管理人的原因才未能获得清偿，都没有得出结论，债权人主张由管理人承担损害赔偿责任的诉求很难得到支持。

（三）刑事法律责任

《深圳经济特区个人破产条例》第 170 条第 3 款对个人破产管理人的刑事责任仅作出了概括性规定："管理人与他人恶意串通，妨害破产程序的，由人民法院依法予以训诫、拘传、罚款、拘留；构成犯罪的，依法追究刑事责任。"在企业破产法中亦有相似的条款，其第 131 条规定："违反本法规定，构成犯罪的，依法追究刑事责任。"基于个人破产管理人作为受托人的法律地位，及其勤勉、忠实的法定义务和职责，破产管理人实施的违法行为符合刑法的构成要件时，就应当承担刑事责任。破产管理人可能涉及的刑事犯罪主要涉及破坏社会主义市场经济秩序罪和侵犯财产罪等罪名。

由于英美法系国家将破产管理人定位为受托人，故其承担着对破产财产的忠实和勤勉管理的信托义务。《英国破产法》规定了破产受托人违反职责和义务行为的刑事责任。美国对破产管理人员有关犯罪规定得较为详细，《美国破产法典》中没有规定破产犯罪，而是将破产犯罪规定在 1994

---

① 参见四川省广安市中级人民法院（2020）川 16 民初 86 号民事判决书。

年《美国法典》第 18 篇"犯罪和刑事程序"第 9 章第 151 条至第 155 条，主要包括侵吞债务人资产罪、进行自利交易和拒绝有关人员检查文件罪、私分费用罪，并且对相关人员的侵吞、贪占破产财产、接受贿赂或利用管理处分破产财产职务之便，购买自己负责财产等行为都做违法罪处理。这些规定具有鲜明特色，非常适用于规范破产管理人的行为，并防止破产管理人未经授权干涉破产财产。

大陆法系国家多在破产法中专门规定了破产管理人犯罪，如《日本破产法》《韩国破产法》。新的《日本破产法》第 267 条"破产管财人特别渎职罪"规定：破产管财人、保全管理人（包括其代理人）为自己或第三人利益或者以损害债权人利益为目的，进行渎职行为而损害债权人财产时，处以 10 年以下有期徒刑或者 1000 万日元以下罚金。同法第 273 条"受贿罪"规定：破产管财人、保全管理人（包括其代理人）以职务上便利，收受、要求或约定贿赂时，处以 3 年以下有期徒刑或者 300 万日元以下的罚金、或者并处。破产管财人等接受不当请托时，处 5 年以下有期徒刑或者 300 万日元以下的罚金、或者并处。破产管财人或保全管理人为法人的，行使职务的管理层或员工，有以上行为的同样处罚。同法第 274 条"行贿罪"规定：向破产管财人、保全管理人及其代理人，或者其管理层或员工，提供、提起或者约定贿赂者，处 3 年以下有期徒刑或者 300 万以下日元罚金。《韩国破产法》第 372 条规定了破产受贿罪，第 373 条规定了破产赠贿罪，基本内容与《日本破产法》相似。由于大陆法系国家和地区注重对破产管理人应尽善良管理人之注意义务的要求，所以对于破产管理人犯罪行为的追究，主要集中于违反职务行为的"渎职罪"、"收受贿赂罪"和"行贿罪"方面，规定并不全面，对于破产管理人在破产程序中非法侵吞破产财产行为或其他违法犯罪行为并无详细规定。

与美国、日本、韩国等国家不同，我国未在刑法或者破产法中设置专门章节来规定破产犯罪。就现行法律规定来看，破产管理人在破产程序中，主要可能涉及以下罪名：

一是妨害清算罪。《中华人民共和国刑法》第 162 条规定，妨害清算罪，是指公司、企业进行清算时，隐匿财产，对资产负债表或者财产清单作虚假记载，或者在未清偿债务前擅自分配公司、企业财产，严重损害债权人或者其他人利益的行为。该罪名主要犯罪主体是进行清算的公司、企业及其主要负责人员。破产管理人在接受指定后，帮助公司、企业及其主要负责人员实施上述行为的，可以成立该罪的共犯。需要注意的是，该罪名目前仅适用于公司、企业清算的情形，如个人破产进入正式立法，则应对刑法该条款进行修改，将个人破产的清算包含进去。

二是隐匿、故意销毁会计凭证、会计账簿、财务会计报告罪。《中华人民共和国刑法》第 162 条之一规定，隐匿、故意销毁会计凭证、会计账簿、财务会计报告罪，是指故意隐匿、故意销毁有法定保存义务的会计凭证和账簿、财务报告，情节严重的行为。破产管理人隐匿或者故意销毁依法应当保存的会计凭证、会计账簿、财务会计报告，情节严重的，构成本罪。但在个人破产程序中，对于个人，可能较少会存在"有法定保存义务的会计凭证和账簿、财务报告"的情况，故该类型的范围情况可能较少。

三是职务侵占罪。破产管理人利用职务上的便利，将破产财物非法占为己有，数额较大的行为，可能构成本罪。

四是挪用资金罪。破产管理人利用职务上的便利，挪用资金归个人使用或借贷给他人使用的行为可能构成本罪。淮安市中级人民法院曾发现破产管理人利用内部财务制度的漏洞和不健全的内部审批制度将管理人账户资金挪作他用。该案因淮安中级人民法院及时发现，破产管理人未从事营利活动和非法活动且事发后及时归还，未造成资金损失，最终未追究刑事责任。[①]

五是非国家工作人员受贿罪、对非国家工作人员行贿罪。管理人为他人谋取利益，实施行贿受贿行为，怠于履行管理人义务，可能构成该刑事犯罪。

此外，根据《深圳经济特区个人破产条例》第 164 条规定，管理人在履行职责过程中发现债务人、债权人或者其他相关人员涉嫌犯罪的，应当及时向有关机关报告，否则可能涉及明知债务人存在犯罪违法所得而可能触犯的掩饰、隐瞒犯罪所得罪、帮助伪造证据罪，以及在独立履职过程中触犯的提供虚假证明文件罪、出具证明文件重大失实罪等罪名。

五、个人破产管理人的变更解任制度

管理人既然存在选任制度，能够通过法定的程序担任管理人，那么就必须有相应的变更和解任制度，以便发生某种特定情形时能够进行变更、解任。根据一般理论，管理人变更和解任制度主要包含以下三种情形：一

---

① 董烨、赵旭玉：《浅析破产管理人的刑事责任》，载"破产重整那些事"微信公众平台 2022 年 11 月 21 日，https://mp.weixin.qq.com/s/HMJ4EjgPcR6V1VMQT9TeUw，最后访问时间：2023 年 1 月 3 日。

是管理人自行辞任。如管理人因利益冲突等情形不适宜担任管理人职务而自行辞任的情形。二是债权人会议申请变更。债权人在认为管理人不适职时可以申请变更。《深圳经济特区个人破产条例》第 160 条规定，债权人会议认为管理人不能依法、公正执行职务或者有其他不能胜任职务情形的，可以申请人民法院予以更换；三是法院依职权变更。《深圳经济特区个人破产条例》第 170 条第 2 款规定，管理人怠于履行或者不当履行职责的，由人民法院责令改正，并可以采取降低管理人报酬、依职权更换管理人等措施。

（一）管理人自行辞任

根据《深圳经济特区个人破产条例》第 165 条的规定，管理人无正当理由不得辞去职务。管理人辞去职务应当经债权人会议或者破产事务管理部门同意并提请人民法院决定。若管理人在未经许可情况下辞职，构成怠于履行或者不当履行职责的，将会被破产事务管理部门暂停其任职资格或者将其从管理人名册中除名。我国企业破产法亦有类似规定，其第 29 条规定，管理人无正当理由不得辞去职务，并且应当经人民法院许可。

根据上述规定可以发现，法律规定首先是注意限制管理人辞任。究其原因，主要是为提高破产程序效率，避免管理人通过其他程序被选中，担任管理人后因报酬低下而主动辞任。但是，管理人如有正当理由是完全可以行使主动辞任权利的。具体说来，符合法律规定的正当辞任理由有如下几种：

一是利益冲突。管理人在初被选任时可能并未发现存在利益冲突的情况，但随着调查工作的开展，完全有可能发现其与其中的某个债权人或者某个事项存在利益关联。此时管理人应当及时提出辞任申请。债权人亦可提出该类申请，法院亦可依职权直接进行变更。

二是管理人主体资格灭失或无法履职。在履职过程中，机构管理人可能因某种事项而被注销或接管，个人管理人亦可能出现生病等无法履职情况。此种情形下，因该主体已灭失，或无法继续有效履行管理人职责，则应主动提出辞任申请。

需要注意的是，辞任必须经法院许可。若未获人民法院许可，但仍坚持辞职并不再履行管理人职责的，法院可以决定对管理人处以罚款，编制管理人名册的人民法院或其他组织可以决定限制其 1 年到 3 年内不得担任管理人，或者将其从管理人名册中除名。

（二）债权人申请变更

从公开渠道中目前尚未查询到在个人破产试点过程中发生过债权人申请变更管理人的案例。在此情况下，企业破产法中债权人申请变更管理人的程序和实体实践对个人破产案件具有较大的启发作用。

根据企业破产法第22条第2款、第61条第1款第2项规定，债权人会议有权在管理人不能依法、公正执行职务或者有其他不能胜任职务情形的，可以向人民法院申请更换管理人。但是并未对管理人不能胜任职务的情形具体化规定，而是在《最高人民法院关于适用〈中华人民共和国企业破产法〉若干问题的规定（二）》第23条第2款规定，债权人通过债权人会议或者债权人委员会，要求管理人依法向次债务人、债务人的出资人等追收债务人财产，管理人无正当理由拒绝追收，债权人会议可申请人民法院更换管理人。各地方法院文件中对此予以了补充细化，诸如在《北京破产法庭破产案件管理人工作指引（试行）》《云南省高级人民法院破产案件审判指引（试行）》《贵州省高级人民法院关于印发〈破产管理人管理制度〉的通知》中均有对前述内容的具体细化规定。《云南省高级人民法院破产案件审判指引（试行）》规定了机构管理人出现资质不符、不能依法履职、不能公正履职、不能胜任职务、违规收费等情形时，人民法院可以根据债权人会议的申请决定更换管理人。

在申请更换管理人的程序上，即使债权人会议尚不具备履职条件，破产管理人也可能因未能勤勉履职而被更换。根据最高人民法院发布的上海兆隆置业有限公司破产清算案，[①] 破产管理人未能及时完成财产接管和债权审查，导致债务人名下不动产被他人占用，债务人破产费用增加，案件审理进程拖延。债权人因管理人未能有效召开债权人会议，以管理人不能勤勉尽职地履行管理人职务为由申请更换管理人。上海市第三中级人民法院认为管理人确有未能勤勉履职的情形，决定解除原管理人职务，另行指定了管理人。法院依法认可单个债权人有权就管理人履职能力发表意见，有权向法院申请更换管理人，确保管理人依法履职，保障破产程序有序推进。

---

① 最高人民法院：《典型案例——人民法院实施破产法律制度 优化营商环境》，载"最高人民法院"微信公众平台2021年4月28日，https：//mp. weixin. qq. com/s/dI7rysQaEK29p6iffxU6gQ，最后访问时间：2023年1月3日。最高人民法院发布十大破产典型案例，其中案例六为"上海兆隆置业有限公司破产清算案"。

（三）法院依职权变更

我国现行管理人选任模式为人民法院主导，故在更换管理人方面，人民法院毋庸置疑地享有主导权。这点在各地的司法文件中亦予以了佐证，《四川省高级人民法院关于印发〈关于审理破产案件若干问题的解答〉的通知》第7条即明确规定，人民法院可以依职权决定更换管理人。管理人能否胜任职务，并依法、公正、忠实、勤勉地履行职责，是保证破产程序顺利进行的决定性因素。《最高人民法院关于审理企业破产案件指定管理人的规定》第33条对人民法院可以根据债权人会议的申请或者依职权径行决定更换管理人的情形和具体事由作出了明确规定。人民法院和债权人会议应加强对管理人履职的监督，在破产程序终结前，管理人出现法定解任事由的，应及时更换不适任的管理人，并根据企业破产法第130条及相关司法解释的规定，对违法、违规的管理人处以罚款、停职、除名等处罚；利益受损的债权人、债务人及相关利益主体，可依法追究管理人不忠实勤勉履职的赔偿责任。

另外，对于依职权更换的情形参照《北京破产法庭破产案件管理人工作指引（试行）》第17条、第18条规定可知，人民法院依职权更换的情形多集中于管理人不具备管理人能力的情形，诸如：因故意犯罪受过刑事处罚，执业许可证或者营业执照被吊销或者注销，出现解散、破产事由或者丧失承担执业责任风险的能力，与本案有利害关系，失踪、死亡或者丧失民事行为能力，因健康原因无法履行职务，执业责任保险失效等方面。而对于履行职务时，因故意或者重大过失导致债权人利益受到损害、有重大债务纠纷或者因涉嫌违法行为正被相关部门调查情形的，仍然应当由债权人会议向人民法院提请更换并提供相应证据予以说明，由人民法院审查后作是否更换决定。

在其他国家，通常情况下，选任管理人的机构也有解雇权。例如，《英国破产法》规定，法院或债权人会议可以更换破产管理人，国务大臣也可以解雇其任命的管理人。如果管理人是官方接管人，或者即使管理人是由国务大臣任命的，债权人会议也可以根据管理人或法院或持有至少1/4债权的债权人的要求，决定更换管理人。《日本破产法》规定，法院可根据监察委员会的申请，通过债权人会议的决议或依职权解除破产管理人的职务。

在个人破产程序中，《深圳经济特区个人破产条例》第170条第2款明确规定，管理人怠于履行或者不当履行职责的，由人民法院责令改正，并可以采取降低管理人报酬、依职权更换管理人等措施。破产管理人是破产程序的主要推动者和执行者，其执业能力和工作素养不仅影响破产程序的质量，而且还影响破产公司的命运和进一步发展，最重要的是影响其债权人利益的实现。管理人应当进行自我约束，勤勉履职，在管理人未能勤勉尽责，忠实执行职务时，债权人和法院均有权对管理人予以监督。

六、个人破产管理人的执业责任保险制度

（一）个人破产管理人执业责任保险的基本概念

执业责任保险，又称职业责任保险或者职业赔偿保险，针对的是从事专业技术工作的单位或者个人因履行职务存在过错导致他人受到损害而须承担的经济赔偿责任，旨在通过商业保险来分散或者转移履职中的责任风险，主要适用于律师、会计师、医生、工程师等专业程度较高的行业。管理人执业责任保险是执业责任保险在破产领域的创新运用，这种以保险合同为基础的机制，一方面降低了管理人履职责任风险；另一方面，一旦保险合同达成，保险人将按照协议履行理赔义务，从而实现在法治框架内有效化解社会矛盾。鉴于破产领域的专业性特征以及破产管理人的职业化趋势，许多国家都规定了管理人执业责任保险制度。澳大利亚早在1966年就将强制管理人职业责任保险制度写入法律，根据1966年《澳大利亚破产法》，购买执业保险是获得管理人注册资格的前提条件。相似地，《俄罗斯破产法》明文规定管理人"必须签订破产案件参与人损害责任保险合同"，其保险期限不得少于1年，保险总额不得低于每年300万卢布。[①] 而英国则基于管理人由律师或者会计师担任的破产制度设计，选择通过相关基础领域的强制执业责任保险来承保其担当管理人时的责任风险。[②]

我国企业破产法第130条规定了管理人未依法勤勉尽责，忠实执行职务，给债权人、债务人或者第三人造成损失时依法应承担的赔偿责任，第24条规定了个人管理人参加执业责任保险的法定义务，是为我国管理人执业责任保险制度搭建的基本法律框架。从上述规定可以看出，我国仅对个人管理人实行强制执业责任保险制度。《最高人民法院关于审理企业破产

---

① 张艳丽：《破产管理人的法律责任》，载《法学杂志》2008年第4期，第28页。

② 马宁、郁琳：《论破产管理人职业责任风险分散机制——以破产管理人责任保险制度为中心》，载《保险研究》2010年第3期，第110页。

案件指定管理人的规定》关于个人申请编入管理人名册必须提供执业责任保险证明，以及执业责任保险失效属于更换个人管理人法定情形之一的规定，进一步落实了强制个人管理人参加执业责任保险的现实要求。学术界认为，上述制度设计的主要原因在于个人管理人赔付能力一般较低，而机构管理人也已经投保律师、会计师等基础领域的执业责任保险。但是该制度在实际运用中存在缺陷。首先，在企业破产法下实践中个人担任管理人的情况少之又少，导致该强制参保制度形同虚设，无法有效转化和总结执业责任保险制度的实践经验；其次，律师事务所、会计师事务所等中介机构投保的相关执业责任保险，系针对于特定行业的职务范围与风险特征设计，不能覆盖管理人业务内容和破产领域特有风险；最后，现有管理人执业责任保险制度未形成完整体系，导致实践被迫多方摸索，对于保险当事人、承保范围、责任限额、赔偿方案等重要保险条款尚未标准化，不利于发挥该制度最大功效。

目前，个人破产制度已处于实验阶段，但深圳、浙江等地区的相关试点规则均未对管理人执业责任保险制度作出规定。针对个人破产案件可能更多任用个人管理人的制度预期，以及其程序周期普遍冗长、债务人财产隐蔽零散、债权债务关系复杂难定等特殊性风险，即便是参照适用现行企业破产法的规定依法强制个人管理人参加执业责任保险，仍需要继续完善管理人执业责任保险制度设计，使得个人破产管理人执业风险分担落到实处。

（二）个人破产管理人执业责任保险的承保范围

承保范围的界定是保险制度发挥效用的关键。根据前文梳理，我国管理人执业责任保险的承保范围为被保险人因未按照企业破产法及相关法律规定勤勉尽责、忠实执行职务，在保险期间内给债权人、债务人或第三人造成经济损失，依法应当承担的经济赔偿责任。其他不在承保范围内的损害，则应依照法律或合同的规定予以赔偿。管理人执业责任保险既有内部结构，也有外部结构。内部结构以管理人（被保险人）和保险公司（保险人）之间订立的保险合同为基础；外部结构要求管理人尽到勤勉尽责，忠实履行职务义务。[①] 然而，理论与实务界对于该险种所担保的"管理人未尽到忠实勤勉义务的行为"对应的主观心态认定不一，直接造成保险条款中对于承保范围的具体约定不一致。

---

① Li Yang, On the Dual Governance Mechanism of the Bankruptcy Trustee Professional's Liability Insurance in China, *China Legal Science*, September 2021, p. 56.

　　"忠实""勤勉尽责"都属于主观性较大的职业形象描述，并非准确明晰的法定义务性质与内容标准。一般认为，忠实义务属于对管理人履职的底线性、原则性要求，正如美国法官 Jackson 在 Mosser v Darrow 一案中主张的，"利益是信任的反面，衡平法不允许管理者为己谋利"。美国第十巡回上诉法院也指出，受托人必须"完全不受自我利益的影响。他必须是忠诚和值得信赖的。破产人财产的福利是最重要的，这一原则是根深蒂固和坚定不移的"。[1] 因此，忠实义务主要体现为"不得""禁止"等消极型规定，违反此类规定的多为故意行为。勤勉义务则是在忠于履职的基础上对管理人尽责程度的更高要求，违反勤勉义务的通常是过失行为。

　　由于保险交易的射幸特征，仅承保过失致损行为，而将故意行为所招致的损害赔偿责任列为责任免除范畴，是符合保险法基本原理的做法。基于此种逻辑，有观点认为，在管理人执业责任保险中应当沿袭保险法的传统法理，对于管理人处于故意的失职行为理应免赔。该观点主要源于道德风险层面的考量。然而，此种忧虑似乎更多是责任保险制度本身拥有的负面争议。例如，有学者认为，责任保险使得部分被保险人放弃对潜在风险的警惕以及管控态度，同时冲击了风险自负原则对于责任人的教化与惩戒，甚至将造成司法审判机制的扭曲。[2] 而支持对故意行为理赔的观点则认为，相对于可能的道德危机，保护弱者、确保受损害方及时获得补偿的现实需求更加迫切，社会容忍程度亦更高；[3] 另外，与企业破产法中一致，深圳及浙江地区的（类）个人破产制度试点规则均明文规定管理人执行职务致人损害所产生的债务为共益债务，故对于一般过失或者无过错行为所致损失依法由债务人承担，而故意或者重大过失行为则列入执业责任保险赔付范围，具备制度基础。[4] 实践中，东莞地区管理人执业责任保险实践已经作出突破性尝试，将除恶意转移债务人财产外的故意行为纳入承保范围内，体现了对债权人、债务人及第三人权益的保护。

　　我们认为，在民事赔偿责任基础下，可以相对弱化对于管理人失职行

　　[1]　Hon. Steven Rhodes, *The Fiduciary and Institutional Obligations of a Chapter 7 Bankruptcy Trustee*, American Bankruptcy Law Journal, March 2006, p.147.
　　[2]　张瑞纲、吴叶莹：《责任保险与侵权风险的关系研究》，载《金融理论与实践》2021年第2期，第105页。
　　[3]　柯沛艺：《破产管理人职业责任保险制度构建》，西南政法大学2021年硕士学位论文，第20页。
　　[4]　罗鸣、方庆：《破产管理人执业责任保险制度初探》，载《上海保险》2007年第10期，第8页。

为之具体心理状态的探究，主要理由如下：其一，管理人职业本身具备一定专业性门槛，同时履职过程受到多方监督，相较于一般被保险人的故意责任风险较小。其二，在"管理人中心主义"下，管理人履职事务较广、职权范围较大，其履职内容本身体现并且要求一定的主观能动属性，故而难以准确界定其履职过程中的主观心态。其三，管理人执业责任保险与一般责任保险或者财产保险同样属于事后的损害填补机制；而破产程序主要基于债务人财产的调查、管理、变价、分配展开，债务人财产保值增值情况亦成为管理人履职评价的核心要素。因此，从结果向度出发，以债务人财产或者相关利益主体权益的损害结果作为理赔判定基础，更加符合破产案件特性，也有利于保护受损害方的权益。在井研县交通运输局、四川中立中清算事务所有限公司等机动车交通事故责任纠纷；① 江苏国茂金属材料有限公司、公证天业会计师事务所管理人责任纠纷；② 江苏立信会计师事务所有限公司与丹阳中美电器有限公司、江苏沃得农业机械有限公司管理人责任纠纷③等案件中，法院即从结果倒推行为，根据以结果上有造成原告损失的事实，认定管理人的相应行为违反忠实勤勉义务，继而判决管理人承担赔偿责任。另外，完全可以通过完善管理人业务指导、履职监督、履职保障等机制，加强对管理人执行职务的事前及事中监督控制。

综上所述，对于故意行为能否理赔的问题应当给予保险合同当事人更宽松的约定空间。当然，凡事均应注意度量：在故意致损的情况下，保险人在赔偿后应当享有对责任管理人的追偿权，以实现受损害方损失填补和管理人过错惩戒的平衡；同时，对于故意或者过失行为导致超出民法赔偿范围的责任承担的，保险人无须承担赔偿责任。

（三）个人破产管理人执业责任保险的主体制度

个人破产管理人执业责任保险主体制度的根本，是明确保险合同各方当事人的主体定位。保险合同当事人包括投保人、被保险人以及受益人。在管理人执业责任保险中，基于该险种分散管理人执业风险的设立初衷，以及破产程序高效便捷开展的现实要求，受益人为管理人无太多争议。关于被保险人，除管理人以外的人投保并自愿赠予的特殊情形外，一般情况下被保险人的基本范围同样为管理人，且应限于个案现任管理人，而不应

---

① 参见四川省乐山市中级人民法院（2016）川 11 民终 551 号民事判决书。
② 参见江苏省扬州市江都区人民法院（2021）苏 1012 民初 3769 号民事判决书。
③ 参见江苏省镇江市中级人民法院（2019）苏 11 民终 3217 号民事判决书。

扩充至前任、继任管理人的范畴；同时，对于管理人在破产程序中聘用的工作人员，因责任相互独立，亦不予纳入被保险人范围。① 至此，本节将主要讨论投保人的主体范围问题。

投保人是指形式上与保险人签订保险合同，实质上支付保险费用的主体。关于管理人执业责任保险中投保人的范围界定，学界主要存在两种观点。第一种观点认为，投保人应为管理人。理由在于，管理人为保障自身利益购买该险种方才贯彻权责一致性，若将此成本转嫁于其他主体则不利于其尽责履职；② 而债务人也可能出于节省成本的考量更换法定强制投保的个人管理人，不利于破产程序的稳定推进。③ 第二种观点认为，债务人作为投保人更为合理。该观点的理由主要包括：其一，在债权人同样受益的情况下，将化解风险的成本或者对价纳入共益债务随时清偿合法且合理；其二，在管理人依法履职强制性与破产财产有限性前提下，管理人获取报酬的权益受损而承担保险费用的义务增加，不利于维持管理人履职积极性及该行业吸引力。④

我们对上述第二种观点存在疑义。关于其第一点理由，前文已经论述，管理人执业责任保险的承保范围与现行制度中关于执行职务致人损害的共益债务范围并不一致，进而，执业责任保险作为分散管理人故意或者重大过失行为风险的对价，不具备纳入共益债务的理论基础。关于其第二点理由，首先，债务人财产有限不仅影响管理人报酬的获取，同样直接影响保险费用的支付，因此以该理由认为保险费用应由债务人承担，存在现实矛盾。其次，支付保险费用本质是为追求执业风险转移的利益，故管理人获取报酬与该举措具备权益性质的一致性，而非权利与义务的对立关系。事实上，对于"无产可破"案件的管理人报酬问题，应当通过完善管理人报酬保障机制予以应对，以"节省保费"的方法实在无法实质解决。另外，从投保人的定义来看，该观点仅表示应当由债务人最终承担保险费用，并不能说明债务人即为投保人的主体地位。同时，相较于破产企业，个人破产案件中的个人债务人可能更加难以满足投保人的形式要件。

当然，根据保险利益理论，债权人、债务人或者第三人对于该赔偿责

---

① 柯沛艺：《破产管理人职业责任保险制度构建》，西南政法大学 2021 年硕士学位论文，第18 页。

② 姚彬、孟伟：《破产程序中管理人制度实证研究》，中国法制出版社 2013 年版，第 289 页。

③ 周丹萍：《论破产管理人的执业责任保险制度》，载《法制与社会》2010 年第 9 期，第 43 页。

④ 马宁、郁琳：《论破产管理人职业责任风险分散机制——以破产管理人责任保险制度为中心》，载《保险研究》2010 年第 3 期，第 111 页。

任具有法律承认的利益的,可以为被保险人利益订立责任保险合同;从保险赠与理论的角度来看,也可以视为投保人对被保险人的赠与。[①]

综上,在一般情况下,个人破产案件中的管理人作为投保主体更具备理论与实践依据。同时,可以在实现机制方面完善管理人协会的引导投保,助力执业责任保险全面有效实行的同时,尽可能降低费率。目前,企业破产实践中已有多个地区实行管理人协会引导投保机制,均可予以借鉴。比如,河北省企业破产管理人协会发布的全国首单管理人执业责任保险省级统保保单,系由管理人协会统一投保;江西、南京等地区开始探索协会统一为会员投保"基本险"(主险),管理人在个案中自行补充投保"个案险"(附加险)的双轨模式;广西、无锡等地区进一步扩充了保险种类,除执业责任保险外,还包括雇主责任险、破产企业财产保险等,提高了分散管理人执业责任风险的全面性和综合性。

七、个人破产管理人的履职保障制度

管理人履职保障,应当是为实现清除管理人履职阻碍、提升破产程序推进效率、降低破产制度运行成本而设计的一系列、全方位制度机制总和。广义来说,个人破产管理人履职保障的制度设计,应当包含个人破产管理人选任、履职、报酬、保险等管理人制度的内在优化,以及个人破产管理人监督制度和破产程序配套政策等机制的外在保障。本书即以该理念为指导,在各章节分别予以具体阐述。基于体系分布,本节将从纾解管理人履职困境的角度,就破产程序配套制度的建立和完善进行针对性分析。

(一) 主体:个人破产中的"府院联动"

2021年2月25日,国家发展改革委联合最高人民法院等部门发布《关于推动和保障管理人在破产程序中依法履职进一步优化营商环境的意见》,强调以实现企业管理人依法履职保障为目标,针对完善破产制度配套政策,更好地发挥政府在企业破产程序中的作用。"府院联动"即是在优化营商环境发展格局下,加强政府机关与法院系统协作联动,实现行政效率、司法效能、社会效果有机统一的有效机制。基于现代破产法的外部性、回应性属性,府院联动在企业破产案件中必然存在,并且不断发展。

---

① 柯沛艺:《破产管理人职业责任保险制度构建》,西南政法大学2021年硕士学位论文,第15页。

操作模式从召开行政机关多部门联席会议、设立府院协调工作小组，到联合发文、协调发文等，体系格局也从"临时化"的个案启动机制逐步转向"常态化"的联动体系建设，目的是为破产程序及管理人履职提供制度保障。对于个人破产制度来说，无论是出于其拥有破产制度的根本属性，还是与企业破产制度的目的共性，抑或是其在程序结构与发展阶段上的自身特性，以政府作为发挥行政权能、完善配套制度的主体，均存在必要性与可行性。关键在于运行模式的设计以及责任主体的落实。

在企业破产的法治化发展中，学界其实很早就关注到破产程序配套制度问题。有学者提出，"府院联动"机制主要处理破产案件中的行政事务，可以吸收西方经验，建立破产行政管理机构作为配套制度的落脚点。例如，英国经过多年实践和多次修订法律，形成了内阁大臣、破产服务局、受认可专业团队为一体的破产事务管理体系。其中，内阁大臣起统管全局作用。可以根据立法授权对破产管理人的职责和报酬等内容制定具体细则，可以将管理人不恰当履职的行为纳入刑事违法的范畴，可以赋予法院自由裁量权，可以对不同类型、不同地区的案件作出针对性规定，可以在认为有必要且恰当的情况下制定临时性规定。破产服务局负责承上启下、内联外接。破产服务局主要由官方接管人机构、执法调查机构、行业监管机构等组成，代表内阁大臣行使破产法、公司法等法律法规及内阁大臣委任立法所赋予的法定职责。其职责之一是组织审核员审查个人破产债务人提交的破产申请，并决定是否颁发债务纾缓令。其职责之二是依法建立专门的个人破产登记和查询系统，与我国的"全国企业破产信息网"类似，便于公众进行个人破产相关事项登记备案和破产案件查询。[1] 其职责之三是委任官方接管人，负责管理尚未任命破产执业者担任管理人的案件和"无产可破"的案件。

有学者隐忧破产行政管理机构系"府院联动"机制的"替代"，存在机构设立和权责划分的成本。[2] 我们认为，一方面，我国目前"府院联动"机制本身存在缺陷：在沟通协调方面，由于涉及职能部门范围广、部门利益冲突多、政策畅行难度高、工作内容跨度大，致使程序推进效率不尽如人意；在文本形成方面，府院联动发布的规范性文件往往法律效力层级较低，且缺乏统一的机构设置、议程内容与时限要求，各地在实施过程中也

---

① 徐阳光：《个人破产立法的英国经验与启示》，载《法学杂志》2020 年第 7 期，第 30 页。
② 徐雍皓、何孟凯：《破产"府院联动"机制的现实因应与功能论基础》，载《安徽警官职业学院学报》2022 年第 3 期，第 28 页。

存在事权不足、覆盖面窄、协调成本高等问题，造成文件指引不明确，操作性不足，难以具体执行与落实。[①] 另一方面，相较于企业破产案件，个人破产案件中个人债务人财产情况及社会关系隐蔽复杂的特点，导致其对于"府院联动"的需求侧重于有关部门协助调查以及信息数据的集中整合。破产行政管理机构即可针对个人破产程序的特有难点，流程化设计配套机制，升级多部门数据采集的运作模式。综上，破产行政管理机构的设立与相关制度的完善实质为"府院联动"机制的优化配置，而非推翻该机制的"替代"。在个人破产制度试点实践中，深圳地区即确立了构建破产行政管理机构的方案，在《深圳经济特区个人破产条例》中明确规定了破产事务管理署的主体地位。当然，在机构的组织结构、工作职责内容等方面，在借鉴域外经验的基础上，还需要从我国实际情况出发，作出最利于破产程序体制的制度设计。

（二）内容：管理人调查权能保障机制

2022 年 2 月，世界银行公布了新的营商环境评价体系（Business Enabling Environment，简称"BEE"项目）征求意见稿，在办理破产项目下新增"破产程序的相关体制及机制的质量""破产司法程序的难易程度"等二级指标。可见，完善破产程序配套制度非常重要，相关部门应当依法积极支持和配合管理人依法履行接管、调查、管理、处分债务人财产等职责。

在个人破产案件中，债务人财产范围的确定是制度起点和设立前提。只有在管理人、债权人充分了解债务人经济状况，确认债务人信用情况的基础上，个人破产制度才不致沦为"合法"逃债的工具。[②] 然而，与企业相比，个人财产与家庭财产混同且通常不公开、个人生活化支出难以统计、社会关系错综复杂等，使得管理人调查难度更大。因此，在管理人各项职责行使中，调查权行使的困境，是其在个人破产案件中相对于企业破产案件最大的履职障碍。有鉴于此，破产行政管理机构的工作保障机制设计，有必要以管理人调查职能的顺利行使为中心。

《深圳经济特区个人破产条例》规定了建立个人破产信息登记和公开

---

① 翟静波、蒋慧：《企业破产处置府院联动机制的嬗变逻辑与进化路径》，载《广西警察学院学报》2021 年第 4 期，第 30 页。

② 邓辉、张晓宁：《论我国自然人破产制度的设立基础》，载《法治社会》2019 年第 6 期，第 27 页。

制度，并确立由破产事务管理署作为具体执行的职能部门。《浙江法院个人债务集中清理（类个人破产）工作指引（试行）》则规定了行政部门对管理人的配合内容，可在具体制度内容上提供借鉴。根据指引规定，如管理人可向行政部门申请配合调取信息，调取的信息应当与债务人财产和偿债能力相关，包括但不限于家庭人口信息、婚姻存续情况、工作福利、征信情况、金融机构开户情况、名下财产情况、税费缴纳情况及第三方支付平台交易明细等；公安部门、民政部门、村（居）委会、债务人工作单位、人民银行、金融机构、市场监督管理部门、信息查询平台、不动产登记中心、车辆管理中心、知识产权部门、公积金管理部门、社会保障部门、税务部门、证券交易所等行政部门和机构，应当配合法院完成破产财产清理工作。

设立综合的破产行政管理机构，优势即在于可以在不同机构部门之间统一执行政策、弥补协调脱节、整合信息数据。因此，可以加强破产行政管理机构与商业银行、证券交易所、公安机关、民政部门、市场监督部门、产权登记中心等各职能机构的协调，在注意信息隐私保护的前提下，共同探索信息集成、传导、共享机制，保障管理人对债务人可公开信息数据便利、快捷、准确、全面地获取。同时，应当集中建立行政机关、法院、管理人三方通达的信息化平台，减少程序累赘，提高办案效率。

第四章　个人破产管理人的报酬制度

一、个人破产管理人报酬制度概述

管理人是个人破产程序的主要推动者和个人破产事务的具体执行者，其能力和素质不仅影响个人破产工作的质量，还关系到破产个人的命运与未来发展。因此，未来个人破产立法在保障个人破产债务人、债权人利益的同时，也应对个人破产管理人的利益给予足够的重视。只有在充分保障个人破产管理人利益的前提下，个人破产管理人在破产程序中才能更积极主动地发挥自身作用，使个人破产程序更高效地运转。建立一个科学合理的个人破产管理人报酬制度是破产管理人利益保护不可或缺的一个重要方面。反之，若缺乏合理的个人破产管理人报酬制度，个人破产管理人在付出大量成本后却无法获得合理报酬，将不利于吸引优秀的机构和个人加入个人破产管理人队伍，致使整个个人破产制度无法得到有效的贯彻实施。

2018 年最高人民法院时任院长周强在《最高人民法院关于人民法院解决"执行难"工作情况的报告》中强调，将会大力推动建立个人破产制度，完善现行破产法。2020 年 5 月，中共中央、国务院在《关于新时代加快完善社会主义市场经济体制的意见》中明确指出，要推动个人破产立法，完善失信主体信用修复机制，实现市场主体的有序退出。与企业破产程序一样，个人破产程序的顺利开展，离不开个人破产管理人制度的构建。至此，个人破产管理人制度被社会各界广泛关注和研究。该浪潮随着 2020 年 8 月 31 日《深圳经济特区个人破产条例》的颁布被推至高潮，关于个人破产管理人选任制度、个人破产管理人监督制度等的实务实践和学术研究已逐步展开，但关于个人破产制度管理人报酬制度的研究和讨论却极为罕见。虽国内外已有研究意识到了个人破产管理人报酬制度在个人破产制度推进过程中的重要意义，尝试将个人破产管理人报酬制度作为激励管理人勤勉尽职的重要工具，并在一些个人破产制度立法实践中尝试让其落地生根。但现有研究更多是在个人破产制度研究中提出管理人报酬制度存在的资金来源不足等难点，相关研究呈现出较为明显的碎片化倾向，仅对个人破产管理人报酬制度进行了浅尝辄止的说明与论述，鲜有系统化、全面化的研究。故目前关于个人破产管理人报酬制度研究的可借鉴性有限。总的来说，基于对个人破产管理人报酬制度的探讨，一方面形成了一系列关于破产管理人报酬制度的法理基础和实践考察的研究成果，对于个人破产管理人报酬制度的法理基础提供了可借鉴之处，但受制于缺少对个人破产管理人报酬制度研究的重视，相关成果尚不能满足个人破产管理人报酬制度全面深入研究的需求；另一方面，个人破产管理人制度的研究本身还处于起步阶段，虽然其中关于个人破产管理人报酬问题的部分探讨颇具借鉴价值，但整体研究同样在认识基础、策略方法和实现方案三个层面存在不足，难以提供全面、系统的参考借鉴。

需要指出的是，推行个人破产离不开个人破产管理人勤勉忠实地履行职责，而管理人履职尽责必然需要获得相应的合理报酬作为激励。我国个人破产中事务烦琐、关系复杂的情况较于企业破产将更为常见，同时"无产可破"在个人破产程序中将具有相当的普遍性，因此个人破产管理人"收费少、收费迟、收费难"等个人破产管理人报酬制度的痛点也将更为突出。个人破产管理人报酬制度与个人破产制度价值实现休戚与共，建立科学合理的个人破产管理人报酬机制，对激励个人破产管理人审慎、尽责、勤勉、忠实地履行职责，对保障个人破产程序顺利推进以及平衡协调各方利益均有重大意义。

二、个人破产管理人报酬制度的功能面向

个人破产管理人报酬制度在个人破产制度中的功能定位是构建其制度体系的基本指引，一方面体现为个人破产管理人报酬制度在整体个人破产制度落地中所发挥的实体功能，另一方面体现为个人破产管理人在推进个人破产案件的过程中所发挥的程序功能。一个合理的个人破产管理人报酬制度是个人破产制度有效、有序运行的核心动力和根本保障。

（一）个人破产管理人报酬制度的实体功能

个人破产管理人是连接个人破产中债务人、债权人等各方当事人的重要枢纽和关键角色。个人破产管理人报酬制度的实体功能在于督促管理人在最大程度上维护债权人的合法权益的同时，兼顾帮助个人破产债务人从债务困境中获得新生，从而实现个人破产制度的价值。

如前序章节所述，首先，个人破产管理人参与个人破产案件的必要性

体现在防范个人破产程序中的欺诈行为。即对于债务人违反个人破产相关规定，通过隐瞒真实情况或者制造虚假情况等手段，不正当地转移其财产，损害债权人利益，违背个人破产立法目的的行为进行监督和规制。而个人破产管理人的报酬如何计取，在每一个破产案件中，都是管理人将高度关注且影响管理人行为选择的问题。相较于企业破产案件而言，个人破产案件由于自然人因其特有的属性即社会人身关系复杂、财产多样性及对财产处分的任意性具有普遍"无产可破"、规模较小、财产线索隐蔽、事务烦琐等特点，导致管理人完全调查清楚债务人的财产相当困难。其次，与一般的企业破产案件相比，个人破产案件存在更高的欺诈风险。由于个人债务人在破产案审理期间进行资产转让的困难相对企业来说较小，在破产过程中发现破产债务人违法行为、追缴逃债资产的困难较大，相较于企业破产而言，个人破产程序中破产欺诈更易演化为严重的法律缺陷。[1] 为了防止个人破产债务人恶意逃废债的现象，对个人破产管理人在调查核实个人破产债务人的破产财产、债权债务关系等提出了更高的要求。同时，个人破产管理人在个人破产程序中需要处理涉及债权审核、社会稳定等一系列错综复杂的关系，也需要承担大量繁重的工作，导致管理人履职难度大、履职成本高、履职风险大。

个人破产管理人报酬是破产费用中的重要部分，从各国个人破产案件中管理人获取报酬的实际情况看，大部分破产案件是无报酬或无合理报酬的。即使是我国的企业破产案件，管理人可能得到报酬最高的也是采取竞争和推荐方式指定管理人的金融机构、大型企业的破产案件；而以随机方式指定管理人的一般案件，往往是报酬较少或无合理报酬甚至无报酬可支付的案件。故对于存在大量"无产可破"的个人破产案件，科学、合理地确立个人破产管理人的劳动报酬和破产费用的支付问题是债务人能够顺利终结破产程序、恢复信用体系、优化信用环境的关键所在。对于个人破产管理人而言，其在个人破产事务处理过程中所付出的劳动、时间与金钱等各类成本并不会低于企业破产事务，其理应取得作为处理债务人个人破产事务合理对价的报酬。然而，实践中未来进入个人破产程序的债务人绝大多数情况是"无产可破"的，垫付制度运行势必受到严重冲击，导致大量个人破产管理人的报酬得不到保障，甚至可能连其垫付的破产相关费用都得不到偿付。这一方面违反了权利义务相一致的原则，另一方面也不符合

---

① 朱宬：《无产可破案件下破产管理人报酬制度研究》，华东政法大学 2019 年硕士学位论文，第 17 页。

我国"多劳多得"的按劳分配原则。长此以往，必然会打击广大个人破产管理人参与个人破产管理人工作的积极性，不利于破产管理人队伍的专业化发展，更不利于立法所期待的个人破产制度目标的实现。

（二）个人破产管理人报酬制度的程序功能

个人破产管理人报酬制度的程序功能在于激励管理人积极主动地维护和管理破产债务人的财产，以有效推进个人破产程序有序进行，维护社会稳定的经济秩序。合理的个人破产管理人报酬制度是促使个人破产管理人在个人破产案件推进中发现问题、解决问题的关键支撑。

个人破产管理人报酬是指依法确定的负责个人破产债务人财产管理和其他破产事务的专业机构或人员，基于为个人破产事务履行职责和其所付出的劳动有权获得的相应回报。因此，个人破产管理人的报酬是基于个人破产管理人的劳动向个人破产管理人支付的。尽管本书第一章介绍了如委托代理说、信托说等诸多理论，但从个人破产程序推进的角度来看，个人破产债务人与破产管理人之间存在着类似于"雇佣"的关系，不同于一般的雇佣关系是雇佣双方当事人自愿选择的结果，破产事务中的破产管理人是其根据法律程序被"安排"的"雇佣关系"，并不是个人破产债务人与个人破产管理人之间的"自愿选择"。事实上，个人破产管理人制度涉及三方主体，包含三个法律关系：即个人破产管理人与人民法院的法律关系、个人破产管理人与破产债权人的法律关系以及个人破产管理人与破产债务人的关系。但个人破产管理人在个人破产程序中，既不隶属于法院，也不是破产债权债务的利害关系人，个人破产管理人的角色设定类似于个人债务人的财产托管人，是一个中立的角色。个人破产管理人的报酬是一种净所得，这意味着，对个人破产管理人来说，其报酬就是其提供劳务的纯粹所得。在企业破产程序中，我国企业破产法第41条以法律条文的方式明确规定把管理人执行职务的费用、报酬和聘用工作人员的费用这三种费用分开。在个人破产程序中，个人破产管理人的报酬同样应与其在执行职务中所发生的相关费用和聘用工作人员的费用相区别，不能将个人破产管理人报酬和破产管理人执行职务产生的费用以及聘用其他工作人员的费用相混淆，特别是聘用财务会计、法律类专业人员的费用。

规范的个人破产程序是公正的程序，程序公正是实现实体公正的重要保障，公正的个人破产程序才能公平地保护个人破产程序中各方利害关系人的利益，才能建立起完善的个人破产秩序，维护好社会主义市场经济秩序。在个人破产案件中，从发现破产欺诈、破产程序规范有序推进到个人破产程序的合理终结，都极为依赖于个人破产管理人精湛的业务能力和忠实勤勉的职责履行。个人破产管理人在个人破产程序所具有的核心地位无可撼动，其掌握着接管、变卖、分配破产财产等重要职权。管理人取得报酬的合理与否将直接影响管理人处理破产事务的效率，以报酬为核心的激励机制是管理人勤勉、忠实履行义务的关键，故破产管理人报酬制度将直接影响破产程序能否有序进行。[①] 因此，科学、合理的破产管理人报酬对于提高管理人工作积极性以及保障破产程序顺利进行至关重要。合理的个人破产管理人报酬制度能够有力地促进破产管理人在工作中勤勉尽责，帮助人民法院高效推进企业破产程序进程。反之，管理人报酬作为管理人在破产案件中提供专业服务并承担相关风险责任的对价，若个人破产管理人在破产案件中对自己的报酬难以产生期待，甚至不得不承担无法获得报酬的风险，则会导致个人破产程序中缺乏破产管理人的有效参与。在案件数量巨大但财产线索隐蔽且确认财产、债权债务情况等更为错综复杂且"无产可破"更为普遍的个人破产案件中，个人破产管理人前期所做的大量工作，无法得到相应的报酬，个人破产程序就会面临不得不提前中止的情况，不仅严重地打击了个人破产管理人工作的积极性，而且不利于个人破产工作的顺利开展，债权人、债务人的利益也无法得到有效的保障。

综上，个人破产管理人从事破产事务，须具备相应的专业知识与能力，不仅耗时费力而且责任重大，面临着相当高的风险，因而各国立法均规定破产管理人有取得相应报酬的权利，作为其所付出劳动、承担风险和法律责任的对价，以激励个人破产管理人更好地提供服务。破产管理人报酬若无法保障，各方主体的实体和程序权利将都无法得到保障，个人破产程序无法顺利推进，个人破产制度关于有效管理债务人财产、高效实施财产变价、公平进行财产分配和清偿债务等价值目标无法得以实现。故亟须在明确个人破产管理人报酬制度功能定位的前提下，对个人破产管理人报酬制度进行审慎构建，让个人破产管理人在具体案件中发挥其应有的作用，规范破产程序，实现实体价值。

三、个人破产管理人报酬制度的规范样态

在个人破产程序中破产管理人是调和各方利益的中心，管理人的专业水平、职业能力以及在工作中勤勉尽责的程度都直接关系到个人破产程序

---

① 刘超飞：《破产管理人报酬制度研究》，中南财经政法大学 2019 年硕士学位论文，第 1 页。

的有效推进和价值实现。个人破产管理人在花费时间和精力的同时，由于个人破产案件特殊的人身属性以及涉及众多复杂的法律关系和财产处置行为，个人破产管理人在管理过程中还可能负担更高的风险。所以与我国企业破产法规定企业破产管理人有权获得报酬相同，在个人破产推进过程中个人破产管理人付出自己的时间和利用自身的专业技能进行个人破产事务的管理，理应获得报酬。与我国不同，英国等国家个人破产制度先于企业破产制度诞生，个人破产管理人报酬制度实践经验较为丰富，英国、美国、德国、俄罗斯、日本等国家的法律在专门的破产立法或其商法典中对个人破产管理人报酬进行了相应的规定。因此，域外个人破产管理人报酬制度的立法规范与我国企业破产管理人报酬现有规范，对我国个人破产管理人报酬制度的构建具有较强的参考价值。

（一）个人破产管理人报酬制度的域外立法借鉴

破产管理人制度本身是我国对国外制度进行吸收借鉴的结果，该制度在域外有悠久的制度历史。破产管理人制度源于古罗马时期，人们为了更好地保护自身财产而形成了财产托管人制度，该制度不断改进完善，最终才形成了较为完善的破产管理人制度，进而形成破产管理人报酬制度。《美国破产法典》、《德国破产法》、《俄罗斯联邦破产法》、英国《2016 年英格兰和威尔士破产规则》等国家的法律都对破产管理人报酬进行了相应的规定。通过对域外破产管理人制度进行分析、探讨，能够为我国未来个人破产立法提供有价值的制度设计构想。此外，随着跨国的破产行为的逐步增加，借鉴国外的破产管理人报酬制度的立法经验也能促进中国破产市场与国际化接轨。

1. 英美法系的个人破产管理人报酬制度

英国关于个人破产管理人报酬支付的标准主要是依据《2016 年英格兰和威尔士破产规则》第 18 编第 4 章规定及其附件 11。其中报酬的计算方法有三种：按比例计酬、按时计酬、固定数额的报酬标准。[①] 按比例计酬即以破产管理人在破产程序中变现和分配的财产价值总额为基数，采取分段超额累退的方式计酬。由于破产管理人在个案工作中的差异，可能会确定不同的基数或者百分比。按时计酬即根据破产管理人在案件中处理问题所花费的总时间来计算报酬，如果破产管理人提议采取按时计酬的方法，则其必须在债权人决定用哪种方式计酬之前，向债权人提供费用测算和支

---

① 徐阳光：《英国个人破产与债务清理制度》，法律出版社 2020 年版，第 92—93 页。

出明细（包括将要发生的支出或者可能发生的支出）。

依据徐阳光在其著作《英国个人破产与债务清理制度》中介绍，在英国个人破产管理人报酬确定的实践中计酬方式是多样的，既可以按照单一标准计酬，也可以结合多种标准计酬。在个人破产个案中具体的管理人报酬计算方法，由债权人委员会来决定。如果没有成立债权人委员会，则由债权人决定。如果债权人没有能够应破产管理人的要求确定计酬标准，或者自破产管理人被任命之日起的 18 个月内没有能够确定计酬标准，则破产管理人有权将《2016 年英格兰和威尔士破产规则》附件 11 确定的"变现比例"应用到破产管理人从资产变现中收取到的金额（包括任何变现过程汇总产生的增值税，但需要扣除支付给担保债权人的金额和任何从破产人经营业务中收取款项时支出的费用）。① 同时，破产管理人有权根据分配给债权人的财产价值（包括清偿优先债权所支付的金额），适用附件 11 确定的分配比例计算管理人报酬。

但是，前述管理人依据"变现比例"收取的报酬，需要受到相应的总额限制。如果管理人认为债权人确定的报酬标准计算比例、报酬金额、计算基数不合适，则可以要求债权人增加比例、金额或者计酬基数，也可以申请法院裁定调整。如果是联合管理人，彼此之间的报酬分配由他们协商解决，如果出现争议，由债权人委员会或债权人依据决策程序来解决争议，或者由法院裁决。破产管理人如果代表担保债权人变现了担保财产，则有权据此收取相应的报酬，除非破产管理人与担保债权人另有约定。破产管理人可以将《2016 年英格兰和威尔士破产规则》附件 11 的"变现比例"运用到担保财产变现所得金额上并据此计算应当收取的报酬，同时管理人有权从变现所得的价款中提取该报酬。

美国破产管理人的报酬一般以债务人所需清偿的债务数额的一定百分比支付。报酬内容包括联邦托管人的酬金、私人破产管理人在破产管理过程中所支出的必要费用以及"联邦托管人系统基金"三部分。② 其中联邦托管人的酬金不得超过联邦政府职员的一定工资标准，"联邦托管人系统基金"主要用于支付联邦托管人系统中联邦托管人的薪资以及办公费用。

《美国破产法典》第 326（a）条和第 330 条规定了管理人的薪酬计算方式。第 330 条规定案件的固定费用为 60 美元，这笔费用取自债务人的申请费和管理人基金。管理人基金来源于破产法其他程序（如第 11 章）的

---

①　徐阳光：《英国个人破产与债务清理制度》，法律出版社 202 年版，第 92—93 页。

②　贺轶民：《美国联邦破产托管人制度的启示》，载《法学杂志》2010 年第 5 期，第 124 页。

案件。除固定费用外，管理人还可以赚取浮动费用，费用上限与破产财团的价值挂钩。第 326（a）条规定了浮动费用的分档累积制，在《美国破产法典》第 7 章或第 11 章的规定中，法庭可以依据本法第 330 条的规定，对管理人提供的服务支付合理的报酬。该报酬在管理人实施服务后支付，并根据管理人在案件中向利益相关方（不包括债务人，但包括抵押债权人）分配或移交的所有款项来确定。金额在 5000 美元以内的部分，不应超过其款项的 25%；金额在 5000 美元以上，5 万美元以下的部分，不应超过其款项的 10%；金额在 5 万美元以上，100 万美元以下的部分，不应超过其款项的 5%；金额在 100 万美元以上的部分，不应超过其款项的 3%。① 本条（c）款还规定如果案件中不止一位管理人，则向所有管理人支付报酬的总额不能超过根据本条（a）和（b）向提供相同服务的单个管理人所能够支付的报酬的最大额。即管理人薪酬是固定费用与浮动费用的累计，这一方案对消费者和企业破产案件一并适用。

具体报酬数额和支付方式在通知当事人和联邦托管人并召开听证会之后，根据第 326 条、第 328 条和第 329 条，法庭可以给予管理人、根据第 332 条所任命的消费者私人监察员、破产监督人、根据第 333 条任命的监察员以及根据第 327 条或第 1103 条雇佣的专业人士相应报酬。具体而言，首先，对管理人、监督人、监察员、专业人士、律师和辅助专职人员提供的实际的、必要的服务给予合理的报酬。对实际必要开支的报销，法庭可以自己决定，或根据联邦管理人、地区管理人或其他任何利益相关方的决定，给予不超过其要求数额的报酬以及法庭应当在本条所确定的报酬数额确定中减去根据第 331 条临时裁决的报酬数额。如果临时裁决的报酬数额超过了本条所确定的报酬数额，应将超过部分返还破产财产。其次，管理人、破产监督人、债务人的律师或根据第 327 条、第 1103 条所雇佣的专业人士，在本法所规定的案件中破产令发出后，可以最多每隔 120 天一次，或经法院许可后更多次地向法院提出申请，要求支付提出申请之前所实施的服务的报酬，或根据本法第 330 条的规定，报销在该日期之前已产生的费用。在通知和听证之后，法庭可以批准并支付给申请人报酬或报销费用。

2. 大陆法系的个人破产管理人报酬制度

《德国破产法》第 63 条规定：破产管理人有权为其事务执行活动请求

---

① 周江昊：《中美破产管理人制度比较研究》，复旦大学 2015 年硕士学位论文，第 10 页。

酬金并有权请求归还适当的垫款。① 酬金的一般数额依照破产程序终结时破产财产所具有的价值计算。对破产管理人执行事务的规模和难度以及对一般数额的变通予以考虑。该法第 64 条第 1 款规定，破产法院以裁定确定破产管理人的酬金和应向其归还的垫款；第 2 款规定，此项裁定应当公开公告并向破产管理人和债务人特别送达，设立债权人委员会的，也应向债权人委员会的成员特别送达。所确定的数额不应予以公布。公开公告中应当指明可以在法院文书处查阅裁定全文；第 3 款规定，对于此项裁定，破产管理人、债务人和任何破产债权人均有权提出即时抗告。②

德国的个人破产第一阶段主要是由遍布全国的由地方政府（德国的各州）补贴的债务咨询中心来负责。《德国破产法薪酬条例》明确了由破产法官直接确定管理人报酬，破产报酬的标准是以程序终结时的破产财产的价值为依据。《德国破产法薪酬条例》第 2 条规定：破产财产达到 25000 欧元时，报酬为财产的 40%；破产财产达到 5 万欧元时，报酬为破产财产的 25%；破产财产达到 7 万欧元时，报酬为破产财产的 7% 等。另外，还要支付管理人一般的事务性费用，包括办公费用以及律师费，管理人参与债权人委员会中的工作将按小时数来支付报酬。另外，在经过法官同意后，破产管理人可以从破产财产中提取款项来补偿已经预付的费用。③

同时，由于在德国管理人完全由法官自行指定，即法官有绝对的决定权，可以根据案情指定其认为合适的律师担任管理人。法官在指定管理人时可以"肥瘦搭配"，具体来讲就是法院在选择管理人时通常会综合考虑破产案件标的额大小，若中介机构被指定为"无产可破"案件的管理人时，作为补偿，下一个破产案件法院将会选择标的额较大的指定给该管理人。这样一来，管理人的报酬就会实现"肥瘦搭配"，管理人的利益得到平衡，使其能够有适当收入维持正常业务运转。王欣新教授比较认可德国的这种做法，但这种做法给予了法官较大的自由裁量权，有赖于法官保持公正，因此应当建立对应的监督机制来保障实质公平。

2002 年 10 月 26 日俄罗斯联邦第 127 号法案通过了《俄罗斯联邦破产法》，从而确立了承认公民债务人破产的基础。2014 年 12 月 29 日联邦第

---

① ［德］莱茵哈德·波克：《德国破产法导论》，王艳柯译，北京大学出版社 2014 年版，第 28 页。

② ［德］莱茵哈德·波克：《德国破产法导论》，王艳柯译，北京大学出版社 2014 年版，第 28 页。

③ ［德］乌尔里希·福尔斯特：《德国破产法》（第七版），张宇晖译，中国法制出版社 2020 年版，第 46 页。

476 号法案《关于修改破产法及其他单行法》对 2002 年《俄罗斯联邦破产法》第 10 章"公民破产"作出修改，规定从 2015 年 10 月 1 日起公民个人可以提出破产申请。根据新的《俄罗斯联邦破产法》规定，按照本联邦法第 20—26 条规定的固定金额和利息，向破产管理人支付薪酬。破产管理人固定金额的薪酬，应在每一项破产程序结束时一次性支付，不论每个程序的期限长短。其中第 20—26 条规定的利息，由执行公民债务重组计划或清算公民财产获得的资金来支付。破产管理人经仲裁院批准后，有权用公民的财产在破产程序中引入其他确保破产管理人履行职责的人员。破产管理人论证其引入其他人员参与破产案件及该人员报酬数额的合理性，在公民同意的情况下，仲裁院根据破产管理人的申请批准该人员参与破产程序，并确认支付报酬的金额。故俄罗斯采取的破产管理人报酬制度为固定报酬，在实践中企业破产程序的破产管理人报酬为每月 3 万卢布，而个人破产程序则是每阶段 2.5 万卢布。①

（二）我国企业破产管理人报酬制度的立法经验

我国有关破产管理人的相关制度在 2006 年颁布的企业破产法中得以体现，改变了含有过度行政色彩的清算组制度，转而将责任与权力归于破产管理人手中，这对破产管理人朝专业化、职业化道路发展具有巨大的推动作用。企业破产法有关内容表明，破产管理人的报酬制度由最高人民法院出台相关文件予以确定。随后，《最高人民法院关于审理企业破产案件确定管理人报酬的规定》出台，文件对于破产管理人及其报酬有关的程序问题和实体问题作了进一步细化规定。根据《最高人民法院关于审理企业破产案件确定管理人报酬的规定》，管理人报酬以债务人最终清偿的财产价值总额为基数差额定率累进计算。因此，我国破产管理人报酬的决定权由人民法院行使，由人民法院根据债务人最终清偿的财产价值总额，② 在一定比例限制范围③内分段确定管理人报酬。管理人应当在第一次债权人会议上报告管理人报酬方案内容。管理人、债权人会议对管理人报酬方案有意见的，可以进行协商。双方就调整管理人报酬方案内容协商一致的，管理人应向人民法院书面提出具体的请求和理由，并附相应的债权人会议决议。人民法院经审查认为上述请求和理由不违反法律和行政法规强制性规

---

① 徐可：《俄罗斯个人破产法律制度评述》，上海外国语大学 2018 年硕士学位论文，第 34 页。

② 担保人优先受偿的担保物价值则不计入该财产价值总额内。

③ 该比例限制为上限规定，并未规定下限。

定，且不损害他人合法权益的，应当按照双方协商的结果调整管理人报酬方案。而根据《最高人民法院关于推进破产案件依法高效审理的意见》第5条的规定，管理人对于提高破产案件效率、降低破产程序成本作出实际贡献的，人民法院应当作为确定或者调整管理人报酬方案的考虑因素。

关于管理人报酬方案的确定，根据《最高人民法院关于审理企业破产案件确定管理人报酬的规定》，主要分为三个阶段。第一阶段为预判阶段，人民法院受理企业破产申请后，应当对债务人可供清偿的财产价值和管理人的工作量作出预测，初步确定管理人报酬方案。管理人报酬方案应当包括管理人报酬比例和收取时间。第二阶段为债权人会议审查阶段，人民法院应当自确定管理人报酬方案之日起3日内，书面通知管理人。管理人应当在第一次债权人会议上报告管理人报酬方案内容。管理人、债权人会议对管理人报酬方案有意见的，可以进行协商。第三阶段为法院调整、确定阶段，人民法院根据债权人会议对管理人报酬方案的审查、协商结果以及根据破产案件和管理人履行职责的实际情况进行调整。在破产案件实际情况与案件受理时的预期有明显区别时，人民法院可以根据案件复杂程度（如破产债权数量、破产财产分布情况、破产程序中所涉诉讼案件多寡、破产程序持续时间长短等）、管理人的勤勉程度、管理人对破产和解或重整的实际贡献、管理人承担的风险和责任、债务人住所地居民可支配收入及物价水平等因素。

值得关注的是，我国企业破产实践中也存在大量债务人财产不足以支付破产费用，即"无产可破"的破产案件。虽然在企业破产程序中，债务人财产不足以清偿破产费用的，管理人应当提请人民法院终结破产程序。[1]债务人财产不足以支付管理人报酬和管理人执行职务费用时，若债权人、管理人、债务人的出资人或者其他利害关系人愿意垫付上述报酬和费用的，破产程序可以继续进行。[2]但是一方面，只有在破产程序启动之后，经管理人调查、审计，才能确认债务人财产是否不足以清偿破产费用。此时管理人已经付出了相应的劳动，甚至垫付了公告、委托费用。若无人愿意垫付相关费用，管理人无法获得与其劳动相符的报酬，甚至连垫付的费用也无法收回，这无疑会打击企业破产管理人履职的积极性，也不利于管理人市场的培育与发展。另一方面，现代破产程序的功能并不限于向全体债权人公平清偿，其还具有及时切断债务链条，维护社会主义市场经济秩

---

① 企业破产法第43条。
② 《最高人民法院关于审理企业破产案件确定管理人报酬的规定》第12条第2款。

序，检查破产债务人的董事、监事、高级管理人员是否忠实勤勉履职等功能，因此也有维持破产程序继续进行的必要。然而在企业破产程序对于"无产可破"的案件中管理人报酬的确认方式，目前尚未有可普遍适用之规定。实践中各地普遍采用设立基金的形式来支付"无产可破"案件中管理人的报酬，资金来源可能是财政资金拨款，或者是提取管理人报酬较高的案件中管理人的报酬。

（三）我国个人破产管理人报酬制度的试点现状

破产法的价值取向随着经济社会的发展，已经经历了数次变迁。早期注重债权人利益，发展到中期平衡债务人与债权人利益，而现今在维护债权人、债务人利益的同时，社会利益的考虑也越发突出。尤其在个人破产法中更是如此。个人破产管理人是个人破产衍生的社会问题中最重要的调停者，是其他角色替代不了的。个人破产管理人能够高效有序推进个人破产程序，引导相关多方进行沟通，并在复杂情况下作出最优解，这些都需要有科学合理的破产管理人报酬制度作支撑和引导。但个人破产程序在实践中的普遍情况为"无产可破"或个人财产极少，难以甚至无法负担管理人费用，因此管理人报酬方案如何确定、如何保障的难题在现有的个人破产制度设计尚未得到有效回应。依据我国《深圳经济特区个人破产条例》规定，管理人报酬管理具体办法，由市人民政府制定。管理人履行个人破产案件管理职责，由人民法院依照有关规定确定其报酬。[①] 具体确定方式并无相关细则，当债务人处于"无产可破"的困境时，管理人应当按照规定为破产财产不足以支付破产费用的案件提供破产事务公益服务。浙江省高级人民法院印发的《浙江法院个人债务集中清理（类个人破产）工作指引（试行）》规定，"指定管理人""可以在各地设立的破产专项资金中支付报酬"，但对于如何取得报酬及报酬的多少均没有明确规定，对于管理人报酬方案没有保障。[②] 温州发布的《温州市中级人民法院关于个人债务集中清理的实施意见（试行）》规定，债务清理管理人的报酬和公告等必要费用先在个人债务集中清理程序中进行清偿，其未受清偿的部分，以财政专项补贴支付。[③]

由于个人破产案件中个人破产债务人资产极少的特点，个人破产管理

---

① 《深圳经济特区个人破产条例》第157条、第166条。

② 《浙江法院个人债务集中清理（类个人破产）工作指引（试行）》第27条。

③ 《温州市中级人民法院关于个人债务集中清理的实施意见（试行）》第18条。

人在实践中无法收到全额报酬，或者完全没有报酬的情况可能会成为普遍现象。且一旦破产管理人在破产案件中出现差错，很有可能要面对承担行政、民事等责任的风险。从目前的规范现状来看，管理人履职缺乏报酬保障机制，无法支撑个人破产程序中管理人的有效履职。个人破产管理人报酬的确定，应当综合考虑个人破产案件的繁易程度、个人破产管理人的贡献大小、勤勉程度以及承担的风险责任，避免个人破产管理人的付出和收益不成正比，打击个人破产管理人勤勉忠实履行职责的积极性和主动性。未来立法在确定个人破产管理人报酬标准时，必须遵循衡平债权人利益的最大化与对个人破产管理人的报酬激励、市场机制为主与保持司法适度干预、个人破产管理人报酬与个人破产管理人职责相适应、个人破产管理人报酬最高额限制与最低额保障、禁止重复报酬等基本原则。在确定个人破产管理人报酬时，要充分考虑个人债务人财产状况、破产工作难度、地区经济水平等因素，尊重和保护个人破产管理人的合法权益。

四、个人破产管理人报酬制度的模式分析

（一）个人破产管理人报酬制度的三大主要模式

通过对国内外个人破产报酬制度在规范层面的梳理和分析，可以得出目前世界范围内个人破产管理人报酬制度有以下几种主要模式：

1. 个人破产管理人报酬的"市场"模式

所谓"市场"模式，是指在个人破产管理人报酬这一市场中，通过要素的自由流动、价格的自由调节的竞争机制，使得个人破产管理人报酬达到合理、均衡的状态。结合本书第一章所提到的代理说，"市场"模式之下破产管理人往往被认为是代理债务人代为管理破产财产，代理的后果由债务人和债权人承担，他们更为注重保护债权人的利益，而个人破产管理人报酬更多地作为债权人和个人破产管理人基于商业判断的博弈。在以美国为例的"市场"模式之下，个人破产报酬制度主要是围绕法院和律师而建构的私人制度，即市场主导型而非政府主导型。

对我国来说，个人破产管理人报酬制度的市场化搭建有强烈的社会需求与合理的路径方向，将是未来个人破产法中具体制度设计的必经环节。因此需要的是一个能够使得效益最大化的个人破产管理人报酬制度。在市场模式中破产管理人的报酬确定原则都是将大部分决定权交由市场，然后对最后的具体报酬方案进行监督。在决定权主体上，多数国家都把决定主

体交给破产债权人会议，最后的方案再经过法院或行政主管机关的审批，报酬方案不合理的可以直接进行修改或发回重新确定。此举将破产管理人与债权人紧密联系，加强管理人对案件的责任感，也能进一步促进债务的清偿。此外，破产管理人报酬的市场化还体现在报酬确定方式上。管理人报酬必须与此类专业人员在破产背景之外收取报酬的标准相当，尤其是在破产重整案件中，破产管理人最终收取的报酬总额在很大程度上取决于破产案件的复杂性，报酬确定方式的改革应当将重点放在如何使报酬激励程度与案件效率保持一致。

2. 个人破产管理人报酬的"责任"模式

与英美法系代表的市场模式不同，大陆法系中的个人破产管理人则是受公权力之托对个人破产债务人的破产财产进行管理，个人破产管理人作为主体独立行使权力与承担责任，他们更注重是否公平分配财产，即在个人破产管理人报酬制度上表现出一种"责任"模式。所谓"责任"模式，即通常是国家"有形的手"在管理债务人和确定个人破产管理人报酬的各个要素中更多地扮演了家长式的角色。由于个人破产管理人报酬相比企业破产管理人报酬存在着明显的资金来源不足等问题，责任模式在个人破产管理人报酬制度中存在深厚的现实价值。在责任模式之中，法院往往作为个人破产管理人报酬制度中报酬金额等各要素的决定主体，个人破产管理人对于和自身利益高度相关的报酬事项话语权极低，通常仅具有对于法院已经确定的报酬提出异议的权利，甚至完全将个人破产管理人置于报酬确定机制之外。

3. 个人破产管理人报酬的"复合"模式

最早的古典经济学理论要求"大市场，小政府"，政府除了提供一个自由的市场，不再对经济做任何干预，"人们联合成为国家和置身于政府之下的重大的和主要的目的，是保护他们的财产"。① 但随着理论研究的深入，经济学家们发现完全依靠市场存在缺陷，市场自身的力量不能保证市场总是处于一种均衡的状态。尤其对于个人破产程序而言，这个状态的实现需要公共主体适度地进行干预。所以在市场导向的前提下，要坚持法院在个人破产管理人报酬制度中的辅助工作，避免完全由市场导向的破产管理人报酬制度只顾追求经济利益而损害公共利益的情况，最终导致与个人破产制度初衷的背道而驰。

----

① ［英］约翰·洛克：《政府论（上册）》，叶启芳，瞿菊农译，商务印书馆1982年版，第77页。

因此，"复合"模式在强调分清市场和法院之间的界限，减少法院直接决定个人破产管理人报酬，放权个人破产管理人依据市场情况作出商业判断的同时，注意完善法院的监督保障制度，更好发挥市场导向和法院监督保障对个人破产管理人报酬制度不可替代的作用。复合模式旨在建立一个以市场为导向，以司法为监督的个人破产管理人报酬制度，有效维护个人破产中各方利益平衡的同时，也能提高破产的效率，降低破产成本，最终发挥"有形的手"与"无形的手"应有的、共同的作用，并通过建立公平的规则，确保破产市场主体共同遵守市场秩序。复合模式要求建立健全个人破产管理人市场化制度，同时发挥政府、法院等的调控、保障作用，为市场机制形成提供相对自由，但又充分发挥合理监管和调控保障的作用。不采用直接介入市场的运行，而是以规范市场秩序，通过制定合理的规则和监管来确保公平和相对自由的竞争。

（二）我国个人破产管理人报酬制度的模式选择

纯粹的"市场模式"或"责任模式"都存在显而易见的弊端，由"责任模式"逐步向"复合模式"过度是我国个人破产管理人报酬制度推进的可能路径。2020年5月11日，中共中央、国务院印发《关于新时代加快完善社会主义市场经济体制的意见》，明确指出应"优化管理人制度和管理模式，推动完善市场主体退出过程中相关主体权益的保障机制和配套政策"。但由于我国目前尚未在立法层面对个人破产管理人报酬模式的确定进行设计和安排，在各地的个人破产实践中对于个人破产管理人报酬模式的呈现也非常模糊和分散，甚至存在部分较为反市场化规律的设计。例如，我国个人破产管理人报酬制度在实践试点中没有做到按个人破产管理人付出的劳动成果进行计算，甚至在《深圳经济特区个人破产条例》中提出"破产事务公益服务"的安排。个人破产管理人需要付出的劳动成本没有报酬作为激励，其违反市场规律的做法将直接导致个人破产管理人主观能动性不足，无法积极主动地推进个人破产工作的进行。因此，如何保障积极主动又能力较强的管理人获得对应的劳动报酬，成为眼前较为急迫的需求。

个人破产管理人报酬制度的模式选择，首先，要把破产管理人的报酬分析放在市场化的时代改革背景下，明确个人破产管理人既有自身利益最大化的内在需求，也有服务个人债务人贡献才能的外在压力。由于他们事实上控制着个人债务人的全部家产，因此既要让他们努力勤勉，又要防止道德风险。其次，个人破产与企业破产一样事关债务人、债权人、国家、社会的多方面利益。因此，破产管理人报酬的确定主体不能缺少直接的利益相关主体，特别是债权人的参与。我国企业破产法立法实践一直都强调人民法院在破产案件中的主导地位，过分集中于人民法院的决定权容易导致权力寻租，同时个人破产具有数量巨大、人身关系复杂等独有特点，不宜实施将这一权力完全集中于法院的规定。最后，破产管理人报酬与高风险并存，考虑到破产管理人的风险性和复杂性，故个人破产管理人报酬是为体现激励机制而生的，在个人破产"无产可破"较为普遍的情形下，为了让个人破产管理人切实履行职能，应该探寻建立破产管理人报酬资金保障制度。

具体而言，我国个人破产管理人报酬制度需要把握报酬激励个人破产管理人的积极性与债权人能获得应有清偿的平衡。因此，法院与债权人对报酬的决定权有与企业破产程序中同样不可替代的理由。在刚进入破产程序时，由于债权人会议不能同步明确，应由法院先预估该破产案件的破产财产数额、案件难易程度来确定对个人破产管理人初步的报酬方案。但必须通过合理的制度设计完善对于个人破产管理人和债权人的话语权的保障。同时应当将个人破产案件的复杂程度与报酬计算方式进行挂钩，按难易程度、持续时间等合理方式折入破产管理人报酬方案中。同时，在建立多层次的个人破产管理人报酬决定机制基础上，建立个人与企业统一的破产管理人报酬基金，并细化具体的基金管理及使用办法。此外，还应进一步完善府院联动机制，提升管理人处理破产事务的效率，从而间接提高个人破产管理人报酬。

五、个人破产管理人报酬制度的具体构造

个人破产管理人制度要实现最大的价值，必须提高个人破产管理人效益。个人破产管理人效益指在破产程序中个人破产管理人付出的成本与获得报酬之间的对比。因此，在对个人破产管理人报酬制度进行具体构造时，要通过各个关键要素的合理设计以实现个人破产管理人的成本与收益之间的平衡和个人破产管理人效益的提高。

（一）个人破产管理人报酬的确定主体

个人破产管理人报酬的确定主体将直接影响个人破产管理人报酬的合理性与科学性。世界范围内的破产立法中，个人破产管理人报酬的确定主体不外乎两种：一种是法院作为确定主体；另一种则为债权人或债权人会

议作为确定主体。由法院确定管理人报酬，这是多数国家或地区破产法的立法选择，如美国、德国、意大利、日本、韩国及我国台湾地区等。英国、澳大利亚、加拿大等一些国家的立法则规定，管理人的报酬由债权人会议或其他机构决定。

1. 由法院确定

我国企业破产程序中，法律规定管理人报酬由法院确定。根据企业破产法第28条第2款规定，管理人的报酬由人民法院确定。《最高人民法院关于审理企业破产案件确定管理人报酬的规定》第1条则更进一步明确管理人报酬的确定主体为审理企业破产案件的人民法院。管理人报酬的决定权在办案法院，《最高人民法院关于审理企业破产案件确定管理人报酬的规定》第5条、第6条和第7条也分别明确了债权人会议享有对管理人报酬提出异议的权利、对管理人报酬的知情权和与管理人进行协商的权利。但应注意，虽然管理人与债权人会议可以就管理人报酬方案进行协商，却同时规定了法院的审查权。因此，我国企业破产管理人报酬的确定，法院一直扮演着主导者的角色。然而其权力过于集中，一直是理论界和实务界讨论的焦点所在。

采取破产管理人报酬由法院决定模式的还有美国、日本、韩国和我国台湾地区。[①] 美国即由法院决定破产管理人的报酬，其原因在于本身管理人的报酬是从破产企业最终可清偿的财产中按一定比例抽取的，管理人报酬过高，有损债权人的利益；而管理人报酬过低，又会影响管理人的工作积极性，不利于破产程序的顺利进行。由法院来决定破产管理人的报酬优势在于法院居中裁判，可以高效解决管理人报酬确定过程中产生的纠纷。但此种模式下的弊端也比较突出，如若法院本身已经拥有管理人的选任权，再同时具有管理人报酬的决定权，其权力过于集中，容易滋生司法腐败。将管理人报酬的决定权赋予法院时，法院既是规则的制定者，又是规则的实施者，这种过于集中的权力对法官的道德底线提出了很高的要求，极易造成法官的道德危机。

事实上，无论将管理人报酬确定权完全赋予哪一方主体都会产生一定问题。为解决赋予单一主体充分权力时易产生的问题，世界各国往往通过赋予另一相对主体一定的权利进行制衡，从而对管理人报酬确定主体的权力进行一定限制。因而，在这些以法院为管理人报酬确定主体的国家，都会在一定程度上限制法院在管理人报酬确定这一问题上的权力，以防止法

---

① 刘超飞：《破产管理人报酬制度研究》，中南财经政法大学2019年硕士学位论文，第15页。

院对管理人报酬的确定形成绝对单一的控制权。具体来讲，这些国家一般在管理人报酬的确定或调整方面赋予债权人一定的权利，往往要求债权人在报酬确定与调整过程中结合破产财产的价值、管理人付出的实际劳动量及劳动成果、案件的复杂性等发挥自身的作用。此外，有一些国家在破产程序中为债权人提供了切实可行的救济程序。例如，若债权人对管理人的选任与定酬事项存在异议，与管辖法院无法达成一致，此时债权人可以自主向上级法院提起诉讼，由上级法院来对此问题进行裁定。给予债权人相应的、充分的救济程序，这限制了法院的管理人报酬确定权力，实现了防止权力滥用的效果。

2. 由债权人会议确定

部分学者认为，破产管理人最重要的工作是为债权人实现债权，破产债权人作为权利人有权处置自己的债权，当然也有权决定为破产管理行为支付多少费用，债权人与破产财产最具利害关系，由其决定管理人的报酬是最适合的。

但正如前文所提到的，将管理人报酬确定权完全赋予债权人会议的模式事实上并不可行。一方面，由债权人直接确定个人破产管理人报酬会形成两者之间事实上的雇佣关系，损害管理人的中立性与独立性。另一方面，由债权人决定个人破产管理人报酬，对破产程序效率可能产生阻碍。破产管理人报酬从破产财产中优先支付，会直接影响债权人的受偿比例，从这个角度上看两者之间是此消彼长的利益相对方。完全由债权人或债权人会议决定破产管理人报酬，极易产生双方僵持不下的局面，甚至不利于破产程序的顺利进行。同时，对于"有产可破"的个人破产债务人而言，债权人受偿债权与管理人获取报酬本身就是矛盾的两个方面，管理人获得的报酬越高意味着债权人受偿的债权减少；管理人获得的报酬少又会影响管理人的工作效果，最终影响债权的实现，由债权人来决定管理人的报酬可能出现有失公平的情况。在将债权人会议作为管理人报酬决定主体的国家，其立法往往同时规定，如果债权人会议未能作出关于管理人报酬的决定，则由法院或有权机关作出决定。例如，澳大利亚法律规定："管理人的报酬由公司债权人在第一次债权人会议或者审议管理人提出的关于公司前途的建议的债权人会议上确定；如果债权人没有确定其报酬，管理人可以请求法院决定。"[1] 可见，在债权人会议或其他主体为管理人报酬确定主体的国家中，如果债权人会议或者其他决定机构出现僵持局面，法院有权

---

[1] 何丹：《破产管理人报酬法律规制研究》，贵州大学 2017 年硕士学位论文，第 6 页。

决定管理人报酬，推动程序的继续进行。

综上，我们认为，对于我国未来的个人破产管理人报酬确定主体，仍宜采用法院确定模式，暂不适合转向债权人确定的模式。主要原因有以下三点：首先，个人破产案件中债权人与管理人在破产利益分配问题上一定程度存在着此消彼长的关系，双方存在着一定的利益冲突，事实上处于对立的状态。在主体双方存在利益冲突的情况下，若由债权人来决定管理人的报酬，就有赖于健全的职业破产管理人制度和较为完善的市场运行机制，而我国现阶段的情况还远不能满足此种要求。其次，在法院受理破产案件、需要管理人介入破产案件之时，债权人尚未明确，因而债权人在客观上不能参与管理人报酬的确定。最后，不同的债权人有着不同的利益诉求，各债权人内部本身就存在着天然的矛盾冲突，这很容易造成破产管理人报酬确定的拖沓。

因此，在我国个人破产制度构建中明确法院对破产管理人报酬具有决定权这一大方向是符合现实需求的，也与企业破产管理人报酬制度更好融合衔接。但同时值得注意的是，需要对法院确定和调整个人管理人报酬的权力进行适度限制，逐步提升债权人以及破产管理人在报酬确定中的话语权。例如，在我国企业破产中适用的《最高人民法院关于审理企业破产案件确定管理人报酬的规定》第18条规定了管理人报酬确认和调整过程中适用听证会，但是对于企业破产程序中的听证制度并没有进行细化规定。《深圳市中级人民法院管理人报酬确定和支取管理办法（试行）》中规定："本院自收到债权人会议异议书之日起三日内通知管理人。管理人应当自收到通知之日起三日内作出书面说明。如有必要，本院可以举行听证会，听取当事人意见。本院自收到债权人会议异议书之日起十日内，就异议审查的结果书面通知管理人、债权人委员会或者债权人会议主席。"① 但就听证程序的具体内容并未作出细化规定。

因此，在个人破产管理人报酬制度中可以考虑在设计听证程序的基础上细化程序内容，例如，当个人破产管理人、债权人会议想要增加、降低报酬时，都要向法院提交一份书面的管理人报酬调整方案，法院将方案内容送达双方当事人并确定听证会时间。同时可以吸收部分政府相关部门代表及管理人协会代表等参与听证程序，这些参与听证会的人员要依据法律规定的考量因素，结合破产管理人的实际工作情况，作出适当的决定。这样可以更加充分地发挥听证会调整管理人报酬的作用，以避免法院缺乏商

---

① 《深圳市中级人民法院管理人报酬确定和支取管理办法（试行）》第22条。

业判断能力这一问题。另外，在一定程度上扩大债权人会议和个人破产管理人在确定管理人报酬方面的权利。例如，在程序上为债权人的权利提供相应的保障，赋予债权人会议较为完全的异议权。在这方面，德国经验具有一定的参考价值，即通过设置救济程序给予债权人相应的保障。对于管理人报酬的确定，如果债权人存在异议，无法与办案法院形成一致结论，那么债权人完全可以依照自己的意愿向上级法院提起诉讼，由上级法院对管理人报酬进行最终裁定。[①]

（二）个人破产管理人报酬的资金保障

个人破产管理人报酬稳定、可持续的资金来源是个人破产报酬制度有效运行的根本保障。纵观国内外个人破产管理人报酬及我国企业破产管理人报酬的资金来源主要分为以下三种：

1. 债务人财产

从个人破产管理人报酬的定义出发，即依法规定的个人破产管理人在履行个人破产事务向他人提供了劳务所获得的相应回报。所以可以得出个人破产管理人的报酬是"他人"支付的劳动报酬。这里的"他人"从一般意义上理解，就是个人破产管理人报酬的承担主体。从比较法的角度来看，英国个人破产程序中规定官方管理人应当以善良管理人的注意执行职务，执行职务所需要费用列为破产费用，由债务人的财产优先偿付，官方接管人的报酬由法院确定，由债务人的财产优先支付。[②] 同时可以参考我国企业破产法中对破产财产的受偿顺序作出的规定。依据我国现阶段企业破产程序中的有关法律规定，在众多主体中破产管理人居于破产程序的核心，需要负责接管破产企业并处理各类与破产程序相关的法律、财务甚至社会事务。为保护破产管理人的权益，激发其管理积极性，我国企业破产法律规范在破产费用中列入了破产管理人报酬这一项，并优先于其他债务清偿。破产费用和共益债务享有优先受偿权，在上述两项费用清偿完成后，破产财产的剩余部分再来偿还破产债权，甚至将破产费用和共益债务的受偿优先于职工工资的支付和税费的缴纳，以保证其清偿可能，且破产费用优先于共益债务受偿。该制度设计有利于鼓励管理人勤勉尽责，认真调查债务人的资产，积极处理债务人偏颇性清偿行为或逃债行为，竭力清

---

① 吕冰心：《聚焦破产管理人报酬的确定》，载《法人》2007年第6期，第47页。

② 龚德彧：《中英破产管理人法律制度比较分析》，西南政法大学2005年硕士学位论文，第37—38页。

理、回收债务人财产，使破产债权人（尤其是普通债权人）得到最大限度的清偿。遗憾的是，该种制度设计在"无产可破"情形具有普遍性的个人破产程序之中，无法保证破产管理人能取得相应的管理对价。在"无产可破"的情形之下对他们的权益保护是极其不利的，在一定程度上会挫伤个人破产管理人的工作积极性，并为破产工作的高效有序开展带来巨大的隐患。

因此，在个人破产程序中"有产可破"时，可以借鉴企业破产中的规定，即以债务人财产进行优先受偿。将个人破产管理人报酬同样纳入破产费用作为个人破产程序顺利开展、债权人权益合法保障所支出的必要费用优先受偿，并且按"随时发生，随时清偿"的原则处理。然而值得我们关注的是，与企业破产相比，个人破产中的"无产可破"现象可能更为严峻，在破产费用已经不可保障之时，破产管理人的利益更是难以获得保护。此时，由债务人财产支付管理人报酬的制度设计将失去其应有的效用。

2. 政府财政补贴

个人破产不仅仅涉及债权人与个人债务人之间的私人利益，对于公共环境、国家税收、社会信用体系等均有涉及，与社会公共利益均有一定相关性。因而，政府财政在个人破产管理人报酬制度的资金来源中发挥支持、保障的作用，具备一定的合理性。如前所述，个人破产制度一旦实施，可能存在大量的"无产可破"案件，此时由债务人财产支付管理人报酬的制度设计将失去效用。因此，为促进个人破产制度的贯彻落实以及个人破产管理人职业体系的健全发展，以政府财政补贴形式支付个人破产管理人报酬似乎是较为可行的方案。

但对于该模式，亦应当考虑到可能存在的问题，一方面，个人破产中"无产可破"情况具有普遍性，制度实施初期可能会存在案件数量的井喷式增长，财政补贴的方式具有短期价值，但从长远来看单纯依赖于政府财政拨款补贴不具有可持续性。另一方面，虽然个人破产具有一定的公共属性，但其主要涉及的还是私人主体之间的利益，解决的是个人破产债务人与债权人等私人主体之间的纠纷。对于这类事项，如果长期使用政府财政拨款补贴进行推动解决，无疑是不合理的。因此，尽管在当前现实背景下，财政补贴是解决破产管理人报酬问题最简单直接的方式，也是最具有推动力的可能资金来源。但同时必须关注的是个人破产程序的私法属性无法忽视，要强调财政补贴只能在破产管理人基金制度的建立过程中发挥一定程度的推动作用，并不适宜直接长期作为个人破产管理人报酬的资金来源，个人破产管理人报酬的可持续资金来源应寻求其他路径。

3. 破产管理人交叉补贴

在管理人报酬达到一定标准以上的案件中，对管理人报酬进行一定比例的提取用于破产管理人报酬基金的资金来源，用于个人破产案件中"无产可破"案件管理人报酬的支付。对于破产管理人而言，破产管理人报酬的比例提取从整体上保障了管理人的利益，从管理人处获取资金体现了取之于管理人用之于管理人的特点，从管理人处获取资金具有正当性，可以作为个人破产管理人"无产可破"案件报酬的来源。对于"交叉补贴"在企业破产中已经有较多尝试。例如，2013 年绍兴市中级人民法院积极建立了管理人报酬基金制度，资金来源于法院从以往有产可破的案件（企业破产）中提取一定的比例。《无锡市中级人民法院关于规范和加强破产管理人选任、管理工作的意见》中规定："承办业务庭认为管理人在个案中收取的报酬过高的，经报请分管院长同意，基层法院同时报请中院业务庭核准后，可以提取一定金额列入管理人报酬基金。"[1] 提取管理人报酬的目的是保障整体破产管理人的利益，按比例提取报酬作为资金，为个人破产案件的运行提供了稳定的资金来源。从破产管理人报酬提取资金属于管理人群体中每个人均付出当前报酬的一小部分作为对价，汇总集合资金，以应对未来群体内不特定主体可能会面临的无酬可付风险，充分体现了由受益者付出成本的原则。故比例提取破产管理人报酬作为个人破产中"无产可破"案件管理人报酬的资金来源，具有正当性。英国的破产实践中便采用了这种交叉补贴的做法。分开来看每个破产案件间不存在直接的利害关系，从其他破产案件中提取资金影响该案件中破产各方利害关系人的利益，包括该案的破产管理人利益，要求从有产可破案件中提取资金纳入破产管理人基金似乎没有依据。[2] 而从破产案件程序整体上考虑，对于其他利害关系人而言，保障破产管理人的利益，是保障其他利害关系人利益的前提，所以由有产可破案件对"无产可破"案件进行补贴具有现实意义。

但是值得思考的是，即使在一般资产优于个人的企业破产中，依据相关调研报告显示，自 2007 年企业破产法开始施行后的 5 年间，滨州市两级法院受理破产案件总计 78 件，在这 78 起案件中，企业"无产可破"案件

---

① 《无锡市中级人民法院关于规范和加强破产管理人选任、管理工作的意见》第 29 条。
② 李春仙：《破产管理人基金制度研究》，西南政法大学 2014 年硕士学位论文，第 20 页。

率高达 35%；① 无独有偶，2018 年东莞市第一人民法院执转破 54 宗，其中 8 宗"无产可破"，已经达到破产案件的 15%。可见，"无产可破"案件在企业破产程序实践中所占比例是非常之高的，个人破产中"无产可破"的情况无疑将是普遍的，如果仅提取个人破产管理人内部进行这样的"交叉补贴"，势必出现"僧多粥少"的局面。故"交叉补贴"的范围应扩大到所有破产管理人，即不限于个人破产管理人也包含企业破产管理人，且补贴的方式、标准等需要明确和细化。

因此，对于我国推行个人破产制度后的管理人报酬资金来源，我们认为比较有可行性的方案是保持与企业破产案件一致，"有产可破"的个人破产案件，参照企业破产的相关规定执行；"无产可破"的个人破产案件，应主要依靠破产管理基金，基金的资金来源短期内主要靠政府财政补贴，长期上则应依靠交叉补贴制度的真正贯彻实施。借鉴我国企业破产管理人报酬基金的建立，2018 年出台的《全国法院破产审判工作会议纪要》指出，要推动建立破产费用的综合保障制度，各地法院要积极争取财政部门支持，或采取从其他破产案件管理人报酬中提取一定比例等方式，推动设立破产费用保障资金，建立破产费用保障长效机制，解决因债务人财产不足以支付破产费用而影响破产程序启动的问题。对此，宁波市、广东深圳、南京等各地法院已先后在破产管理基金制度方面作出了不少实践。如滨州市中级人民法院成立了专项捐助基金，出资来源于政府、法院、管理人报酬和社会援助，其中管理人报酬按照一定比例抽取放入基金池，最高不得超过报酬的 30%；深圳市中级人民法院专门出台了管理人援助资金制度，资金来源也主要是从管理人所获报酬中提取一定比例的款项。

综上，为有效应对个人破产中大量的"无产可破"案件，建立企业与个人破产管理人报酬统一的破产管理基金制度，具有较强的可行性和持续性。其一，该基金制度的设立体现了私法自治的原则，破产法是私法性质的法律、破产法的参与主体是私人主体，在此基础上的破产管理人报酬问题也理应遵循私法自治的原则进行处理。该类基金的资金来源和运作方式以私人主体为主，公法主体仅负责程序性的事项和进行监管活动，这种制度设计更加契合破产法的本质属性。其二，破产管理基金更加具有稳定性。基金一旦有效建立便可以长效运行，只要资金收支平衡，便可以长远

---

① 朱波、曹爱民、吕建军：《困境与进路：无产可破案件的调研报告》，载中国清算网 2012 年 11 月 22 日，http://www.yunqingsuan.com/news/detail/3243/page/1，最后访问时间：2022 年 12 月 23 日。

稳定保障破产管理人利益。而纯粹的财政拨付没有固定标准，无法从制度上保障破产管理人的利益。其三，破产管理基金更具有公平性。对于尽职完成个人破产管理工作的承接"无产可破"案件的管理人，应当一视同仁地对其付出的劳动给予适当的报酬。对于基金的资金来源，主要通过从达到一定标准的管理人（既包括个人破产管理人也包括企业破产管理人）报酬中进行比例提取，以政府财政拨款、社会资助作为辅助支持。此外，在设置破产管理基金制度时，应严格规定基金的管理主体、适用案件的类型、补偿对象以及补偿标准等内容，必须强调基金使用的公开透明，并对基金的使用确立有效的监督机制，进行严格监管，以保证基金使用严格遵循专款专用的原则，确保基金设立和运行的有效性。

（三）个人破产管理人报酬的计酬方式

计酬方式作为个人破产管理人报酬制度的关键内容，只有计酬方式科学、合理，才能确保管理人的报酬所得与实际职责相匹配，才能真正实现债权人利益最大化与报酬制度激励作用的协调。破产管理人报酬的计算方法，直接涉及债权人和破产管理人的切身利益。对破产管理人报酬的计算，世界各国主要以时间或者以标的额为计算基数，同时也存在以固定金额支付管理人报酬的方式。

1. 按比例计酬

即按标的额比例计酬，是指破产管理人依据个人破产案件的标的额的一定比例计算报酬。此种报酬确定方式的优势主要在于可以最大限度提高管理人工作的积极性。根据个人破产案件的标的额来决定个人破产管理人报酬，好处是标的额在一定程度上反映了案件的复杂程度，大标的额往往可能需要破产管理人更多的劳动付出，特别是在追偿破产债务人债权时更需要劳动付出，更为符合"按劳分配"的原则。另外，因为按标的额计酬本身与管理人的工作时长、办理破产持续周期无关，其报酬的高低在于最终可以实现的债权，因此管理人会更加勤勉尽责，尽本身最大的努力去办理破产案件，从而形成一个良性的循环，有利于破产管理人行业的管理和发展。

计酬基数（标的额）的确定是按比例计酬这一方式的基础。在比较法上，世界各个国家破产法关于"标的额"的规定也并不相同。《美国破产法典》规定，美国破产管理人计酬的标的额是以破产管理人为债权人服务而往来的资金量为计算依据的。[①] 而在英国官方接管人和非官方接管人分别采用按费计酬和按时计酬标准。具体而言，按费计酬包括一定比例的变现收益和一定比例的破产财产，如果变现财产价值 5000 英镑以内的部分，则报酬的比例约为 20%；如果变现财产的价值超过 5000 英镑低于 1 万英镑，则报酬的比例约为 15%；如果变现财产的价值超过 1 万英镑低于 10 万英镑，则报酬的比例约为 10%；如果变现财产的价值超过 10 万英镑，则报酬的比例约为 10%，分配比例是变现比例的二分之一，总的来说是一种梯度递减的比例抽成方式，而破产财产的报酬比例则为相同价值变现财产的一半。[②]

与美国的管理人报酬确定方式相同，我国企业破产程序中也是根据破产案件的标的对管理人的报酬分层确定。法院以"债务人最终清偿的财产价值总额"作为计酬标的。我国企业破产程序中将破产管理人计酬标的额从"100 万元以下"至"5 亿元以上"共分为七档，具体为：不超过 100 万元、100 万元到 500 万元、500 万元到 1000 万元、1000 万元到 5000 万元、5000 万元到 1 亿元、1 亿元到 5 亿元以及 5 亿元以上，计提比例也呈梯度式递减，最高不超过基数的 12%，最低在 0.5% 左右。[③] 值得强调的是，此处作为管理人报酬计算依据的财产价值不应包括已设立的担保物价值。在实践中，为了解决我国企业破产管理人报酬标的额式给付机制存在的弊端，动态调整式给付机制应运而生。[④]《最高人民法院关于审理企业破产案件确定管理人报酬的规定》给各地高级人民法院自由裁量权来灵活确定本地区的报酬比率，使其可以在法律规定的基础上适当上浮或者下调 30% 作为适应本地情况的具体数值，但要向社会公众披露以让他们了解政策的变动，也要在最高人民法院处进行备案登记。[⑤] 在同样的标的下，美国确定的管理人报酬却比我国高出不少，这样一来，管理人有足够的报酬作为保障，大大提升了破产案件的办理效率。而我国企业破产管理人报酬的确定方式同样也有可取之处，如对管理人的报酬进行了上限规定，当破产案件的标的超过 5 亿元时，管理人的报酬比例不得超过 0.5%，避免了管理人的报酬过高，从而损害债权人和债务人的利益。

---

① 顾云川：《破产管理人报酬制度研究》，西南财经大学 2012 年硕士学位论文，第 30 页。

② 朱宬：《无产可破案件下破产管理人报酬制度研究》，华东政法大学 2019 年硕士学位论文，第 23 页。

③ 《最高人民法院关于审理企业破产案件确定管理人报酬的规定》第 2 条。

④ 戴景月：《破产管理人动态报酬机制探索》，载《人民法院报》2020 年 1 月 2 日。

⑤ 戴景月：《破产管理人动态报酬机制探索》，载《人民法院报》2020 年 1 月 2 日。

以标的额为依据，分段按比例确定个人破产管理人报酬，将管理人报酬与债权人获得的清偿大小直接挂钩，这无疑是对个人破产管理人的一种有效激励，具有一定科学性，也不易受人为因素的影响。当然，按标的额计酬方式除了其所拥有的优势以外，也有其不合理之处。有的个人破产案件虽然所清偿的财产价值总额较少，但其案件的复杂程度、案件的持续时间却丝毫不弱于管理人报酬较高的企业破产案件，致使管理人并不能得到合理的报酬。尤其是在个人"无产可破"的情形下，计算公式的基数前提就不存在，破产管理人的劳动报酬只能为零，管理人分文未取，这会让破产管理人产生"白忙活"之感。以山东滨州中级人民法院为例，在2010年的破产案件调研中，有28.2%的管理人所得的报酬和实际的劳动量不成正比，其中12.8%的案件所得的报酬低于实际劳动量，15.4%的案件所得的报酬不足以维持破产程序的继续进行。再以江苏省管理人的现状为例，根据对2011年到2015年江苏省内破产案件的管理人进行调研得到，21.23%的对象均能获得报酬，47.52%的对象少部分不能取得报酬，16.18%的对象大部分不能获得报酬，6.7%的对象均不能取得报酬。[①] 因此，对于个人破产程序中大量债务人资产极少或"无产可破"的案件来说，完全按照这一方式确定个人破产管理人报酬的结果，就是个人破产管理人在个人破产案件中"微报酬""零报酬"是普遍的，最终导致拥有个人破产管理人选任资格的个人或机构不愿意参与个人破产案件的推进。

2. 按时间计酬

管理人成本可以细分为管理成本与时间成本两部分，管理人成本最主要的部分是为了管理人工作顺利进行而支付的费用、报酬，时间成本是指管理人推进一个破产案件耗费的时间，当管理人陷入旷日持久的破产案件中，会被占用大量的时间。所谓按时间计酬，指根据破产管理人在破产案件中所付出的时间为其计算报酬的依据的计酬方式。由于计酬方式是以时间为单位，因此，在单价一定的情况下，时间越长，报酬越多。这种计酬方式将破产管理人参与破产管理的劳动强度和复杂性融入时间的单价之中，所有的问题都简化为以时间为计价单位。

以英国为例，其采用按时计酬和按标的额计酬的双重模式。根据《英国公司和个人破产法》，在某些特殊案件中，非官方接管人会担任破产清

---

① 姚彬、陈亮：《关于我省破产管理人工作现状的调研报告（一）》，载江苏博事达律师事务所官网2016年12月22日，http://www.boomstarlaw.com/ctt.php? cid = 2488。最后访问时间：2022年12月23日。

算人，他们的报酬计算方式是按时间计算酬劳，而具体的收费标准则需要经过债权人会议协商一致进行确定。如果一定比例的债权人对收费标准的决议有异议，则可以向法院提起上诉，说明理由及更改建议，法院在审议合理性基础上作出相应裁决。英国采用这种按时计酬的计算方式，价格在英国各地并不相同：在伦敦每小时 49 英镑，其他地方 34 英镑。[①] 之所以采用双重模式的计酬方式，是因为他们认为按时计酬和按标的额计酬的方式都存在着各自的优缺点。其中按时计酬的主要优势可以保障标的额小，甚至是一些"无产可破"案件中管理人的报酬，因为在上述两种案件中管理人所付出的努力，并不比标的额大的破产案件少，有些标的额小的案件，其管理人的工作却更加复杂。比如，个别简单案件涉及较多担保物抵押的问题，管理人的工作相对比较烦琐。按时间计酬法的一个优点是可以克服破产案件的复杂性和债务人资产状况不同而引起的管理人报酬的不确定性。但这种方法也可能会在某些情况下作为一种反向刺激因素发生作用。即在这种管理人报酬确定方式下，管理人很容易为了得到更多的报酬，而故意拉长破产程序的周期，其出发点并不是为债权人争取更多的可收回破产财产，不利于保护债权人的利益。容易出现导致花在管理上的时间与所产生的价值不相匹配，甚至出现报酬与能力错位的现象。

3. 固定金额计酬

即对于个人破产案件中管理人的报酬采用固定金额支付的方式确定。例如在我国香港特区，对于"无产可破"案件或者一些案情比较简单、标的额较小的案件，管理人主要由政府聘请有资质的律师或者注册会计师担任，给予其固定的薪酬，保障"无产可破"情形下"有人可破、有酬可破"。[②] 在我国企业破产程序中，同样存在固定金额计算管理人报酬的方式，其主要存在于企业破产中"无产可破"的案件之中。例如，在重庆地区，《企业破产费用援助资金使用办法》规定，符合破产费用援助资金使用条件的案件，每件案件使用总额一般不得超过 15 万元，其中用于支付管理人报酬的金额一般不超过 10 万元。[③] 对于案情复杂、处置难度大的案件，可酌情提高。然而实践中重庆地区对于此类"无产可破"案件中破产管理人的报酬往往限定在 5 万元以内。由此可见，固定金额计酬的优势在于简单明了且可预期，但问题在于报酬与案件的复杂程度和管理人所付出

---

① 顾云川：《破产管理人报酬制度研究》，西南财经大学 2012 年硕士学位论文，第 29 页。

② 王欣新，尹正友：《破产法论坛》第四辑，法律出版社 2010 年版，第 206 页。

③ 《企业破产费用援助资金使用办法》第 8 条。

的劳动可能脱节，其在管理人报酬制度中的功能应为保障和兜底，并不适宜作为主要计酬方式。故在个人破产程序中，固定金额计酬可以作为对个人破产管理人报酬的兜底方式，在按时计酬和按比例计酬均明显与案件情况和个人破产管理人报酬保障不相协调时，作为计酬方式的一种补充。

因此，我们应该考虑多种情形确定多种计酬方式的模式，尤其是引入按时间计酬的方式。在按时计酬模式下，虽然破产案件的持续时间一般能够反映出该案的难易程度，但为了避免破产管理人拖延案件进程，因此该报酬方案需要相应的法院监督作为保障。办理破产案件的时间长短，可以按一定比例的方式计入个人破产管理人报酬方案，这就避免了完全死板的按时计酬带来的破产管理人道德风险，又能使得报酬水平尽可能适应破产管理人实际工作量。在按比例计酬的基础上兼采按时计酬模式和固定计酬模式，这可以保证管理人在遇到"无产可破"的案件时也能获得其劳动所应偿得的报酬，避免出现"劳而不获""劳多获少"的现象，以避免打击管理人的参与积极性。

（四）个人破产管理人报酬的支付时间

作为个人破产管理人报酬制度的重要内容，报酬支付的时间先后和支付方式对破产管理人亦具有重大影响。分期支付、完结支付和预先支付是支付破产管理人报酬在时间选择上的主要模式。

1. 分期支付

有学者认为："对于案情简单、时间较短的案件，一般采取管理人最后一次性收取报酬的方法；对于案情复杂、时间较长的案件，可以预先支付管理人部分报酬；对于债务人分期清偿债务的案件，一般应确定管理人分期收取报酬。"同时，《最高人民法院关于审理企业破产案件确定管理人报酬的规定》明确规定，受理破产案件的法院可以根据实际情况，确定破产管理人分期或最后一次性收取报酬。[①] 但是在实践中，法院为了将破产管理人与案件捆绑紧密抑或是单纯为了简便，对于很多破产案件采取的都是结案后对管理人最后一次性支付报酬的做法，这给管理人造成了很大的经济压力，不利于调动管理人的积极性。2018 年 3 月，最高人民法院印发的《全国法院破产审判工作会议纪要》指明了"分期支付"的大原则，该

---

① 《最高人民法院关于审理企业破产案件确定管理人报酬的规定》第 3 条。

规定不仅适用于企业破产程序中，在未来同样也适用于个人破产程序的推进。[①] 但是"案情简单、耗时较短"仍然是一个模糊的概念，到底达到何种具体的标准可以满足一次性支付报酬的情形仍然不具有可行的标准，法院在此问题的判断上仍然具有比较大的自由裁量权。未来个人破产案件极有可能由于标的额较小而被"一刀切"划分为"案情简单、耗时较短"，故分期支付破产管理人报酬的规定在个人破产案件中将极有可能被"束之高阁"。

2. 完结支付

相对于分期收取报酬，一次性收取报酬使管理人在较长时间内面临着无收入的困境，加剧了管理人的经济压力。《美国破产法典》规定报酬支付是破产管理人服务提供完毕之后。根据《美国破产法典》，326（a）条（b）在本法第 12 章或第 13 章的案件中，法庭不应向联邦管理人或根据《美国法典》第 28 编第 586 条（b）所指定的常任管理人支付报酬或偿付相应开支，但是可以向根据本法第 1202 条（a）或第 1302 条（a）所指定的管理人，根据本法第 330 条的规定支付合理的报酬。该报酬应不超过该计划中所有款项 5% 的范围，且应在管理人实施服务后支付。[②] 即法院可以就破产信托人提供的服务决定合理的报酬，并在服务提供完毕后予以支付。若个人破产程序中采用一次性支付破产管理人报酬，很多管理人不得不在前期工作中自己垫付相关费用，先行承担各种成本，这必然会导致管理人在很长的时间内都面临着巨大的经济压力。尤其是那些本身实力并不雄厚的管理人机构或个人，仅仅是案件处理前期所需支出的费用往往就足以使他们止步。对于一些持续期间相对长的个人破产案件，可能程序尚未结束，管理人自身就面临破产。此外，若个人破产程序因破产财产不足以支付破产费用而终结，那么管理人的报酬就无法得到保障，先前垫付的费用更是无法收回。

3. 预支付

我国企业破产司法实践中已有法院对预支付制度进行探索。深圳市中级人民法院规定，企业破产案件的管理人可以提前向人民法院申请管理人报酬，其比例不能高于 20%，以确保管理人在破产程序开始时拥有足够的

[①] 根据 2018 年 3 月，最高人民法院印发的《全国法院破产审判工作会议纪要》中，关于"管理人制度的完善"部分规定："人民法院可以根据破产案件的不同情况确定管理人报酬的支付方式，发挥管理人报酬在激励、约束管理人勤勉履职方面的积极作用。管理人报酬原则上应当根据破产案件审理进度和管理人履职情况分期支付。案情简单、耗时较短的破产案件，可以在破产程序终结后一次性向管理人支付报酬。"

[②] 刘思宇：《破产管理人报酬制度研究》，上海交通大学 2018 年硕士学位论文，第 17 页。

资金进行破产管理工作。① 在法院受理个人破产案件到第一次债权人会议召开之间，管理人对破产债务人的财产状况、合同纠纷等问题进行了初步的分析和调查。此时债权人会议可以初步确定管理人报酬的数额，然后按总报酬相应的比例提前支付给管理人一部分，从而保证管理人可以拥有足够的资金处理破产债务人的各种清算事务，确保破产清算成功，使得债权人的利益得到充分的保障。此外，美国在完结支付模式基础上的补充同样值得我们参考。美国破产信托人报酬的支付是在服务提供完毕后，因破产案件持续时间久，破产信托人往往面临着一面持续工作，一面长时间无酬可得的困顿局面。为缓解破产信托人的经济压力，《美国破产法典》规定了中间补偿制度，即在救济令颁发之后，一般而言，破产信托人工作最长不超过120天即可得到一次补贴。② 《日本破产法》第87条规定，破产财产管理人可以接受预付的费用以及法院确定的报酬；对于基于前款规定的决定，可以提起上诉，以上规定准用于破产财产管理人代理。③

对于我国个人破产制度来说，对个人破产案件的管理人进行一定比例的报酬预付是十分必要的。个人破产案件基于债务人的自然人属性其工作量较大，涉及的事务十分庞杂，包括财产债务梳理、合同的解除或继续履行、债务偿还、诉讼仲裁等多个方面，个人破产管理人需要投入大量的时间和精力处理这一系列问题，这对个人破产管理人的专业素质和道德水平都提出了很高的要求。如果在个人破产事务处理过程中，管理人都需要自掏腰包垫付费用，甚至需要承担无法收回垫付费用的经济风险，必然会极大打击破产管理人进行破产事务的积极性，从而影响破产管理人的办案质量和效率。从长远角度看，这更有碍于个人破产管理人队伍的健康培养与发展，甚至会阻碍个人破产制度在我国的落地和发展。个人破产管理人预支付报酬的探索，有助于增强管理人对报酬的期望，从而提高管理人的工作积极性，确保管理人尽到勤勉负责的忠实义务，使得破产程序可以顺利进行，债权人的相关利益可以得到有效的保护，同时也可以避免管理人在个人破产程序中前期付出大量劳动后遭遇"零报酬"的尴尬局面。因此，对于支付方式而言，采用预支付方式是个人破产管理报酬制度落地的一条可行之路。

---

① 刘超飞：《破产管理人报酬制度研究》，中南财经大学2019年硕士学位论文，第25页。

② 冯雪倩：《破产管理人薪酬制度设计——以美法制度为对比的思考》，载《长春工程学院学报（社会科学版）》2016年第2期，第2页。

③ 张善斌、张亚琼：《破产法实务操作105问》，载"破产法实务"微信公众平台2021年5月31日，https://mp.weixin.qq.com/s/a9iGuC-sJp19fSBYMaUWBw，最后访问时间：2022年12月23日。

（五）个人破产管理人报酬的支付限制

破产管理人报酬的支付限制是指对被认定为未勤勉尽职的破产管理人报酬全部或部分不予支付的制度设计，目前国内外破产立法和实践中对于支付限制的设计较为少见，少部分国家在立法层面对个人破产管理人的报酬支付进行了限制。

美国是为数不多对个人破产管理人报酬支付存在限制条件的国家。根据《美国破产法典》第330条（4）（a）和（b）款对个人破产管理人报酬支付的规定，通常法庭不允许对下列事项给付报酬：其一是不必要的重复服务；其二是不符合具有增加债务人财产合理的可能性或为破产案件管理所必须的条件。但在第12章、第13章的破产案件中，当债务人是个人时，也即在个人破产程序中，法庭可以在考虑该服务对债务人的有益性和必要性以及其他本条所列的因素的基础上，允许对代表债务人与破产案件相关利益的律师给予合理报酬。因此，美国对个人破产程序中管理人报酬的限制主要以该服务对债务人的有益性和必要性为主要考虑因素，辅以考虑该服务的性质、内容和价值。具体可参考在个人破产服务上所花费的时间、为个人破产程序推进前期垫付的费用、该项个人破产事务或任务的复杂性、重要性和种类以及惯用报酬标准等，以确保即使对个人破产管理人报酬支付有所限制的同时，也可以保障个人破产管理人的报酬在与其付出的时间、精力及创造的价值相匹配。同时还规定，如果管理人没有对第328条（c）款所规定的可以不支付报酬的事项进行详尽的调查（而未了解该事实）或者在了解该事实的情况下，根据第327条的规定雇佣了专业人员，则法庭可以拒绝向管理人的服务支付报酬或偿付开支。美国这样的制度设计，一方面，是由于美国对于个人破产管理人报酬的支付方式采取服务完结后支付的方式，且在市场模式之下将个人破产管理人的工作视为"服务行业"，故对其支付薪资设计了条件限制；另一方面，基于个人破产管理事务的特殊性以及个人破产管理人在个人破产程序推进中的作用，其限制条件并不苛刻，旨在督促个人破产管理人的勤勉尽职的同时保障债权人的合法利益。

除美国外，包括德国、日本、英国等在内的国家对于个人破产管理人报酬的支付均无限制。我们分析原因主要如下：首先，破产管理人是破产案件的重要参与者和具体推动者，且个人破产案件中个人破产管理人的合理报酬较难得到保障。其次，破产管理人并不隶属于法院，而是以一个中立的角色接手个人破产债务人的财产。再次，管理人的工作需要各项专业知识和能力，且个人破产程序的特点需要投入大量的时间和精力，并承担一定的风险。不仅如此，与其他业务相比较，个人破产管理人的薪酬在确定方式、实际金额、资金保障等方面存在明显弱势，大多数的个人破产管理人认为他们的劳动成本与获得的报酬明显不成比例，同时作为破产管理人还可能面临各种风险。所以，能否及时地获取报酬将成为影响个人破产管理人参与个人破产案件意愿的核心内容，也是驱动破产管理人高效有序推进破产案件最重要的原因。基于以上因素，如果对于报酬的支付再加以过多审查与限制，长此以往，必将打击个人破产管理人参与个人破产案件处理的积极性，进而严重影响个人破产管理人制度功能的正常发挥。因此，不宜对个人破产管理人的报酬支付设计限制条件，对于个人破产工作或费用支出对债务人的有益性和必要性的督促，可在报酬计算方式或监管方式中加以合理安排。

综上，个人破产管理人报酬制度作为个人破产管理人制度的一项重要内容，对个人破产制度的贯彻落实和普及推广具有重要的推动作用。但就目前的试点范例而言，对该问题并未引起充分的重视，或是过度强调"公益性"，忽视了"市场性"；或是过度依靠政府补贴，忽视了可持续性。此外，普遍观点认为，个人破产管理人报酬制度与企业破产管理人报酬制度并无实质区别，完全可以照搬使用，忽视了二者之间存在的差异性。由于以上种种观点，从目前来看，管理人参与个人破产案件的主观能动性并不高，即使参与了也极有可能消极处理个人破产案件。因此，从短期来看，可以尝试在试点城市制定专门确定个人破产管理人报酬获取与保障的《个人破产管理人报酬确定和支取管理条例办法》。这有利于激发破产管理人的主观能动性，个人破产管理人在有明确的权利义务指导的前提下，可以在其权利范围内充分发挥其主观能动性，更有效地开展相应的工作。更为重要的是，通过上述试点，积累个人破产管理人报酬制度的经验，从而为全面推广做好充分的准备。

第五章　个人破产管理人的监督制度

一、个人破产管理人监督制度概述

（一）个人破产管理人监督制度的内涵界定

从广义研究范围来说，学术界对于破产管理人的监督制度包含对内部监督和外部监督的探讨。内部监督是指管理人须自我坚守的内心约束，主要包括注意义务、谨慎忠实义务两类。（1）注意义务。大陆法系国家多将其规定为善良管理人的注意义务。该规定要求管理人在履职过程中，应当尽到善良管理人的注意程度；如因过失导致破产财产或者相关利益关系主体的损失，则应当承担相应的损害赔偿责任。如《日本破产法》第 164 条即规定，管理人执行职务须持有善良管理人的注意义务。《德国破产法》第 60 条第 1 款同样规定，"管理人因其过失而违反自己所负担义务的，应向全体参与人承担损害赔偿的责任。其负有一个普通管理人所应注意的义务。"善良管理人的注意义务属于最低的执业标准，本质是对管理人履职行为是否存在过失以及过错程度的客观性判断。（2）谨慎忠实义务。英美法系国家则以信托机制为基础而适用谨慎忠实义务。谨慎义务较之善良管理人的注意义务标准更为严格，管理人不能仅仅以普通职业人的最基本的素养来要求自己，而应当尽到与自身实际具有的专业水平相对应的谨慎程度；忠实义务则指管理人应当保持忠诚履职，不为自己或第三人的私利而损害债权人利益。我国法律同样规定了管理人勤勉忠实的履职义务要求，但并未明确具体内容及评价标准，造成管理人履职评价体系缺乏实际操作性。

狭义的管理人监督制度则应指外部监督，即破产程序中的其他参与人基于不同主体地位与职权基础对管理人资质、履职等程序的外部规制。事实上，细化对管理人的外部监督制度建设对于促进管理人勤勉忠实履职、强化管理人自我提升内部监督具有正向作用。本章即主要从个人破产管理人监督主体及其对应监督方式的角度，结合管理人监督的域外制度经验，以及我国企业破产法现行规范与个人破产试点规则，探讨我国个人破产管理人多元化监督体系及监督制度的建立与优化方向。

（二）个人破产管理人监督制度的设立价值

对于处在探索初期阶段的个人破产制度，无论从缓解司法通道拥挤、挖掘债务人隐匿资产、提高个人破产接受程度，还是协调各方当事人关系的角度来看，在个人破产程序中设置管理人都是极为必要的。[①] 因此，以进一步促进管理人依法履职为出发点和落脚点，完善个人破产管理人监督制度，在推动破产程序高质效运行、维护债权人合法利益以及促进管理人职业良性发展等方面具有重大理论及现实意义。具体来说：

第一，完善个人破产管理人监督制度有助于推动破产程序高质效运行。管理人制度在当今各国（地区）破产法中极为重要，在个人破产程序中亦不例外。管理人的设置目的，首先，在于维持债权人与债务人之间、债权人与债权人之间的利益平衡，在保障债务人生存及发展基本权利的基础上促进债权人理性行使自治权利，公平实现合法利益；其次，通过中立地接管、调查债务人财产及监督债务人履行义务等，推动破产程序合法有效运行；再次，以专业化程度破解司法中立被动的管理障碍，保障司法公平以及资源合理配置。加强对管理人的监督，有助于厘清破产程序中各参与主体的法律地位及相互之间的制度关系，保障破产管理人制度发挥实效，推动破产程序高质效运行。

第二，完善个人破产管理人监督制度有助于维护破产债权人合法利益。债权人利益最大化是破产制度追求的终极目标之一，也是破产程序各项决议与行为的正当性判断原则。然而，债权人往往存在法律地位、债权性质、权益额度等多方面的差距，相互之间存在利益冲突。在整体非理性的情况下，债权人自治的实现过程将可能损害其他债权人利益，甚至影响破产程序有序开展。破产管理人的介入本身是解决上述问题的有效途径，[②] 因此，加强对管理人履职的监督，是债权人维护自身利益的高效途径。

第三，完善个人破产管理人监督制度有助于促进管理人职业良性发展。管理人的执业能力对破产制度的功能发挥具有重大的影响作用，而我

---

① 杜若薇：《个人破产程序中的管理人设置》，载《中国政法大学学报》2021年第4期，第215—216页。

② 傅颖：《个人破产程序中破产管理人制度设置研究》，广西大学2022年硕士学位论文，第11页。

国管理人队伍仍处于专业化水平参差不齐、市场化程度整体不高的发展初期阶段。除对破产程序运行过程中管理人的履职行为进行监督外,日常加强对管理人执业素质培养、道德规范建设等方面的监督力度,能够加速我国管理人职业化发展进程,提升管理人制度对个人破产程序的正向效用。

（三）个人破产管理人监督制度的体系要求

个人破产管理人的监督制度构建应当是体系意义而非割裂的。任何一项单一的监督方式或者途径,均无法孤立发挥管理人监督制度的全部效用。具体来说,监督制度的体系化构建包含了监督主体、监督内容以及监督程序三位一体的制度设计。

1. 主体视角:杜绝监管缺位

杜绝监管主体缺位,是有效监督的前提和基础。纵观各国（地区）对于管理人监督的制度体系,监管权的行使主体包含法院、债权人（表现为债权人会议或者债权人委员会）、破产行政管理机构以及管理人协会等,监督主体丰富完善。我国企业破产法目前赋予了法院、债权人会议以及债权人委员会法定的监督权利;破产实务也开始了破产行政管理机构以及管理人协会的设立探索。因此,对于个人破产管理人的监督体系构建应当在完整的监督主体意义上讨论,以探究现有法律规定在法院、债权人监督权方面存在的制度缺陷,以及试验性实践中破产行政管理机构、管理人协会适用的现实意义与实现路径。

2. 内容视角:契合职权属性

不同主体监督权能的行使,只有基于各自的主体性质及监管目的,才能够最大限度发挥其监督功用。法院作为司法审判机关,主要以掌控司法程序为目的行使监督权;债权人则作为受破产程序直接影响的利益相关主体,以维护自身利益为目的行使监督权;破产行政管理机构作为行政机关或部门,以提高破产事务履行效率为目的行使监管权;管理人行业协会作为管理人自治机构,以促进管理人市场化、职业化为目的行使监督权。

在行之有效的管理人监督体系中,各主体监督权的内容应当符合其自身的职权属性,监督权的行使应当不会对其自身职责履行或其他主体利益产生侵害,[①] 反而能够起到良性支撑。具体来说,首先,法院应当履行与司法职权有关的监督事务,对管理人进行司法程序监督,以回归被动中立

---

① 梁伟:《论我国破产管理人履职评价体系的重构——不完备理论框架下的思考》,载《重庆大学学报（社会科学版）》2019年第1期,第6页。

的角色定位；其次，债权人应当充分利用法定途径，通过债权人会议与债权人委员会设置积极履行监督职权，以维护破产程序中的利益平衡；再次，破产行政管理机构应当履行司法审判职能以外的行政性监督事务，充分发挥行政权减轻司法负累、搭建监管框架的现实效用；最后，管理人协会应当加强对管理人监督的介入程度，保障其特有的自治权能对管理人从个体到行业的正向影响。

3. 程序视角：强调权能衔接

在现有规范存在缺陷的情况下，监督体系中各程序的紧密衔接，能够最大程度发挥监督实效，弥补制度设计的不足。例如，目前法律对债权人监督权的规定存在诸多不明确，在实际行使过程中，需要依靠法院依职权行使司法审查与程序控制职能，依法保障债权人监督权的有效行使。再如，对于法院受制于行政性事务和琐碎事项的现实困境，可以探索司法监督职权与行政监督职权分离机制，设立破产行政管理机构以发挥监督补位与职权配合作用。另外，还可以探讨破产法律行政管理机构与管理人协会的可能位阶关系与监督制度联动。总之，在静态的监督制度体系内，强调各主体行使监督权利在程序上的动态衔接，有助于个人破产管理人监督制度的实际运用达到更优效果。

二、个人破产管理人的司法程序监督

（一）法院对管理人监督的主要内容

法院对管理人的监督主要体现在资质选任和职责履行两个方面。

1. 对管理人选任的监督

管理人的专业水平和适任能力对破产案件具有关键性作用，直接影响破产程序的有序推进和破产制度效能的顺利实现。对选任环节的监督作为筛选个案责任管理人的首要关卡，重要性无须赘言。受法律体系、司法体制、历史时期以及破产制度发展阶段等多重原因制约，不同国家（地区）法院在该环节的监督方式与介入力度不尽相同，主要可以归纳为直接监督与间接监督两种模式。在直接监督模式下，法院有权直接指定个案管理人，债权人会议及相关机构或有申请更换之权利的，是否更换的最终决定权仍属于法院。如《日本破产法》明确规定法院有权指定管理人；原《德国破产法》同样规定破产法院负责选任管理人，并且拥有参考债权人推荐人选后的最终决定权。而在间接监督模式下，管理人最终的选任结果受债权人会议决策等因素影响，法院则往往通过审查管理人资质、指定临时管理人等方式间接行使监督权。如根据现行《德国破产法》，法院应当从个案适任程度、商事业务经验等方面进行综合评定，在破产程序启动时先行指定一名管理人；若第一次债权人会议投票选举其他管理人的，法院得以在其资质不适的情况下拒绝更换。英国的个人破产程序中，破产管理人的选任主要受官方接管人控制，但在特殊案例中，法院同样有权在对债务人的申请发出破产令前指定一名破产执业者作为临时接管人（interim receiver），要求其提交债务人自愿整理方案的可行报告，以及在发出破产令的同时指定其为破产管理人。

我国目前在企业破产中采取的是前种模式，由人民法院决定管理人人选，且管理人辞任须经人民法院许可。此外，法院还须先行参与管理人任职积极与消极资格的审查、管理人名册的编制等行政管理性事务。各地方的个人破产试点实践中则开始向法院间接监督模式探索。《深圳经济特区个人破产条例》将债权人推荐作为管理人选任的首轮程序；如债权人未推荐或人民法院不予采纳的，则由编制管理人名册的破产事务管理部门提名，但目前仍未明确提名方式；①《浙江法院个人债务集中清理（类个人破产）工作指引（试行）》（以下简称浙江《类个人破产指引》）、《温州市中级人民法院关于个人债务集中清理的实施意见（试行）》突破性地赋予了债务人与债权人共同协商选定管理人的权利。

2. 对管理人履职的监督

法院通常采用听取工作报告的方式对管理人进行监督，在监管破产管理人履职情况的同时，实现对破产程序的动态掌控。如发现管理人工作存在失误，则依法进行指导、纠正、处罚或者解任，同时享有最终确定管理人报酬的权力。如《德国破产法》规定，法院有权随时要求管理人报告有关诉讼案件进展和破产工作情况，提供案件具体信息，并有权确定管理人的报酬；对于履职不当的，可以通过发出警告、收取罚款等形式进行惩戒。同时，德国破产法院有权依职权直接解聘管理人，也可应管理人、债权人委员会或债权人大会的请求决定是否解聘管理人。英国的个人破产程序中，法院有权监督管理人工作并决定其报酬。在管理人履职过程中，包括债务人、债权人等在内的任何有关人员，当因管理人的作为、不作为或

---

① 2022年1月12日发布的《深圳市个人破产管理人名册管理办法（试行）（第二次征求意见稿）》中，规定了管理人提名原则上采用轮候、摇珠、抽签等随机方式提出管理人人选。但2022年8月11日发布的《深圳市个人破产管理人名册管理办法（试行）》中并未规定。

者决定而受到损害时，可以向法院提出申诉，由法院决定维持、推翻或修改被申诉的管理人行为或决定，并针对个案情况，向管理人发出指令或者直接作出其认为公正的其他命令；法院同样有权解除管理人的职务，但在实务中不同法官的适用标准存在差异，当相关利害人提出罢免请求时，法官可能仅因管理人未投入充足精力、不能勤勉履职而准许罢免，也可能偏向于保护管理人的独立职责而延缓批准无重大理由的罢免申请。① 我国台湾地区"消费者债务清理条例"第二节关于个人破产管理人的内容中，同样明确规定管理人开展工作应当受法院的指挥、监督，法院有权随时要求管理人报告清理工作情况，并根据管理人的工作量和案件复杂程度决定管理人的报酬。②

我国企业破产采用一般事项定期报告、重大事项个别许可的模式，对于管理人履职不当的，仅规定法院以罚款的形式进行惩戒。《深圳经济特区个人破产条例》规定，管理人接受人民法院的监督，对于怠于履行或者不当履行职责的，则丰富了人民法院可采取的惩戒措施种类，包含责令改正、采取降低管理人报酬、依职权更换管理人等，对于管理人依法勤勉履职的制约更为全面。

（二）我国法院对管理人监督的实践特点

1. 监督范围的全面性

破产程序与一般诉讼程序存在差异，管理人并非原告或者被告一方的代理人，其负责执行破产程序中的具体事务，且需要兼顾债权人、债务人等多方主体的合法利益；破产法官也不完全等同于居中裁判的审判法官，其主要职责不在于实体裁判定分止争，而在于对进展阶段的审查监督和程序裁决。③ 因此，法院依法保障司法程序的公正与效率，必然要求其对管理人职务的全面监督。我国法院对管理人监督的全面性尤为明显。各地法院陆续建立与维护辖区内管理人名册制度、分级定标审查管理人入选资格，对管理人的专业能力进行统一监督；在破产程序开始前，根据个案情况决定采用随机抽选、主要债权人推选、公开竞争遴选等方式完成选任，对管理人的个案匹配进行监督；法院受理破产并指定管理人后，通过定期

---

① ［英］费奥娜·托米：《英国公司和个人破产法》（第二版），汤维建、刘静译，北京大学出版社 2010 年版，第 214 页。

② 汪世虎主编：《破产管理人选任机制创新研究》，华中科技大学出版社 2019 年版，第 224 页。

③ 郑伟华：《破产审判中法院的角色定位——基于典型案例的思考》，载《法律适用》2017年第 22 期，第 81 页。

听取或者书面审查工作报告跟进管理人履职进度，同时制作管理人工作指引、履职考核评定标准、报酬确定与支付办法等，对管理人的履职效率与质量进行监督。总而言之，法院对管理人的监督范围纵贯全程、覆盖全面，涉及行政管理、司法审查、业务培训等多个领域。

我们认为，一方面，法院之监督呈现全面性具备其历史原因。破产制度引入与发展初期，法院肩负带头普及破产文化、正向宣传破产理念、助力培养破产人才的历史使命。在此前提下，全面监管破产程序和管理人工作，规范破产案件办理流程，制定破产业务相关规则办法等，是为推动破产法治化进程的必然要求。包括破产法庭制度的普遍适用，也是符合前述精神的重大改革之举。截至目前，全国已有 17 家法院专门设立破产法庭，近 100 家法院内置破产清算审判庭，不仅有利于破产相关案件集中承办、专业审判，同时升级了管理人监督机制、提高了监督效率。另一方面，在新兴事物的制度化、法治化进程取得一定成果时，可以进一步探讨其市场化构建以及资源的有效配置。目前阶段，管理人制度多见于地方法院之规定，全国并未形成统一监督管理标准，不利于对管理人队伍整体水平的全面把控；管理人在实际履行财产清理、调查等重要职权时，也存在对接上的诸多现实阻碍，难以实际发挥管理人制度的正面质效。法院在兼顾多重身份与职责的情况下，仅靠增加破产法庭数量，无法直接解决上述问题。事实上，随着破产案件数量不断增多，原本为集中管辖、有效监督而设立的破产法庭，也不禁陷入须将破产衍生诉讼案件管辖另作调整的被动局面，① 这似乎又与法院全面监督破产案件和管理人工作的职责相悖。至此，反思法院监督机制现有缺陷，重构管理人监督管理的职能分工，或有裨益。

2. 监督方式呈事务性

加强对管理人履职过程的跟进，是法院落实监督管理人职责与破产程序的主要方式。我国企业破产法第 23 条、第 26 条、第 69 条明确规定，管理人应当向人民法院报告工作，特殊事项须经人民法院许可。然而在实务案件中，"报告"的形式、时间、性质并不统一，"许可"后的责任承担亦不明确。实践中，人民法院对管理人报告往往以形式审查为主，难以确保

---

① 重庆市高级人民法院于 2021 年 6 月 28 日发布《关于调整重庆市第五中级人民法院破产及强制清算衍生诉讼案件管辖的通知》，该通知规定，自 2021 年 7 月 1 日起，破产衍生诉讼案件根据不同管辖分别由重庆市渝中区人民法院、重庆市九龙坡区人民法院、重庆市南岸区人民法院审理。

材料的真实性，导致人民法院的监督效力在客观上接近于无。[1] 为提高管理人工作质量与汇报效率，不少法院制作了管理人工作指引，却仍难免形成法院"手把手"安排工作、管理人事事询问的局面，造成管理人"职责转让"。[2] 究其原因，主要包括债权人会议非常设下监督主体缺位的法律问题、企业破产案件独具维稳要求的社会问题；然根源所在，还是管理人法律地位及其与法院的关系问题。

显然，依法独立履职是管理人中心主义的重点，管理人制度的建立就是为了使破产法官脱身于烦琐的事务性管理工作，集中精力行使狭义的破产审判权。因此，法院的监督也应当致力于保障并发挥管理人依法独立履职的制度优势，推动程序顺利运行，而非领导甚至替代其进行事务管理和商业判断，使得管理人丧失独立地位和决策机能，成为法院职能的延伸或者外观上的"代表人"。[3]

（三）法院对个人破产管理人监督的优化方向

1. 剥离行政管理性监督权利

在目前的法院监督机制下，法院既进行管理人履职评价及管理考核等行政性监督事务，又处理破产案件本身或者衍生诉讼相关争议的司法性监督事项，客观上造成管理人既受法院"督导"又与其"对立"的矛盾局面。[4] 尽管破产司法本身不同于诉讼司法而内含一定行政权覆盖的管理因素，破产法院对破产程序的绝对主导权也导致其职责内容不可避免地融合案件审理、破产管理和社会治理，但能动司法亦有其法律边界，不能逾越司法逻辑的底线思维。[5] 主动承担行政管理职责与法院中立被动的司法属性不相符。另外，个人破产案件数量将可预计得更加庞大，管理人名册亦亟待扩张，仍由法院承担管理人的日常监督管理工作将进一步增加司法负担。同时，个人破产案件特有的公益属性，也对公权力弥补市场失灵的调

　　① 张君明：《理性分析与制度完善：论人民法院对破产管理人的监督》，载《理论与改革》2013 年第 5 期，第 199 页。

　　② 杜军：《管理人制度完善的路径与思考——〈全国法院破产审判工作会议纪要〉的解读（一）》，载《人民法院报》2018 年 3 月 21 日。

　　③ 梁伟：《论我国破产管理人履职评价体系的重构——不完备理论框架下的思考》，载《重庆大学学报（社会科学版）》2019 年第 1 期，第 4 页。

　　④ 黄贤华：《关于我国设立破产监管机构的思考——以 IAIR 成员破产监管机构为参照》，载《中南民族大学学报（人文社会科学版）》2017 年第 5 期，第 149 页.

　　⑤ 范志勇：《从单向走向互动的破产府院联动机制——以我国法院的破产能动司法为中心》，载《中国政法大学学报》2021 年第 1 期，第 155—160 页。

控作用存在一定需求，有必要使司法职能效用回归法律层面。① 故而，将行政事务与司法审判工作相分离，促使法院在破产事务与监管职权中回归司法职能，具有理论与现实意义。实务中，《深圳经济特区个人破产条例》第 6 条规定，个人破产事务的行政管理职能由破产事务管理部门行使，协调负责管理人选任等相关监督工作。可见，我国个人破产制度建设与个人债务清理试点的探索已呈现行政介入因素。②

2. 划分管理人及法院职权边界

破产概念的产生符合市场经济的本质和规律，其制度化、合法化也是商品经济发展之必然趋势。各国陆续出台并不断完善相关法律，将破产置入司法程序，由法院通过裁定或者决定赋予具体行为合法性，为破产创造程序框架。而管理人作为破产事务的执行机构，具体推动破产程序各个阶段的运行。故而在破产程序推进过程中，法院必要地对管理人工作进行司法监督。管理人的重要性使得破产制度愈发强调"管理人中心主义"，而法院对管理人的监督，实质上是破产程序控制的"法院中心"与破产工作推进的"管理人中心"之制衡。当然，现有司法程序监督制度的重要课题，并不是是否应当坚持管理人中心主义，而是在管理人中心主义的架构下，如何协调管理人、人民法院和债权人之间的关系或者权利分配，③ 避免畸轻畸重，实现二者动态平衡。

从《中华人民共和国企业破产法（试行）》中的"（清算组）对人民法院负责并且报告工作"，到企业破产法中的"向人民法院报告工作"，管理人已降低了对法院的依附性，逐渐凸显出独立履职的管理人中心主义特征。《深圳经济特区个人破产条例》规定，为"接受人民法院的监督"，则将法院与其他监督主体并列，更进一步弱化了法院的领导倾向，强调法院的监督职能。从破产制度发展的理念趋势，我们可以看到法院监督制度的优化方向。个人破产案件中，管理人对于破产财产调查、清理以及破产财产范围确定等事务较为烦琐，且因对债务人的免责考察而具有较长履职期限。因此，法院应当更加注意处理好保障管理人独立地位与督促管理人依法履职之间的关系。一方面，对管理人的履职细节应"放权"，以促进管理人独立、自由、灵活地行使决定权，提高程序推进效率。同时，要加强

---

① 杜若薇：《个人破产程序中的管理人设置》，载《中国政法大学学报》2021 年第 4 期，第 220 页。

② 贺丹：《论个人破产中的行政介入》，载《经贸法律评论》2020 年第 5 期，第 2 页。

③ 张君明：《理性分析与制度完善：论人民法院对破产管理人的监督》，载《理论与改革》2013 年第 5 期，第 198 页。

与政府在破产程序中的沟通协调，共同搭建管理人履职保障制度，充分发挥管理人的专业能力和主观能动性。另一方面，管理人履行"管理"职责也须以"有利于破产程序目标实现"为其自由限度的边界。实践中，法院职能应当聚焦于对案件管辖、申请资格、破产原因等有关破产程序要件的形式审查，[①] 对于管理人履职中的一般决定，法院仅应当积极行使程序控制意义上的认可权；对于实体利益系有利或者损害应当交由债权人判断，如因违反忠实勤勉义务造成损害后果的，亦应当由管理人自行承担，并不因法院许可而当然豁免。[②]

三、个人破产管理人的债权人监督

（一）债权人法律地位及其监督形式

破产程序中的债权人，是指实质上在破产程序开始前即对债务人享有的金钱债权或能够以金钱量化的债权，而形式上依法进行债权申报并经确认从而获得破产财产受偿请求权的市场主体。破产程序中，管理人依法独立履行管理职务，且须以维护全体债权人的合法利益为重要原则，但其并非债权人的代理人；[③] 其对债务人财产的调查、管理、分配等行为将直接或者间接地影响着债权人的利益。为了维护自身利益，通过债权人会议以及债权人委员会对管理人履职行为进行监督，成为债权人参与破产程序的主要内容。

1. 债权人会议

债权人会议是债权人自治的重要表现形式，其通过对内协调各个债权人的自由意志而形成一致决议，对外作为所有债权人的意志代表监督管理人履职，在破产程序中行使多重职能。[④] 对于债权人会议的组成，《深圳经济特区个人破产条例》突破性地赋予经人民法院生效裁判确认的债权人直接成为债权人会议成员，无须通过债权申报及管理人确认程序即可依法行使表决权，同时在债权人唯一的情况下赋予其行使债权人会议职权的法定

---

① 郑伟华：《破产审判中法院的角色定位——基于典型案例的思考》，载《法律适用》，2017 第 22 期，第 83 页。

② 郁琳：《破产程序中管理人职责履行的强化与监督完善——以管理人的法律地位和制度架构为视角》，载《法律适用》2017 年第 15 期，第 43 页。

③ 详见本书第一章中关于"个人破产管理人的法律地位"的相关论述。

④ 汪世虎主编：《破产管理人选任机制创新研究》，华中科技大学出版社 2019 年版，第 235 页。

权利，扩充了债权人会议的法定涵义和范围，有利于强化债权人监督权的行使。浙江《类个人破产指引》还创造性探索债权人会议双重表决机制，即先一致同意通过某项表决规则，再根据该规则进行事项表决，对有效推进程序具有积极意义。但在对管理人监督方面，由于债权人缺乏凝聚性和存在利益冲突的先天特点，通过债权人会议以一致口径及行动表达自治意见的权利行使路径存在一定现实阻碍；同时，债权人会议的会议属性和非常设特征决定其行使合法权利和履行监督职责存在时限性，无法保障对管理人履职行为的连续性、日常性监督。尽管设置了债权人会议主席，囿于仅具备会议召集与主持方面的程序性职权，实践中多为配合管理人处理程序推进事务，而难以真正代表债权人会议对管理人履职进行监督。

2. 债权人委员会

债权人委员会是债权人行使监督职权的另一条重要途径。相较而言，债权人委员会作为遵循债权人集体意志，监督管理人活动以及破产程序的常设监督机构，理论上能够更为有效地克服上述缺陷。债权人委员会属于破产监督人制度的一种，各国或地区都有类似的机构设置，具体称谓可能不同。日本原规定为监察委员，后改为债权人委员会；我国台湾地区规定为监察人；美国规定为无担保债权人的官方委员会；而在德国则与我国同样称之为债权人委员会。对于这类机构的设立与成员选任的规定主要存在法定设立和意定设立两种模式。我国目前采取的是意定设立的体例，即由债权人会议自行决定是否设立以及如何设立。除此之外，我国现有破产法对于债权人委员会的法律地位未明确规定。因此，债权人委员会具有债权人会议附属机构的性质特征。由于债权人委员会并非法定的必设机构，目前司法实践中债权人委员会的设立程序，通常是由管理人根据案件情况向债权人会议提议，经债权人会议表决通过，由法院依法确认后设立。即债权人委员会的设立实际受到管理人控制，导致其在代表和维护债权人利益，以及履行监督管理人职权等方面的作用被大幅限制。[①] 此外，债权人委员会的职权包括监督债务人财产的管理、处分和分配，提议召开债权人会议的法定权利，以及"债权人会议委托的其他职权"，但对于委托其他职权的范围和具体内容并无明确规定。

---

① 许胜锋：《我国破产程序中债权人委员会制度的不足与完善》，载《中国政法大学学报》2018 年第 5 期，第 112 页。

3. 债权人监督的形式

《深圳经济特区个人破产条例》明确规定，管理人接受债权人会议、债权人委员会的监督，管理人应当列席债权人会议并向其报告履职情况和回答询问。具体地，债权人会议通过向法院申请更换管理人、审查管理人的费用和报酬等，对管理人进行直接监督；通过对破产债权债务调查情况、重大财产处分行为或者计划的知情或者批准，对管理人履行职务进行间接监督。然而，对于更换管理人的请求权规定，存在制度实际实施上的困境。一方面，债权人会议尽管是集体形式，但并不一定能形成一致利益集团，难以保障个别债权人的单一利益；另一方面，更换管理人的决定权最终归属于法院，中途同意更换则与其前期指定行为存在矛盾，且将实际影响破产进程，因此实践中也较少发生。[1] 需要注意的是，对于债务人财产的管理和处分，无论是企业破产法或是个人破产试点规则中，债权人与管理人同样依法享有此项职权，二者实质上在这一重大事项上存在职权冲突。同时，《深圳经济特区个人破产条例》沿袭企业破产法规定，管理人对重大财产处分行为仅需要"报告"债权人委员会或者法院。可见，债权人对管理人的监督力度与监督范围规定不明确。监督与破产财产有关的管理人行为，是债权人委员会的主要职责。观之美国、德国等国家，以及我国台湾地区，管理人的重大财产处分行为均须经法院批准或者征得债权人会议、债权人委员会的同意，而具体在自由或受许可处分的界限范围规定各有不同。[2] 有学者认为，可以借鉴德国抽象概括加列举的模式，由法院对抽象的兜底要求进行自由裁量，同时通过列举的方式具体明确管理人必须获取债权人会议或者债权人委员会许可的处分情形。[3]

（二）债权人监督实质化之完善路径

由于各个债权人的主体性质、文化背景、法律知识情况不一，法律也并未规定需要专业人员参与债权人会议及其事项决议程序，债权人对于管

---

[1]　梁伟：《论我国破产管理人履职评价体系的重构——不完备理论框架下的思考》，载《重庆大学学报（社会科学版）》2019年第1期，第5页。

[2]　李大何，李永军：《论破产法上债权人委员会的地位》，载《海南大学学报（人文社会科学版）》2011年第6期，第63页。

[3]　陈政：《放权与控权：破产管理人破产财产处分权的合理配置》，载《河北法学》2014年第5期，第189页。

理人出具的各项方案往往难以进行专业讨论与审议。① 在企业破产案件中，公司类债务人和债权人较为可能配备由商事律师、会计师和职业经理人等组成的专业团队，与管理人足够构成对抗或准对抗关系，在权益受损时能够确保及时依法行使诉讼权利。同时，企业破产案件往往更为轰动和复杂，涉及巨额债权或是知名品牌，相较于个人破产案件更易受到关注，从而利用司法监督和对抗性诉讼促进破产程序公平。而个人破产案件则难以匹敌，可能导致本可以收回的资产被消极忽略而影响债权人利益。② 因此，如何将债权人对管理人的监督落到实处，是个人破产制度设计的重点与难点。我们认为，至少需要从以下三个方面对债权人监督实效加以强化。

1. 提高债权人对管理人选任的参与度

归纳各立法例对管理人选任模式的选择，主要包括法院指定模式、债权人会议选任模式以及二者折中的双规模式三类。债权人会议选任法院指定模式的效率较高，但未能平衡债权人自治的破产法原则需求。债权人会议选任模式则体现了对债权人利益的高度重视，主要在英美法系国家适用。然该模式并不能确保每个债权人的利益均得到保障，可能出现大债权人操控选任的道德风险，影响管理人独立履职。德国以及我国台湾地区则采取的双轨制模式，通过由法院先行指定临时管理人保障程序效率，同时赋予债权人会议另行选任的权利以保障实体公平。我国企业破产法规定与上述模式均稍有不同，在法院指定管理人的基础上，仅赋予债权人会议请求更换而非另行选任的权利，此类权利本质上属于权利已经受损的"事后救济"，只有参与到选任程序才能收到"事前控制"的积极效果。③

纵观破产法律制度的发展脉络，经历了从过分聚焦保护债权人利益，赋予债权人会议权利不受限制的广泛权利，到强调债权人、债务人利益并重而多处限制债权人对管理人行使监督权利，再到管理人管理具体事务的前提下，充分保障债权人对管理人监督的话语表达和权利行使的几大转折式变革。④ 我们认为，在债权人自治的现有内涵背景及制度背景下，应当赋予债权人会议选任管理人的权利。实践中，北京、重庆等地破产法庭已

---

① 余婧、李佳娥、晋华：《破产企业债权人会议职权完善探析》，载《法制与社会》2021年第3期，第60页。

② Belisa Pang, Emile Shehada, *One Size Fits None: An Overdue Reform for Chapter 7 Trustees*, The Yale Law Journal, January 2022, pp. 1021-1022.

③ 张旭东：《债权人选任管理人与中国破产法的演进》，载《中国政法大学学报》2021年第4期，第188页。

④ 汪世虎主编：《破产管理人选任机制创新研究》，华中科技大学出版社2019年版，第150页。

陆续出台办法，在企业破产案件中，允许主要债权人推荐指定管理人；《深圳经济特区个人破产条例》也将债权人推荐程序作为选任首轮环节，相较于对法院选任临时管理人的替换权利，更为提高了债权人对选任程序的参与度与控制力，且赋予个别债权人与多个债权人同样的推选权，对债权人的监督权实现已作出较大改进。

2. 明确债权人委员会的地位与权限

债权人委员会是对债权人利益异质问题的有效回应，可以激励债权人积极成为委员会成员，直接实现个体意见转化为集体决议的特权；或者出于自身利益角度选任其他成员，间接行使参与权与博弈权。[①] 当然地，债权人利益得到调和的最终实现，需要债权人委员会具有独立的法律地位及法定职权。然而，现有法律规定对前述内容的规定均不明确。保障债权人委员会切实代表债权人履行对管理人的日常履职监督权利，有必要对上述情况予以改善，突破其对债权人会议的附属性，赋予其依法行使职权的独立地位。[②] 实践中已对债权人委员会的法律地位作出一定探索。2019 年 6 月 22 日，国家发展改革委等 13 个部门联合印发《加快完善市场主体退出制度改革方案》，明确提出"完善金融机构债权人委员会制度，明确金融机构债权人委员会制度和庭内债权人委员会制度的程序转换和决议效力认可机制""明确金融债权人委员会的法律地位、议事规则和程序"等完善金融债权委员会的具体改革要求。根据该规定，债委会成员有权通过签署《债权人协议》确定重大事项，所作决议对全体债权人均有约束力。[③] 该改革方案突破了债权人委员会作为债权人会议附属机构的有限法律定位，可供破产法规予以统一借鉴。另外，可参考法国的债权人代表制度，通过从律师、会计师、审计师等专业中介机构中选定人员作为债权人代表的方式组建债权人委员会，探索债权人委员会作为法定必设机构的有效路径，同时强化债权人委员会对管理人履职重大事项的监督力度，以及应对重整计划制订、债务的调整与重组等具有高度专业性的谈判的博弈能力。

3. 控制法院对重要事务的干预程度

基于对破产程序控制的目的，法院在特定情况下有权对管理人在履职过程中的重要事务行使司法干预的权力，其本质是弥补债权人对管理人的

---

① 杨鹿君、曾洋：《债权人自治视角下的债权人委员会制度完善》，载《江淮论坛》2021 年第 6 期，第 145 页。

② 许胜锋：《我国破产程序中债权人委员会制度的不足与完善》，载《中国政法大学学报》2018 年第 5 期，第 115 页。

③ 宋艳慧：《金融债权人委员会制度法治化》，载《中国金融》2019 年第 20 期，第 47 页。

监督缺位、保障债权人合法权益和破产程序顺利进行的制度设计。而在具体理解与实践适用时，应当注意法院行使职权与债权人利益保护的平衡，控制法院对重要事务的干预形式与介入程度。

（1）针对重大财产处分行为报告的审查

根据《深圳经济特区个人破产条例》第77条规定，个人破产管理人实施对债权人利益有重大影响的财产处分行为，应当及时报告债权人委员会。未设立债权人委员会的，应当及时报告人民法院。该规定与企业破产法规一致。需要注意的是，此处采用"报告"而非"许可"的形式，并不意味着法院仅仅承担程序意义上的司法控制权。[①] 相反，在个人破产程序中，法院更应当充分发挥司法职权对债权人利益的保障作用，认为有对债权人利益存在重大影响的，应当将处分有关事项提交债权人会议审议表决，让债权人充分行使自治权，基于自身利益维护对管理人处分行为的正当性进行实体判断。值得注意的是，《深圳经济特区个人破产条例》对于管理人应当及时报告债权人委员会的处分财产行为，与企业破产法同样属于定性规定。因此，一般与重大财产处分行为的区分存在操作难度。法院应当在综合考量破产程序的进程阶段、财产处分的具体内容以及处分行为对债权人利益的影响程度，对管理人实施的重大处分行为进行必要审查。另外，可以明确债权人会议有权赋予债权人委员会对债务人重大财产的"紧急处分权"，以应对程序阻碍。[②]

（2）针对重整计划的强制批准

根据《深圳经济特区个人破产条例》第121条规定，部分表决组未通过重整计划草案，但重整计划草案符合规定的，债务人或者管理人可以申请人民法院批准重整计划草案。该条款同样沿袭了企业破产法的规定，设置了法院对重整计划的强制批准制度。重整计划直接影响债权人的受偿情况，因此自然应以债权人会议表决通过为原则。此时法院职权的行使，主要应当体现程序意义上的作用，督促和威慑重整计划所涉主体提高沟通效率，建立预期明确的闭合协商框架。[③] 在实践中，应当注意避免对于法院强制批准制度的滥用，而是将其作为尊重债权人自治原则的例外制度，使

---

① 郁琳：《破产程序中管理人职责履行的强化与监督完善——以管理人的法律地位和制度架构为视角》，载《法律适用》2017年第15期，第42页。

② 李盛烨：《管理人处分财产制度的修改和完善》，载《中国应用法学》2022年第4期，第187页。

③ 殷华整理：《中英破产法治理念和制度之异同——最高人民法院民二庭纪念破产法实施十周年专题座谈会概要》，载《人民司法》2017年第22期，第72页。

其实际发挥解决少数权利人恶意阻碍程序、推进谋求不当利益等问题的司法程序控制效果。[①]

四、个人破产管理人的行政管理监督

（一）破产行政管理机构监督的制度价值

兼含司法判断与行政管理因素是破产案件的固有属性，破产法治设计无法回避或绕开任何其一，但可通过合理安排二者的程序定位，以促进优化配置达到破产制度实施的最优效果。[②] 作为整个商事法律制度的一部分，破产法的正确适用当然依赖于运行良好的法律行政体制框架。个人破产问题更不仅是一个法律问题，往往还包含着经济问题和社会问题，有必要引入经济法的理念，从社会本位角度，实现资源配置的合理调控。破产行政管理机构作为管理人监督主体的制度价值主要体现在以下几个方面。

1. 维护司法机关中立地位

司法机关对破产程序及管理人的监督权能愈发体现行政管理性质、包含琐碎泛化性事务，是理论与实务界呼吁建立破产行政管理监督机制的现实原因。设立破产行政管理机构，剥离法院仍在履行的不属于司法职权范围的监督管理事务，有助于维护司法机关中立地位。事实上，在域外的破产制度发展中，司法机关的监督权能内容同样经历了行政管理权与司法监督权的分化过程。1973 年以前，美国联邦破产法官在裁判之余，还须积极参与破产案件的行政管理，故被称为"破产公断人"。随着破产案件不断增加，美国国会基于其中立性职责目标的考量，最终在 20 世纪 70 年代开始对破产程序中的裁判性事务和管理性事务进行区分，后来的联邦托管人制度即为承接管理性监督事务而设计。英国则更早引入行政管理机构来专务破产事务及行政职能。《1883 年破产法》首次将破产程序分为司法功能和管理功能，后者委任给政府的职能部门来行使，破产财产的管理人受贸易委员会监督，贸易委员会有权要求他们作出保证、审计他们的账册，以及对他们的履职行为进行普遍性监督。[③] 综上，破产行政管理机构的设立

[①]　范志勇：《从单向走向互动的破产府院联动机制——以我国法院的破产能动司法为中心》，载《中国政法大学学报》2021 年第 1 期，第 158 页。

[②]　范志勇：《从单向走向互动的破产府院联动机制——以我国法院的破产能动司法为中心》，载《中国政法大学学报》2021 年第 1 期，第 159 页。

[③]　徐阳光：《个人破产立法的英国经验与启示》，载《法学杂志》2020 年第 7 期，第 26 页。

与个人破产案件的程序特征及制度要求是一致的。在履行监督职责时，首先需要保证破产行政管理工作在法治政府视野下符合依法行政、比例原则、正当程序、信赖利益保护等现代行政法的基本理念。其次，注重行政事务与审判事务相分离。需要注意的是，个人破产程序虽然具有较多管理性事项，本身债权债务关系的集中清理程序仍有较为突出的法律色彩。因此，破产事务管理机构不应随意干预法院针对破产事务作出的决定与判断，例如有关债权异议、财产豁免、重整计划批准的异议、偏颇行为的撤销等争讼的听审与裁决。[①] 以明确与保障法院的主导地位和司法权威。否则，破产事务管理机构的设置可能成为法院处理破产案件的桎梏，而不是协作支持机构。[②]

2. 推动个人破产制度建设

英美等国破产法发展的路径是从个人破产领域发轫，在公司制度产生后，适用主体才由个人逐渐扩展到大型企业。在此路径下，个人破产制度在早期依旧经历了"破产有罪观"的受挫阶段。[③] 而我国的个人破产制度探索则是在企业破产制度实施三十余年后才展开的。[④] 与企业破产最大的不同在于，个人债务人的主体资格不因破产程序的终结而消灭。因此，个人破产制度的市场接受程度相较企业破产更低，这也会对于个人破产法的建设历程产生较大影响。事实上，破产并不是企业的特权，在市场经济发展的现有阶段，改变民众对个人破产的错误观念极为必要。建立破产行政管理机构，能够以政府行政权提供公信力支持，通过制度宣传与程序保障，切实改善民众对个人破产的理解与接受程度，更有利于个人破产程序的顺利推进。

（二）破产行政管理机构的域内外设立沿革

各国（地区）的破产行政管理机构及其对管理人的监督机制设立，可以为我国相应的制度建设提供资鉴。

1. 美国联邦托管人（United States trustee/Bankruptcy Administration）

---

① 吴在存：《美国破产重整及管理人制度的考察与启示》，载《人民司法》2018 年第 28 期，第 98 页。

② 徐阳光、武诗敏：《个人破产立法的理论逻辑与现实进路》，载《中国人民大学学报》2021 年第 5 期，第 30 页。

③ 袁跃华：《近代英国个人破产观念的变迁》，载《河北大学学报（哲学社会科学版）》2021 年第 2 期，第 152 页。

④ 贺丹：《论个人破产中的行政介入》，载《经贸法律评论》2020 年第 5 期，第 1 页。

美国《1978 年破产法》改革后，联邦托管人制度开始在选定的行政区内试行；经 1986 年修正后，正式在全国范围内永久确立下来。联邦托管人机构于司法部下属设立，由司法部部长任命和监督，系独立于司法机关和立法机关的破产事务执行机构，办公经费由国库设立的联邦托管人制度基金支持。此后，破产监督程序中的行政职能划分由联邦托管人承担，包括履行编制管理人名册、指定管理人、审查管理人报酬申请、确保涉案报告的提交和报酬的发放、监督更生程序中重整计划或偿债计划的制订、指定和监督债权人委员会、监督破产案件进程、进行必要的破产审计等。[①] 而破产法官则以"法官"的角色行使权力，集中发挥裁判职能，保障司法程序合法推进。至此，美国的破产司法与破产管理体制呈现明显的三元格局：破产法官专司司法裁判；联邦托管人负责破产管理与程序流程监督；作为私人职业者的破产管理人负责执行具体案件日常工作。[②]

2. 英国破产服务局（Insolvency Service）

根据英国《1986 年破产法》，政府的内阁大臣与破产服务局是重要的行政监督主体。在个人破产程序中，内阁大臣有权就破产管理人分配破产财产方式、经手管理资金方式、管理人账户审计以及对破产人资料处置方式等破产管理的具体事务与问题作出规定。另外，内阁大臣还有权通过命令宣布符合条件的行业协会或者专业机构为"受认可专业团体"（Recognised Professional Bodies，RPBs），以允许其向破产执业者提供破产从业资格授权。而破产服务局隶属于英国商业能源产业战略部，内设法律服务处、调查与执行小组、刑事执法小组、破产执业者监管小组等机构，其中破产执业者监管小组负责对受认可专业团体，以及经其授权的破产执业者进行监督管理。[③]

3. 我国香港特区破产管理署（Official Receiver's Office）

我国香港特区效仿英国破产制度设立了破产管理署。该机构以破产管理署署长为最高领导，下设个案处理部、法律事务部、财务部及行政部各司其职。其中个案处理部和两个法律事务部负责与法律有关的事务，并分别设置助理署长。在破产管理署署长获委任为受托人的案件中，个案处理

---

① ［美］查尔斯·J. 泰步：《美国破产法新论》上册，韩长印、何欢、王之洲译，中国政法大学出版社 2017 年版，第 96 页。

② 吴在存：《美国破产重整及管理人制度的考察与启示》，载《人民司法》2018 年第 28 期，第 102 页。

③ ［英］费奥娜·托米：《英国公司和个人破产法》，汤维建、刘静译，北京大学出版社 2010 年版，第 211 页。

部负责破产管理具体工作，包括调查破产原因、变现与分配破产财产等；而若私人破产执业者被委任为受托人的，该部则负责监督受托人的管理行为。法律事务部则为破产财产的管理事项提供基于法律专业的意见，以及在个案中调查及检控无能力偿债的债务人等。香港特区《破产条例》规定，受托人受到法院和破产管理署的双重监督。破产管理署的监督体现在受托人日常履职的各个方面，例如，在破产财产管理方面，受托人必须备存一份受托人收支账目，同时必须备存书面记录，以记下债权人或债权人委员会的所有会议议程，以及为正确反映破产人财产管理情况所需要的协商及程序的陈述，破产管理署署长可随时要求其提供上述账目及记录，并可以对账目进行审计；在职业操守方面，受托人不得将其以受托人身份收取的任何款项存入私人银行账户，同时，若受托人收取超过破产管理署署长授权数额的款项并保留超过 10 天，除非其有正当理由，否则将可能受到免薪、免任等惩戒。

4. 国际破产监管机构协会（the International Association of Insolvency Regulators，IAIR）

国际破产监管机构协会（IAIR）是以世界多国和地区政府破产监管部门为成员的一个国际机构。IAIR 于 1995 年 11 月在我国香港特区举行的一次会议上正式成立，我国香港特区、英国、美国、新加坡、澳大利亚、印度、马来西亚、新西兰等国家和地区是该机构的创始成员。[1] IAIR 成员组织大部分由各国（地区）的政府部门或者公共机构等构成，初衷之一就是将行政管理监督与司法审查监督相区分。除政府监管机构以外，部分国家（地区）还通过行业协会组织对担任管理人的律师、会计师等进行监管。[2]

（三）我国破产行政管理机构监督制度设计

1. 破产行政管理机构的设立模式

学术界关于我国借鉴域外制度设立破产行政管理机构的呼吁存在已久，而针对设立模式的选择存在不同意见，主要包含以下几种方案：（1）在国家发改委下设立。主要原因在于发改委具有深度参与营商环境优化建设以及供给侧结构性改革的市场经验，同时具备与其他政府部门顺利

---

[1] See Member Organisation Profiles, available at：https：//www. insolvencyreg. org/about-us/member-organisation-profiles，最后访问时间：2022 年 12 月 22 日。

[2] 黄贤华：《关于我国设立破产监管机构的思考——以 IAIR 成员破产监管机构为参照》，载《中南民族大学学报（人文社会科学版）》2017 年第 5 期，第 148 页。

协调沟通的地位优势。① （2）在司法行政机构下设立。该方案主要考虑在我国法律历史传统影响下法院在个人破产程序中仍可能保有职权主义色彩，司法行政部门更适合作为"缓冲"角色参与监督事务，同时也具备管理律师工作的先天经验。② （3）以人民检察院为依托设立。该方案主要是从对债务人情况、破产犯罪的调查等方面考量。③ （4）在市场监督管理部门下设立。该方案主要考虑该部门负责市场主体的监管工作，同时本身设立负责建设和管理国家企业信用信息公示系统的信用监督管理司，以及负责指导查处市场主体的违法行为的执法稽查机构，直属设立破产管理机构有利于发挥原有职能机构的作用。④

实践中，深圳市首次通过立法形式正式确立破产事务管理署为法定的破产行政监管机构，履行破产事务行政管理职能，并实际由深圳市司法局履行举办单位职责。温州市个人债务集中清理试点中也确定由司法行政机关公共法律服务部门负责承担行政性事务管理职能。在对个人破产管理人监督方面，深圳市破产事务管理署的主要职责包括确定管理人资质、建立管理人名册、提出管理人人选、监督管理人履行职责以及拟定管理人任用、履职和报酬管理具体办法。⑤ 可以看出，目前已基本确定破产行政管理机构的职责分工定位。

2. 破产行政管理监督机制的构建路径

（1）参与个人破产管理人选任的监督

在个人破产管理人选任方面，破产行政管理机构承担着分流法院行政性事务以及实质资格审查两方面的职责。首先，对于个人破产管理人名册的建立以及日常维护事务，破产行政管理机构可以与管理人协会形成联动机制，建立完善信息化管理平台，多维度智能化建档管理，定期更新管理人的个案资历、履职表现等信息，及时对管理人名册进行增补、调级、淘汰、除名等动态调整。其次，在个案的管理人选任上，破产行政管理机构也可以发挥监督力量。美国联邦托管人在管理人指定的监督上权力较为宽

① 徐阳光，武诗敏：《个人破产立法的理论逻辑与现实进路》，载《中国人民大学学报》2021年第5期，第29页。

② 傅颖：《个人破产程序中破产管理人制度设置研究》，广西大学2022年硕士学位论文，第58页。

③ 贺丹：《论个人破产中的行政介入》，载《经贸法律评论》2020年第5期，第14页。

④ 赵锦琴：《论我国破产管理机构的构建》，云南财经大学2022年硕士学位论文，第46页。

⑤ 深圳市破产事务管理署：职能介绍，载深圳市司法局官网2020年8月16日，http://sf.sz.gov.cn/gkmlpt/content/10/10025/mpost_10025520.html，最后访问时间：2022年12月21日。

泛，基本主导了破产管理人的选任结果。根据《美国破产法典》，联邦托管人有权在特定地区范围内指定一名或者多名常驻管理人（standing trustee），专门负责管理第 13 章固定收入自然人的债务整理案件以及第 12 章家庭农场主与渔户的债务整理案件。

《深圳经济特区个人破产条例》赋予破产行政管理机构在个人破产管理人选任环节的提名权，应当注意提前进行关联性审查，根据案件情况、利益冲突、管理人资历等进行筛选与匹配。破产行政管理机构参与选任审查，可以有效发挥制度合力、降低司法成本，有助于保障管理人独立性、促进实现个案公平。未来可进一步探索行政机关选任权能实际行使的有效机制，当然，应当注意程序设计的科学性，充分利用行政框架的正面效用，避免仅作为法院的角色替代而未能消除现有机制的弊端。

（2）深化个人破产管理人履职的监督

破产行政管理机构可以从资质选任到案件分流，对个人破产管理人进行一站式追踪管理，提高监督效率。个人破产案件的调查管理事务繁杂、履职周期冗长，加强对个人破产管理人履职积极性与尽责程度的监督极为关键。在日常履职监督上，应当注意对管理人每一重要履职环节的程序跟进和材料备查，监督管理人接管、调查、追回、处分财产，保障债权人权利行使，以及考察债务人行为等工作的质量及效率。还可以借鉴我国香港特区破产管理署的监管风格，重点监督管理人职责操守，对关乎破产财产管理与处分的重大事项设置严格的监督事项及惩戒条款。另外，要注意工作保障机制的建构，完善管理人报酬保障和激励机制，以保障管理人履职效果，有效避免消极履职现象。

五、个人破产管理人的行业自治监督

（一）管理人行业自治问题概述

1. 行业自治的概念及功能

行业自治，是指从事同种行业，有着共同利益目标的组织或个人，通过自行制定并自愿遵守自治章程、行业标准、奖惩规则等，实行行业服务和自律管理。行业自治通常以行业协会为呈现载体。通过设立行业协会加强行业自治，有助于改善同行业从业者各自为战、缺乏沟通的零散局面，促成行业规模化、成员专业化的发展态势。除规定民主决策与自律管理的协会章程，以及根据章程规定的权限和范围设立行约行规等行业协会所要求的必要举措外，行业自治的主要功能包括以下两个方面。

（1）设置准入门槛

成员的同质性是行业协会成立的基础，也决定了行业协会事务具备高度专业性；专业化的事务决定了行业协会必须是内在独立的，而这种独立又进一步强化了事务的专业化。① 因此，设置行业准入门槛，是社会分工精细化趋势下的聚合同质化成员的必然要求，也是行业协会的功能体现。实践中，由于行业协会通常划分地区，行业准入门槛还可能涉及异地同行的准入资格问题。有学者提出，在符合本地行业准入规范的前提下，可通过缴纳费用等方式与本地成员准入进行界限划分，以同步实现本地权利保障和优质资源吸纳。②

（2）统一行业标准

统一行业标准，是为行业自治制度的又一功能发挥，即通过创造行业成员的行为规则，引导市场秩序的形成。除了要求其成员遵循国家已有标准外，自治协会可根据行业发展实际情况制定高于国家标准的行业标准，维持行业秩序，提高成员专业程度，促进行业整体进步。而在国家标准规范缺失或者规定不明的情况下，源于市场需要和专业聚集而产生的行业协会等自治组织，更有义务弥补制度政策等供给之不足，满足市场秩序对规范力量的需求。③

2. 域外管理人行业自治进程

（1）英国

英国的管理人行业自治协会即经政府授权，负责进行破产管理人资格审查、授权和管理的受认可专业团体（RPBs）。2015 年英国破产执业者监督与管理体系大幅改革后，受认可专业团体从原来的 7 家削减为 5 家。2021 年，英国特许公认会计师协会（ACCA）向内阁大臣申请放弃其作为破产从业人员受认可专业机构的地位。④ 故目前仍有 4 家，包括英国和威

---

① 高俊杰：《论行业自治的正当性》，载《深圳大学学报（人文社会科学版）》2017 年第 3 期，第 95—97 页。

② 陈夏红：《破产行业自治的量变与质变》，载澎湃网 2022 年 11 月 11 日，https：//www. thepa-per. cn/newsDetail_ forward_ 20625101？commTag = true，最后访问时间：2022 年 12 月 21 日。

③ 屠世超：《行业自治规范的法律效力及其效力审查机制》，载《政治与法律》2009 年第 3 期，第 68 页。

④ See Association of Chartered Certified Accountants application to cease as a recognised professional body for insolvency practitioners, available at: https://www. gov. uk/government/news/association-of-chartered-certified-accountants-application-to-cease-as-a-recognised-professional-body-for-insolvency-practi-tioners，最后访问时间：2022 年 12 月 21 日。

尔士特许会计师协会（ICAEW）、爱尔兰特许会计师协会（CARB/ICAI）、苏格兰特许会计师协会（ICAS）以及破产执业者协会（IPA）。① 根据《英国破产法》规定，不同类型的管理人都需要持有破产管理人从业资格才能执业，不具备该法要求的资格而从事破产管理人相关事务的，属于犯罪行为。

在资质授予方面，破产执业者协会早在1981年即开始针对该协会成员以及其他非成员破产实务人士组织破产专业考试。1989年后，该考试制度逐渐演化为"破产职业资格统一考试"（Joint Insolvency Examination，简称 JIE）。《英国破产法》明确规定所有破产执业者必须参加 JIE 考试以获取执业资格。报名参加 JIE 考试的首要条件是须在受认可专业团体注册，同时由于其考核内容与实务技能直接挂钩，协会建议拥有3年以上破产领域工作经验的人员参加。1995年，IPA 协会又引入"破产专业能力证书（Certificate of Proficiency in Insolvency，简称 CPI）考试"，与 JIE 考试同样涉及公司破产与个人破产两个领域的内容，但更强调考察公司破产领域的专业水平。作为通过 JIE 考试获得破产从业人员资格前的专业能力证明测试，CPI 考试也普遍受到破产行业认可。② 此外，协会还组织个人破产领域的能力测试考试，以方便有专门职业规划或行业兴趣的人员进行个性化能力检测，通过考试的即可被授予"个人破产专业能力证书"（Certificate of Proficiency in Personal Insolvency，简称 CPPI）。

在执业规范方面，英国受认可专业团体联合破产服务局、北爱尔兰破产服务局以及其他行业协会于1999年组成破产联合管理委员会（Joint Insolvency Committee，简称 JIC），并开始制定破产行业的执业指南、职业道德准则等规范性文件。③ 2020年3月2日，JIC 委员会发布新修订版的《破产执业者道德准则》（*Insolvency Code of Ethics*），该准则于2020年5月1日正式生效。根据准则规定，破产从业人员应当遵守5条基本的道德原则——正直、客观、专业能力和勤勉负责、保密性以及遵纪守法履职，确

---

① See Recognised professional bodies, available at: https://www.gov.uk/government/publications/insolvency-practitioners-recognised-professional-bodies/recognised-professional-bodies, 最后访问时间：2022年12月21日。

② See CPI/CPPI Rules and Regulations, available at: https://insolvency-practitioners.org.uk/examinations/cpi-rules-regulations/，最后访问时间：2022年12月21日。

③ 徐阳光：《英国个人破产与债务清理制度》，法律出版社2020年版，第73页。

立了破产从业人员应有的行为标准。①

（2）德国

在德国，破产管理人职业的独立性在很长一段时间内不被承认，而是被认为附属于律师、会计师等其他职业。修订前后的德国破产法也均未明确规定管理人的任职资格和执业规范。直到 2004 年，德国联邦宪法法院通过判决认可管理人职业的独立地位，德国管理人的行业自治制度开始发展。德国最主要的破产管理人社团包括德国破产管理人协会（VID）和新德国破产管理人联合会（NIVD）。

德国破产管理人协会于 2004 年成立，是德国第一家全国性的管理人行业自治协会。该协会的建立缘起于 20 世纪 70 年代末破产管理人定期开展的经验交流会，故而协会早期也主要致力于管理人破产实务经验交流；在德国新破产法生效后才更为关注管理人的执业管理。在管理人资质管理方面，德国破产管理人协会章程规定，从业者申请入会的，须在 3 年内曾担任企业破产管理人，且提交至少 10 个其管理的以及 2 个已经完结的企业破产案件。易言之，执业经验不足或者以个人破产为主要业务范围的管理人，不符合申请入会的条件，可见该协会行业自治的适用范围较为有限。在管理人执业标准方面，除要求会员遵守《管理人执业原则》，违反则通过警告、训斥或者开除的方式进行惩戒以外，协会还要求会员管理人必须通过高标准的质量审查，以对其颁发德国破产管理人协会破产管理认证（VID-CERT）。

新德国破产管理人联合会则侧重于学术交流培训功能，组织开展有关德国破产法和国际破产法的培训。与德国破产管理人协会设立严格的会员授予资格不同的是，该联合会对入会条件几乎没有要求。不仅破产管理人，其他与破产法有关的工作人员或者将来可能参与破产程序的人，如破产管理人办公室的雇员、律师、债权人代表、银行家和法院工作人员等，均可注册入会。因此相较于德国破产管理人协会的行业自治程度较低。②

（3）日本

受经济历史影响，日本长期以来都未建立专门的管理人行业协会，而是由律师协会履行管理人的行业自治监督职能。但是，管理人必须在律师协会登记为执业律师才可以从事管理人职业，并且需受该律师协会制定的执业规范以及惩戒条款等规范制约。由于没有专门的行业协会，实践中管

---

① See Insolvency practitioner code of ethics, available at: https://www.gov.uk/government/publications/insolvency-practitioner-code-of-ethics，最后访问时间：2022 年 12 月 21 日。

② 陈夏红、闻芳谊主编：《破产执业者及行业自治》，法律出版社 2018 年版，第 160—165 页。

理人执业资质的授予主要由法院进行。例如，东京地方法院会不定期开展管理人培训，从当地律师协会中筛选拥有 3 年以上律师执业经验的优秀律师参加，在结业后授予其破产管理人资格，并纳入管理人名册。2002 年起，日本开始设立"全国倒产处理律师网"以及各地区的分会场，通过互联网形式组织破产实务交流研讨与业务培训活动。[1]

3. 我国管理人行业自治现状

随着理论界对建立破产管理人行业协会的呼声不断升高，近年来我国开始加速探索建立管理人自治监督机制，截至 2022 年 6 月 30 日，全国各省市先后建立管理人协会已达 200 家。尽管行业协会数量不断增加，受地域影响，协会监督管理职能的适用范围仍然有限。且各地在协会性质、主管单位、职能范围、会员构成等方面仍存在差异。实践中的管理人协会可能表现为职业性、学术性，或由相关业务人员所在机构自愿组成的非营利性自治组织等多种性质，[2] 主管单位制度也存在由法院主管或提供业务指导、法院与司法行政管理机构共同指导等多种模式。[3] 另外，在成员主体方面，我国破产实务中行业协会成员以机构管理人为主。在个人破产案件中个人管理人具备更高适用性的情况下，[4] 有必要将行业自治管理扩展到个人管理人。可以考虑借鉴律师行业协会管理模式，吸纳破产执业者个人作为会员，同时登记会员的执业单位，或许更有利于落实对个人管理人的自治管理。

(二) 管理人行业自治监督的必要性

随着破产制度的发展，我国管理人的市场规模不断壮大，管理人队伍统合管理的需求也逐渐显现。行业自治作为社会治理的重要形式，对于提高管理人内部监督、助力破产管理服务行业资源整合具有理论和实际意义。总的来说，建立与完善管理人行业协会自治监督，有助于管理人行业加强自我监督，促进管理人职业化，以及完善管理人监管制度体系，丰富对管理人履职的监管层级。

1. 内部意义：促进管理人职业化

目前，我国管理人队伍的组成来源于不同的行业，主要包括律师事务

---

① 陈夏红、闻芳谊主编：《破产执业者及行业自治》，法律出版社 2018 年版，第 220 页。

② 王静、蒋伟：《破产管理人自治模式实证研究》，载《法律适用》2018 年第 14 期，第 73 页。

③ 方来红：《破产管理人协会业务主管单位制度探究》，载《法制与社会》2019 年第 4 期，第 41 页。

④ 详见本书第二章中关于"个人破产管理人的选任方式"的相关论述。

所、会计师事务所、破产清算公司等，对于破产案件的执业能力与专业知识水平存在差异，管理人的管理也分别由律师协会、注册会计师协会以及企业清算行业协会各自进行，无法真正做到管理人行业的自治和管理人权利的保障。建立管理人行业协会，首先，有助于加强管理人行业的独立性，便于对管理人服务进行推广宣传，提升管理人履职的市场接受度；其次，可以强化管理人的行业内部管理，包括统一建立破产业务的操作规范，集中组织破产业务涉及法律、财务、税务相关培训，总结、交流管理人工作经验，综合提升管理人的执业能力，促进管理人队伍职业化；再次，有利于进行管理人职业道德和执业纪律的教育、检查和监督，维护管理人的合法权益，以及调解管理人执业活动中发生的纠纷。

2. 外部意义：丰富管理人监管层级

建立管理人行业协会，可以在法院、债权人以及破产行政管理机构对管理人的个案监督体制之外，形成基于管理人自身专业能力培养与资质把控方面的自治监督机制，完善对管理人的监督主体配置。同时，管理人行业协会可以作为破产行政管理机构与管理人之间的桥梁，根据破产行政管理机构的监管要求，建立、执行日常行业管理及规范机制。另外，除了具备对管理人正面管理的直接作用，管理人行业协会还能够从对违规行为的惩戒方面提升监督实效。根据现有的企业破产法规定，对于管理人未能勤勉尽责、忠实执行职务的，由法院以罚款的形式进行惩戒；如管理人履职造成债权人、债务人或者第三人损失的，被侵权人可以要求其承担民事赔偿责任。而法规对于忠实勤勉义务的具体内容规定并不明晰，法院具有较大的自由裁量权，忠实勤勉与不当履职之间也存在较大空间，不利于对管理人侵权行为的提前预防和及时止损。管理人行业协会可以通过对轻微违规行为提出警示，对较为严重违规行为进行通告、给予否定评价，对特别严重的违规行为限制或者取消执业资格等方式，填补惩戒方式的单一性，提高监督制度的有效性。[①]

（三）管理人行业自治监督机制构建

1. 建立全国性管理人协会

行业协会多家并存的局面并不利于集中发挥监督主体力量，其制定的监督与管理条款、奖励与惩戒措施仅能在各自的会员范围内小规模适用，

---

① 朱德堂：《我国破产管理人监督制度的完善——以南京市破产管理人协会自律机制为视角》，载《人民法治》2021 年第 9 期，第 8 页。

缺乏社会普遍认可的权威性。英国也因受认可专业团体数量过多而长期忧虑，2015 年《中小企业与就业法》赋予内阁大臣在 2022 年 10 月前可实施的通过从现有受认可团体中指定或通过新的条例创设一家独立监管机构的权力。① 2021 年 12 月 21 日，破产服务局再次发出了改革和简化破产部门监管的建议咨询稿，英国破产服务局开始认为目前的监管结构无法再提供有效监管框架，现有系统的复杂和不一致性导致行业监管机制实效薄弱，已在考虑实施前述权力以取代和简化目前的多协会监管体系。② 故而，有必要建设全国性的管理人协会，以便对各地区执业管理人设定统一的业务操作规范与职业道德标准；还可考虑打破执业地域限制，确保对各地区管理人入会条件和本地执业资格的平等开放，促进管理人队伍提高整体业务水平，防范区域垄断、缩小区域差异。同时，我们同意有学者提出的在破产法中专章规定管理人协会制度，将管理人协会的地位以及职权范围法定化，同时吸收律师等行业经验，建立管理人强制入会制度，扩大行业自治的范围和影响力。③

2. 管理人协会的主管单位设置

根据我国国务院发布的《社会团体登记管理条例》的规定，成立社会团体，应当经其业务主管单位审查同意，并依照本条例规定进行登记。因此，业务主管单位的确立，是破产管理人协会设立登记的前置条件。针对实践中许多地区的管理人协会由法院担任业务主管单位的情况，有实务人士表示支持。主要理由包括不存在法律与制度障碍、与管理人的关系密切、不存在重大风险等，甚至认为目前由法院履行编制管理人名册、决定受理破产案件、指定个案管理人、决定管理人报酬、负责管理、培训管理人等相关职权，就理应由法院担任业务主管单位角色。④ 我们对此并不赞同。首先，法院作为业务主管单位并无充足的制度供给；⑤ 其次，如由人民法院担任管理人协会的主管单位，将超出法院审判单一职能，易造成司法职能不当扩张，不仅浪费司法资源，也不利于保障破产案件实现司法公

---

① 徐阳光：《个人破产立法的英国经验与启示》，载《法学杂志》2020 年第 7 期，第 32 页。

② See Closed consultation——The future of insolvency regulation, Updated 21 March 2022, available at: https://www.gov.uk/government/consultations/the-future-of-insolvency-regulation/the-future-of-insolvency-regulation，最后访问时间：2022 年 12 月 21 日。

③ 朱德堂：《我国破产管理人监督制度的完善——以南京市破产管理人协会自律机制为视角》，载《人民法治》2021 年第 9 期，第 10 页。

④ 陈夏红、闻芳谊主编：《破产执业者及行业自治》，法律出版社 2018 年版，第 240—141 页。

⑤ 方来红：《破产管理人协会业务主管单位制度探究》，载《法制与社会》2019 年第 4 期，第 42 页。

正。相反，在设立破产行政管理机构的前提下，由其行使主管单位的"管理"职权更具有制度和现实基础。英国的管理人行业协会即由破产服务局直接监督管理，二者一般会通过签署《理解备忘录》（*Memorandum of Understanding*），对管理人协会的基本义务进行规定，如协会须确保其授权的破产管理人具有法定资质和执业能力、遵守破产执业者道德准则等。可见，英国破产服务局具有对管理人及其授权组织的双重监管权，属于"监管机构中的监管机构"。由破产行政管理机构直接主管，更有利于严格监督各项相关法律法规在实践中的落实情况。①

我国可参考英国经验，探索建设由破产行政管理机构主管、人民法院指导的协会设立与运作模式。即由破产行政管理机构具体监督管理协会建设与日常维护事务，保障行政管理机构对管理人资质及履职要求的精神传达，加强对管理人监督的衔接度和落实度。法院则可以通过受邀参与建立行业自治规范、法律法规及业务培训、管理人执业资格审核等事务，对管理人协会进行业务指导，引导管理人协会加强对管理人执业水平的监督管理。

3. 建立管理人资质管理制度

建立资质管理制度是任何行业走向规范化、职业化的必备措施。行业协会对管理人的资质管理主要通过协会会员制度以及执业资格制度实现。协会会员制度即破产执业者的强制入会政策，是集中监督管理管理人的基础和必要举措。而将执业资格作为入会资格的前提条件，有助于提升管理人的胜任能力。执业资格制度是指通过设立任职条件要求和执业行为规范，对管理人行业依法执业设定准入门槛、统一行业标准。如前文介绍，英国破产行业协会即受认可专业团体对管理人执业资格的监督管理即主要通过专业考试检测以及制定执业规范予以实现。考试制度对于管理人的胜任能力考核十分重要，我国在其他行业例如证券业、基金业已建立由行业协会统一组织从业资格考试的从业准入考核制度，只有通过考试的人员才能被授予执业资格。破产管理人作为综合法律、管理、市场、财务、税务等多领域专业要求的职业，更加有必要通过能力考核促进市场合理竞争、保障管理人队伍的执业水平。但亦应考虑到我国破产管理人行业仍处于发展初期阶段，对于行业队伍应以促进、鼓励发展为主。具体方式上，如前文所述，可以参照英国设立管理人职业资格统一考试，作为授予管理人执业资格的评价制度，但应同时建立从事破产事务的执业律师和注册会计师

---

① 陈夏红、闻芳谊主编：《破产执业者及行业自治》，法律出版社 2018 年版，第 154—155 页。

可以免试申请获得资格的例外制度，以促进破产管理人行业的健康可持续发展。通过职业资格统一考试并被授予执业资格后，即可自动拥有协会会议资格。此后，协会可以继续通过年审检查、执业规范等对执业管理人进行监督管理。我国破产管理人协会还可以会同法院、破产行政管理机构、院校学者、业内专业人士等研究制定管理人执业标准、道德准则等统一的行业规范，督促管理人职业道德建设，改善、提高管理人的破产实务水准。

附　录

深圳经济特区个人破产条例

（2020 年 8 月 26 日深圳市第六届人民代表大会常务委员会第四十四次会议通过　自 2021 年 3 月 1 日起施行）

目　录

第一章　总　　则

第一条　为了规范个人破产程序，合理调整债务人、债权人以及其他利害关系人的权利义务关系，促进诚信债务人经济再生，完善社会主义市场经济体制，根据法律、行政法规的基本原则，结合深圳经济特区实际，制定本条例。

第二条　在深圳经济特区居住，且参加深圳社会保险连续满三年的自然人，因生产经营、生活消费导致丧失清偿债务能力或者资产不足以清偿全部债务的，可以依照本条例进行破产清算、重整或者和解。

第三条　依照本条例清理债权债务，应当遵循诚实信用、公平保护、公正高效的原则。

第四条　自然人债务人（以下简称债务人）经过破产清算、重整或者和解后，依照本条例规定免除其未清偿债务。

第五条　适用本条例审理的个人破产案件由市中级人民法院管辖，但经依法指定由基层人民法院管辖的除外。

第六条　个人破产事务的行政管理职能由市人民政府确定的工作部门或者机构（以下称破产事务管理部门）行使。

第七条　建立个人破产登记制度，及时、准确登记个人破产重大事项，并依法向社会公开个人破产相关信息。

第二章　申请和受理

第一节　申　请

第八条　符合本条例第二条规定的债务人，可以向人民法院提出破产申请，包括申请破产清算、重整、和解。

债务人提出破产申请的，应当向人民法院提交下列材料：

（一）破产申请书、破产原因及经过说明；

（二）收入状况、社保证明、纳税记录；

（三）个人财产以及夫妻共同财产清册；

（四）债权债务清册；

（五）诚信承诺书。

债务人依法承担扶养义务的未成年人和丧失劳动能力且无其他生活来源的成年近亲属（以下简称所扶养人），应当提供所扶养人的基本情况等有关材料。

债务人合法雇用他人的，还应当提交其雇用人员工资支付和社会保险费用缴纳情况的相关材料。

第九条　当债务人不能清偿到期债务时，单独或者共同对债务人持有五十万元以上到期债权的债权人，可以向人民法院提出破产申请，申请对债务人进行破产清算。

债权人申请对债务人进行破产清算的，应当向人民法院提交下列材料：

（一）破产清算申请书；

（二）被申请人基本信息材料；

（三）到期债权证明；

（四）经书面或者法定程序要求债务人清偿债务的证明等相关材料；

（五）诚信承诺书。

第十条　人民法院应当自收到破产申请之日起五日内通知已知债权人、债务人和破产事务管理部门，并公开破产申请。

债务人对债权人的申请有异议的，应当自收到人民法院通知之日起七日内向人民法院提出。

第二节　受　理

第十一条　人民法院裁定受理破产申请前，申请人可以请求撤回申请。

人民法院裁定准许撤回申请的，申请人无正当理由，不得在撤回申请之日起一年内再次申请同一债务人破产。

第十二条 人民法院审查破产申请，一般以书面调查的方式进行；案情复杂的，可以进行听证调查。

人民法院进行听证调查的，应当提前三日通知债务人和已知债权人，必要时可以通知其他利害关系人参加。

第十三条 人民法院应当自收到破产申请之日起三十日内裁定是否受理。如有特殊情况需要延长的，经本院院长批准，可以延长十五日。

第十四条 人民法院审查破产申请时，发现有下列情形之一的，应当裁定不予受理；人民法院已经受理但尚未宣告破产的，应当裁定驳回申请：

（一）债务人不符合本条例第二条规定，或者债权人申请对债务人进行破产清算不符合本条例第九条第一款规定的；

（二）申请人基于转移财产、恶意逃避债务、损害他人信誉等不正当目的申请破产的；

（三）申请人有虚假陈述、提供虚假证据等妨害破产程序行为的；

（四）债务人依照本条例免除未清偿债务未超过八年的。

申请人不服裁定的，可以自裁定书送达之日起十日内向上一级人民法院提起上诉。

申请人因本条第一款第二项、第三项情形造成他人损失的，应当承担赔偿责任。

第十五条 债务人提出破产申请，人民法院裁定受理的，应当自受理之日起五日内将裁定书送达债务人。

债权人申请对债务人进行破产清算，人民法院裁定受理的，应当自受理之日起五日内将裁定书同时送达债权人和债务人。债务人自裁定书送达之日起十五日内，应当向人民法院提交本条例第八条规定的相关材料。

第十六条 自人民法院公开破产申请之日起十五日内，债权人可以单独或者共同向人民法院推荐破产管理人（以下简称管理人）人选。

第十七条 人民法院同意债权人推荐的管理人人选的，应当在裁定受理破产申请时同时作出指定管理人的决定。管理人执行职务的费用由其推荐人预付。

多名债权人推荐不同的管理人人选的，人民法院可以从中指定一名或者多名管理人。

第十八条　债权人未推荐管理人人选或者人民法院认为债权人推荐的人选不适宜担任管理人的，人民法院应当在裁定受理破产申请时，通知破产事务管理部门五日内提出管理人人选；破产事务管理部门提出人选后，人民法院应当在五日内作出指定管理人的决定。

第十九条　人民法院裁定受理破产申请的，应当依照本条例第二十三条规定同时作出限制债务人行为的决定，将决定书送达债务人，并通知破产事务管理部门。

第二十条　人民法院应当自裁定受理破产申请之日起二十日内发布受理公告。公告应当载明下列事项：

（一）申请人、被申请人的姓名或者名称；

（二）人民法院裁定受理破产申请的时间和适用程序；

（三）限制债务人行为的决定；

（四）债权申报的期限、方式和注意事项；

（五）管理人姓名或者名称及其地址；

（六）对债务人负有债务的人或者债务人财产的持有人向管理人清偿债务或者交付财产的方式；

（七）第一次债权人会议召开的时间、地点和方式；

（八）人民法院认为需要公告的其他事项。

第三节　破产受理的效力

第二十一条　自人民法院裁定受理破产申请之日起至依照本条例裁定免除债务人未清偿债务之日止，债务人应当承担下列义务：

（一）按照人民法院、破产事务管理部门、管理人要求提交或者补充相关材料，并配合调查；

（二）列席债权人会议并接受询问；

（三）当债务人的姓名、联系方式、住址等个人信息发生变动或者需要离开居住地时，及时向破产事务管理部门、管理人报告；

（四）未经人民法院同意，不得出境；

（五）按时向人民法院、破产事务管理部门登记申报个人破产重大事项，包括破产申请、财产以及债务状况、重整计划或者和解协议、破产期间的收入和消费情况等；

（六）借款一千元以上或者申请等额信用额度时，应当向出借人或者授信人声明本人破产状况；

（七）配合人民法院、破产事务管理部门和管理人开展与破产程序有关的其他工作。

第二十二条　债务人的配偶、子女、共同生活的近亲属、财产管理人以及其他利害关系人，应当配合人民法院、破产事务管理部门和管理人调查，协助管理人进行财产清查、接管和分配。

第二十三条　自人民法院作出限制债务人行为的决定之日起至作出解除限制债务人行为的决定之日止，除确因生活和工作需要，经人民法院同意外，债务人不得有下列消费行为：

（一）乘坐交通工具时，选择飞机商务舱或者头等舱、列车软卧、轮船二等以上舱位、高铁以及其他动车组列车一等以上座位；

（二）在夜总会、高尔夫球场以及三星级以上宾馆、酒店等场所消费；

（三）购买不动产、机动车辆；

（四）新建、扩建、装修房屋；

（五）供子女就读高收费私立学校；

（六）租赁高档写字楼、宾馆、公寓等场所办公；

（七）支付高额保费购买保险理财产品；

（八）其他非生活或者工作必需的消费行为。

第二十四条　人民法院裁定受理破产申请后，债务人不得向个别债权人清偿债务。但是，个别清偿使债务人财产受益或者属于债务人正常生活、工作所必需的除外。

第二十五条　人民法院裁定受理破产申请后，对债务人负有债务的人或者债务人财产的持有人应当向管理人清偿债务或者交付财产。

对债务人负有债务的人或者债务人财产的持有人故意违反前款规定向债务人清偿债务或者交付财产，造成债权人损失的，不免除其向管理人清偿债务或者交付财产的义务。

第二十六条　人民法院裁定受理破产申请后，管理人对破产申请受理前成立但债务人和对方当事人均未履行完毕的合同，有权决定解除或者继续履行，并通知对方当事人。

管理人自破产申请受理之日起二个月内未通知对方当事人，或者自收到对方当事人催告之日起三十日内未答复的，视为解除合同。

管理人决定继续履行合同的，对方当事人应当履行，但是，对方当事人有权要求提供相应担保。管理人不提供担保的，视为解除合同。

第二十七条　人民法院裁定受理破产申请后，对债务人财产采取的保全措施应当解除，执行程序应当中止。除本条例第一百一十条规定的情形外，为实现有财产担保债权或者其他法定优先权而对特定财产的执行可以不中止。

第二十八条　对债务人的特定财产享有担保权的权利人，可以随时向管理人主张就该特定财产变价处置，行使优先受偿权。

处置有担保权的特定财产时，管理人和担保权人不得损害其他债权人利益。因处置不当给其他债权人造成损失的，应当承担赔偿责任。

担保权人行使优先受偿权未能完全受偿的，其未受偿的债权作为普通债权；担保权人放弃优先受偿权的，其债权作为普通债权。

第二十九条　人民法院裁定受理破产申请并作出指定管理人的决定后，已经开始但尚未终结的涉及债务人财产权利的民事诉讼或者仲裁，应当由管理人代为参加。法律另有规定的，从其规定。

第三十条　自人民法院裁定受理破产申请之日起至终结破产程序之日止，涉及债务人财产权利的民事诉讼，应当由裁定受理破产申请的人民法院管辖。法律另有规定的，从其规定。

第三十一条　人民法院裁定受理破产申请后，债务人死亡的，其遗产继承人一致同意继续进行破产程序或者没有遗产继承人的，由管理人依照本条例相关规定对其遗产进行接管、变价和分配后，由人民法院裁定终结破产程序。

债务人的遗产继承人在债务人死亡之日起三十日内无法达成一致意见的，人民法院应当裁定终结破产程序。管理人以债务人财产或者遗产清偿已经发生的破产费用和共益债务后，依照《中华人民共和国民法典》有关继承的规定处理。

第三章　债务人财产

第一节　财产申报

第三十二条　人民法院裁定受理破产申请时属于债务人的财产和依照本条例裁定免除未清偿债务之前债务人所取得的财产，为债务人财产。

第三十三条　债务人应当自人民法院受理破产申请裁定书送达之日起十五日内向人民法院和管理人如实申报本人及其配偶、未成年子女以及其他共同生活的近亲属名下的财产和财产权益：

（一）工资收入、劳务所得、银行存款、现金、第三方支付平台账户资金、住房公积金账户资金等现金类资产；

（二）投资或者以其他方式持有股票、基金、投资型保险以及其他金融产品和理财产品等享有的财产权益；

（三）投资境内外非上市股份有限公司、有限责任公司，注册个体工商户、个人独资企业、合伙企业等享有的财产权益；

（四）知识产权、信托受益权、集体经济组织分红等财产权益；

（五）所有或者共有的土地使用权、房屋等财产；

（六）交通运输工具、机器设备、产品、原材料等财产；

（七）个人收藏的文玩字画等贵重物品；

（八）债务人基于继承、赠与、代持等依法享有的财产权益；

（九）债务人在破产申请受理前可期待的财产和财产权益；

（十）其他具有处置价值的财产和财产权益。

债务人在境外的前款财产和财产权益，也应当如实申报。

第三十四条　债务人依照本条例第三十三条规定申报财产和财产权益有下列情形之一的，应当在申报时予以说明：

（一）财产或者财产权益为债务人成年子女所有，但取得时该子女尚未成年；

（二）债务人财产已出租、已设立担保物权等权利负担，或者存在共有、权属争议等情形；

（三）债务人的动产由第三人占有；

（四）债务人的不动产、特定动产或者其他财产权等登记在第三人名下。

第三十五条　自人民法院裁定受理破产申请之日前二年内，债务人财产发生下列变动的，债务人应当一并申报：

（一）赠与、转让、出租财产；

（二）在财产上设立担保物权等权利负担；

（三）放弃债权或者延长债权清偿期限；

（四）一次性支出五万元以上大额资金；

（五）因离婚而分割共同财产；

（六）提前清偿未到期债务；

（七）其他重大财产变动情况。

第二节　豁免财产

第三十六条　为保障债务人及其所扶养人的基本生活及权利，依照本条例为其保留的财产为豁免财产。豁免财产范围如下：

（一）债务人及其所扶养人生活、学习、医疗的必需品和合理费用；

（二）因债务人职业发展需要必须保留的物品和合理费用；

（三）对债务人有特殊纪念意义的物品；

（四）没有现金价值的人身保险；

（五）勋章或者其他表彰荣誉的物品；

（六）专属于债务人的人身损害赔偿金、社会保险金以及最低生活保障金；

（七）根据法律规定或者基于公序良俗不应当用于清偿债务的其他财产。

前款规定的财产，价值较大、不用于清偿债务明显违反公平原则的，不认定为豁免财产。

除本条第一款第五项、第六项规定的财产外，豁免财产累计总价值不得超过二十万元。本条第一款第一项、第二项的具体分项和各分项具体价值上限标准由市中级人民法院另行制定。

第三十七条　债务人应当自人民法院受理裁定书送达之日起十五日内向管理人提交豁免财产清单，并列明财产对应的价值或者金额。

第三十八条　管理人应当在债务人提交财产申报和豁免财产清单之日起三十日内，审查制作债务人财产报告，对其中的豁免财产清单提出意见，并提交债权人会议表决。

债务人的豁免财产清单未获债权人会议表决通过的，由人民法院裁定。

第三十九条　除本条例第一百零九条规定的情形外，管理人应当接管债务人除豁免财产以外的全部财产。

第三节　财产交易行为

第四十条　破产申请提出前二年内，涉及债务人财产的下列处分行为，管理人有权请求人民法院予以撤销：

（一）无偿处分财产或者财产权益；

（二）以明显不合理的条件进行交易；

（三）为无财产担保的债务追加设立财产担保；

（四）以自有房产为他人设立居住权；

（五）提前清偿未到期的债务；

（六）豁免债务或者恶意延长到期债权的履行期限；

（七）为亲属和利害关系人以外的第三人提供担保。

第四十一条　破产申请提出前六个月内，债务人对个别债权人进行清偿的，或者破产申请提出前二年内，债务人向其亲属和利害关系人进行个别清偿的，管理人有权请求人民法院予以撤销，但个别清偿使债务人财产受益或者属于债务人正常生活所必需的除外。

第四十二条 涉及债务人财产的下列行为无效：

（一）为逃避债务而隐匿、转移、不当处分财产和财产权益的；

（二）虚构债务或者承认不真实债务的。

第四十三条 因本条例第四十条、第四十一条、第四十二条规定的行为而取得债务人财产的，管理人有权追回。

明知或者应当知道债务人处于破产状态或者濒临破产，仍然与债务人实施本条例第四十条、第四十一条、第四十二条规定的行为，造成债权人经济损失的，应当承担赔偿责任。

第四十四条 人民法院裁定受理破产申请后，管理人可以通过清偿债务或者约定提供担保，取回质物、留置物。

前款规定的清偿债务或者替代担保，在质物或者留置物的价值低于被担保的债权额时，以该质物或者留置物当时的市场价值为限。

第四十五条 除本条例第一百一十一条规定的情形外，人民法院裁定受理破产申请后，债务人占有的财产属于他人的，该财产的权利人可以向管理人取回。

第四十六条 人民法院裁定受理破产申请时，出卖人已将买卖标的物向作为买受人的债务人发运，债务人尚未收到且未付清全部价款的，出卖人可以取回在运途中的标的物；管理人也可以支付全部价款，请求出卖人交付标的物。

第四十七条 债权人在破产申请受理前对债务人负有债务的，可以向管理人主张抵销。但是，有下列情形之一的，不得抵销：

（一）对债务人负有债务的人在破产申请受理后取得他人对债务人的债权的；

（二）债权人已知债务人有不能清偿到期债务或者申请破产的事实，仍然对债务人负担债务的，但是，债权人因为法律规定或者有破产申请二年前所发生的原因而负担债务的除外；

（三）对债务人负有债务的人已知债务人有不能清偿到期债务或者申请破产的事实，仍然对债务人取得债权的，但是，对债务人负有债务的人因为法律规定或者有破产申请二年前所发生的原因而取得债权的除外。

第四章　债权申报

第一节　申报程序

第四十八条 人民法院裁定受理破产申请后，对债务人持有债权的债权人，可以依照本条例规定的程序行使权利。法律另有规定的，从其规定。

第四十九条　人民法院裁定受理破产申请时，应当确定债权人申报债权的期限。债权申报期限自发布受理破产申请公告之日起计算，最短不得少于三十日，最长不得超过六十日。

管理人应当通知已知债权人申报债权。

第五十条　债权人应当在人民法院确定的债权申报期限内向管理人申报债权。债权人因不可归责于自身的事由未申报债权的，应当在该事由消除之日起十日内申报债权。

第五十一条　债权人申报债权时，应当书面说明债权的金额和有无财产担保，并提交相关证据。申报的债权属于连带债权的，应当予以说明。

第五十二条　连带债权人可以由其中一人代表全体连带债权人申报债权，也可以共同申报债权。

第五十三条　债务人的保证人或者其他连带债务人已经代替债务人清偿债务的，以其对债务人的求偿权申报债权。

债务人的保证人或者其他连带债务人尚未代替债务人清偿债务的，以其对债务人的将来求偿权申报债权。但是，债权人已经向管理人申报全部债权的除外。

第五十四条　连带债务人中数人经裁定适用本条例规定程序的，其债权人有权就全部债权分别在各个破产程序中申报债权，并如实说明已申报情况、相关破产案件信息和已获清偿的金额。

第五十五条　在人民法院确定的债权申报期限内，债权人非因不可归责于自身的事由未申报债权的，不得依照本条例规定的程序行使权利。

前款规定的债权人，在债权申报期限内未申报债权的，可以在破产财产最后分配时或者重整计划执行完毕前补充申报；但是，此前已分配或者执行完毕的部分，不再对其补充分配。

因审查和确认补充申报债权产生的费用，由补充申报的债权人承担。

第五十六条　债权人在破产财产最后分配时或者重整计划执行完毕前仍未申报债权的，人民法院依照本条例裁定免除债务人未清偿债务后，债务人不再承担清偿责任。但是，本条例第九十七条规定不得免除的债务除外。

第二节　可申报债权

第五十七条　债权人申报的债权应当为其对债务人合法持有的债权。

第五十八条 债权人可以申报附条件、附期限的债权和诉讼、仲裁未决的债权。

第五十九条 未到期的债权，自人民法院裁定受理破产申请之日起视为到期债权；附利息的债权，自人民法院裁定受理破产申请之日起停止计息。

第六十条 债务人依法应当承担的赡养费、抚养费、扶养费无需申报，由管理人根据债务人提供的信息调查核实后，予以公示。

债务人所欠雇用人员的工资和医疗、伤残补助、抚恤费用，包括应当缴入雇用人员个人账户的基本养老保险、基本医疗保险等社会保险费用，以及依法应当支付给雇用人员的补偿金等无需申报，由管理人调查核实后予以公示。

前款雇用人员对公示内容有异议的，可以要求管理人更正；管理人不予更正的，雇用人员可以向人民法院提起诉讼。

第六十一条 管理人依照本条例第二十六条规定解除合同的，对方当事人可以以因合同解除产生的损害赔偿请求权申报债权。

第六十二条 债务人作为委托合同的委托人，受托人不知道人民法院已经裁定受理该债务人提起的或者债权人对该债务人提起的破产申请，继续处理委托事务的，受托人可以以因此产生的请求权申报债权。

第六十三条 债务人作为票据出票人，经裁定受理破产申请，该票据的付款人继续付款或者承兑的，付款人可以以因此产生的请求权申报债权。

第三节　债权审核

第六十四条 管理人收到债权申报材料后，应当登记造册，对申报的债权进行审查，并编制债权表。

第六十五条 管理人应当自债权申报期限届满之日起十五日内，将债权表提交债务人和第一次债权人会议核查。

债务人、债权人对债权表记载的债权均无异议的，由人民法院裁定确认。

债务人、债权人对债权表记载的债权有异议的，应当自收到债权表之日起十五日内向管理人提交异议书并说明理由和依据。经管理人复核，异议人仍然不服的，应当自收到管理人复核意见之日起十五日内向裁定受理破产申请的人民法院起诉。

第五章　破产费用和共益债务

第六十六条　人民法院裁定受理破产申请后发生的下列费用，为破产费用：

（一）破产案件的诉讼费用；

（二）管理、变价和分配债务人财产而产生的费用；

（三）管理人执行职务的费用、报酬。

第六十七条　人民法院裁定受理破产申请后发生的下列债务，为共益债务：

（一）管理人或者债务人请求对方当事人履行双方均未履行完毕的合同所产生的债务；

（二）债务人财产受无因管理所产生的债务；

（三）债务人因不当得利产生的债务；

（四）管理人执行职务致人损害所产生的债务；

（五）债务人财产致人损害所产生的债务；

（六）为债务人重整提供融资或者担保所产生的债务；

（七）为债务人继续营业支付劳动报酬、社会保险所产生的债务以及由此产生的其他债务。

第六十八条　破产费用和共益债务以债务人财产随时清偿。

债务人可供分配的财产不足以清偿所有破产费用和共益债务的，先行清偿破产费用。

债务人可供分配的财产不足以清偿同一顺序所有破产费用或者共益债务的，按照比例清偿。

第六章　债权人会议

第一节　组织形式

第六十九条　依法申报债权并经管理人审查编入债权表的债权人有权参加第一次债权人会议，核查债权并行使表决权。

经人民法院裁定确认或者经确权诉讼判决确认的债权人为债权人会议成员，有权参加债权人会议并行使表决权。

仅有一位债权人申报债权或者债权被确认的，由其行使债权人会议的职权。

第七十条　债权尚未确定的债权人，除人民法院为其行使表决权而临时确定债权额外，不得行使表决权。

债权人可以委托代理人出席债权人会议，行使表决权。债权人的代理人出席债权人会议，应当提交债权人的授权委托书。

第七十一条 在破产清算程序中，对债务人的特定财产享有担保权的债权人，未放弃优先受偿权利的，不参加审议破产财产分配方案的表决。

在重整程序中，权益未受重整计划草案影响的债权人，不参加审议重整计划草案的表决。

第七十二条 债权人会议可以设主席一人，由人民法院从债权人中指定。

债权人会议主席主持债权人会议。

第七十三条 债权人会议行使下列职权：

（一）核查债权；

（二）监督管理人；

（三）向人民法院申请更换管理人；

（四）审查管理人的费用和报酬；

（五）授权管理人在一定额度内处分债务人的财产和财产权益；

（六）选任和更换债权人委员会成员；

（七）审议通过豁免财产清单；

（八）审议通过重整计划；

（九）审议通过债务人财产管理方案；

（十）审议通过破产财产分配方案；

（十一）审议通过债务人预期外收入分配方案；

（十二）就本条例规定或者人民法院要求由债权人会议审议的其他事项作出决议。

债权人会议应当对所议事项作出决议并形成会议记录。

第七十四条 债权人会议可以决定设立债权人委员会。债权人委员会由债权人会议选任的债权人代表组成。债权人委员会成员为单数且不得超过九人。

债权人委员会成员应当经人民法院书面确认。

第七十五条 债权人委员会行使下列职权：

（一）监督债务人财产的管理和处分；

（二）监督债务人可供分配财产的分配；

（三）提议召开债权人会议；

（四）债权人会议委托的其他职权。

债权人委员会执行职务时，有权在前款职权范围内要求管理人、债务人对相关事项作出说明并提供相关材料。

第七十六条　管理人、债务人拒绝接受监督的，债权人会议或者债权人委员会有权就监督事项请求人民法院作出决定。人民法院应当在五日内作出决定。

第七十七条　管理人实施下列涉及债务人财产的行为，应当及时报告债权人委员会：

（一）转让土地、房屋、知识产权等财产或者财产权益；

（二）借款；

（三）设定财产担保；

（四）转让债权和有价证券；

（五）履行债务人和对方当事人均未履行完毕的合同；

（六）放弃权利；

（七）取回担保物；

（八）对债权人利益有重大影响的其他财产处分行为。

未设立债权人委员会的，管理人实施前款规定的行为应当及时报告人民法院。

第二节　召开会议和表决

第七十八条　债权人会议可以以现场、书面或者网络形式召开并进行表决。

第七十九条　第一次债权人会议由人民法院召集，自债权申报期限届满之日起十五日内召开。

后续的债权人会议，在人民法院认为必要时，或者管理人、债权人委员会、所代表债权额占债权总额四分之一以上的债权人提议时召开。

第八十条　召开债权人会议，管理人应当提前十五日通知已知债权人。

第八十一条　债权人会议的决议，由出席会议的有表决权的债权人过半数通过，并且其所代表的债权额占对表决事项有表决权的债权总额的二分之一以上。但本条例另有规定的除外。

债权人认为债权人会议的决议违反法律规定，损害其合法权益的，可以自债权人会议作出决议之日起十五日内，请求人民法院裁定撤销该决议并责令债权人会议依法重新作出决议。

债权人会议的决议对全体债权人均有约束力。

第八十二条　经债权人会议表决未获通过的债务人财产管理方案、破产财产分配方案，由人民法院裁定，并通知债权人。

第八十三条 债权人对人民法院依照本条例第八十二条规定作出的裁定不服，且其所代表的债权额占对表决事项有表决权的债权总额的四分之一以上的，可以自收到裁定书之日起十五日内申请复议。复议期间不停止裁定执行。

第七章 破产清算

第一节 破产宣告

第八十四条 债务人财产报告、豁免财产清单以及债权人的债权申报经债权人会议核查或者通过，并经人民法院裁定确认后，债务人或者管理人可以向人民法院申请宣告债务人破产。

人民法院认为债务人符合宣告破产条件的，应当裁定宣告债务人破产。人民法院应当自裁定作出之日起五日内将裁定书送达债务人和管理人，并予以公告。

债务人被宣告破产后，债务人财产为破产财产。

第八十五条 破产宣告前，有下列情形之一的，人民法院应当裁定终结破产程序，并予以公告：

（一）债务人已清偿全部到期债务的；

（二）第三人为债务人清偿全部到期债务的。

人民法院依照前款规定裁定终结破产程序的，应当同时作出解除限制债务人行为的决定，将决定书送达债务人，并通知破产事务管理部门。

第八十六条 自人民法院宣告债务人破产之日起至依照本条例裁定免除债务人未清偿债务之日止，债务人不得担任上市公司、非上市公众公司和金融机构的董事、监事和高级管理人员职务。

第八十七条 管理人处置破产财产应当按照人民法院关于拍卖和变价的有关规定，以网络拍卖等方式在公开的交易平台进行。

财产拍卖底价应当参照市场价格确定，也可以通过定向询价、网络询价确定。网络拍卖两次流拍的，管理人可以通过网络变价等方式进行处置。但是，债权人会议另有决议或者法律、行政法规另有规定的除外。

第八十八条 破产财产因变现费用高于财产价值等原因，不宜进行处置和分配的，经债权人会议表决通过，可以放弃处置并归还债务人。

第八十九条 破产财产在优先清偿破产费用和共益债务后，其他债务依照下列顺序清偿：

（一）债务人欠付的赡养费、抚养费、扶养费和专属于人身赔偿部分的损害赔偿金；

（二）债务人所欠雇用人员的工资和医疗、伤残补助、抚恤等费用，应当缴入雇用人员个人账户的基本养老保险、基本医疗保险等社会保险费用，以及依法应当支付给雇用人员的补偿金；

（三）债务人所欠税款；

（四）普通破产债权，其中债务人的配偶以及前配偶、共同生活的近亲属以及成年子女不得在其他普通破产债权人未受完全清偿前，以普通债权人身份获得清偿；

（五）因违法或者犯罪行为所欠的罚金类款项。

破产财产不足以清偿同一顺序债权的，按照比例分配。

第九十条　管理人应当及时拟订破产财产分配方案，提交债权人会议审议。

破产财产分配方案应当载明下列事项：

（一）参加财产分配的债权人姓名或者名称、住所；

（二）参加财产分配的债权额；

（三）可供分配的财产数额；

（四）财产分配的顺序、比例及数额；

（五）实施财产分配的方式；

（六）债务人未来收入的分配方式。

债权人会议通过破产财产分配方案后，由管理人将该方案提请人民法院裁定认可。

人民法院裁定认可破产财产分配方案的，应当同时裁定终结破产清算程序，并予以公告。

第二节　财产分配

第九十一条　管理人负责破产财产分配方案的执行。

管理人按照破产财产分配方案实施多次分配的，应当公告当次分配的财产额和债权额。管理人实施最后一次分配的，应当在公告中指明，并载明分配额提存的相关事项。

第九十二条　对于附生效条件或者解除条件的债权，管理人应当将其分配额提存。

管理人依照前款规定提存的分配额，在最后分配公告日，生效条件未成就或者解除条件成就的，应当分配给其他债权人；在最后分配公告日，生效条件成就或者解除条件未成就的，应当交付给债权人。

第九十三条 债权人未领取的破产财产分配额，管理人应当提存。债权人自最后分配公告之日起满二个月仍未领取的，视为放弃受领分配的权利，管理人应当将提存的分配额分配给其他债权人。

第九十四条 分配破产财产时，对于诉讼或者仲裁未决的债权，管理人应当将其分配额提存。自人民法院裁定破产清算程序终结之日起满二年仍未受领的，管理人应当将提存的分配额分配给其他债权人。

第三节　免责考察

第九十五条 自人民法院宣告债务人破产之日起三年，为免除债务人未清偿债务的考察期限（以下简称考察期）。

第九十六条 债务人在考察期内应当继续履行人民法院作出的限制行为决定规定的义务，并履行本条例规定的债务人其他义务。

债务人违反前款规定的，人民法院可以决定延长考察期，但延长期限不超过二年。

第九十七条 下列债务不得免除，但债权人自愿放弃或者法律另有规定的除外：

（一）因故意或者重大过失侵犯他人身体权或者生命权产生的损害赔偿金；

（二）基于法定身份关系产生的赡养费、抚养费和扶养费等；

（三）基于雇用关系产生的报酬请求权和预付金返还请求权；

（四）债务人知悉而未记载于债权债务清册的债务，但债权人明知人民法院裁定宣告债务人破产的除外；

（五）恶意侵权行为产生的财产损害赔偿金；

（六）债务人所欠税款；

（七）因违法或者犯罪行为所欠的罚金类款项；

（八）法律规定不得免除的其他债务。

前款规定的债务，因债务人丧失或者部分丧失劳动能力，不予免除将导致债务人及其所扶养人生活长期极其困难的，债务人或者管理人可以向人民法院申请部分或者全部免除。

第九十八条 债务人存在下列情形之一的，不得免除未清偿债务：

（一）故意违反本条例第二十三条、第八十六条关于债务人行为限制的规定；

（二）故意违反本条例第二十一条关于债务人应当遵守的义务，以及

第三十三条至第三十五条关于债务人财产申报义务的规定；

（三）因奢侈消费、赌博等行为承担重大债务或者引起财产显著减少；

（四）隐匿、毁弃、伪造或者变造财务凭证、印章、信函文书、电子文档等资料物件；

（五）隐匿、转移、毁损财产，不当处分财产权益或者不当减少财产价值；

（六）法律规定不得免除的其他情形。

第九十九条　在考察期内，债务人应当每月在破产事务管理部门的破产信息系统登记申报个人收入、支出和财产状况等信息。

管理人负责监督债务人考察期内的相关行为，审核债务人提交的年度个人收入、支出和财产报告，按照破产财产分配方案对债务人年度新增或者新发现的破产财产进行接管分配。

破产事务管理部门应当对债务人的收入、支出、财产等的变动情况以及管理人履行职责行为进行检查监督，并依法予以公开。

第一百条　考察期届满，债务人可以依照本条例相关规定向人民法院申请免除其未清偿的债务。

债务人符合下列情形之一的，视为考察期届满：

（一）债务人清偿剩余债务或者债权人免除债务人全部清偿责任的；

（二）债务人清偿剩余债务达到三分之二以上，且考察期经过一年的；

（三）债务人清偿剩余债务达到三分之一以上不足三分之二，且考察期经过二年的。

第一百零一条　考察期届满，债务人申请免除未清偿债务的，管理人应当对债务人是否存在不得免除的债务以及不得免除未清偿债务的情形进行调查，征询债权人和破产事务管理部门意见，并向人民法院出具书面报告。

人民法院根据债务人申请和管理人报告，裁定是否免除债务人未清偿债务，同时作出解除对债务人行为限制的决定。

第一百零二条　人民法院裁定免除债务人未清偿债务的，应当将裁定书送达债权人和债务人，并予以公告。债权人不服的，可以自裁定书送达之日起十五日内申请复议。

人民法院裁定不免除债务人未清偿债务的，债务人可以自裁定书送达之日起十五日内申请复议。

免除未清偿债务裁定的效力及于已申报和未申报的全体债权人。债务人的保证人和其他连带债务人尚未承担保证责任或者连带责任的，在人民法院依照本条例裁定免除债务人未清偿债务后对债权人依照破产清算程序未受清偿的债权，依法继续承担清偿责任。

第一百零三条 债权人或者其他利害关系人发现债务人通过欺诈手段获得免除未清偿债务的，可以申请人民法院撤销免除未清偿债务的裁定。

第一百零四条 人民法院撤销免除债务人未清偿债务裁定的，应当将撤销裁定书送达债务人和债权人，并予以公告。债务人对撤销裁定不服的，可以自撤销裁定书送达之日起十五日内申请复议。

第一百零五条 人民法院裁定不免除债务人未清偿债务的，或者撤销免除债务人未清偿债务裁定的，债权人可以向债务人继续追偿债务。

第八章　重　　整

第一节　重整申请与期间

第一百零六条 有未来可预期收入的债务人，可以依照本条例向人民法院申请重整。

申请重整的，除提交本条例第八条规定的材料外，还应当提交重整可行性报告或者重整计划草案。

债权人申请对债务人进行破产清算，债务人申请重整，人民法院认为符合重整受理条件的，应当裁定受理重整申请。

第一百零七条 在人民法院裁定受理债权人对债务人的破产清算申请后至裁定宣告破产前，债务人也可以向人民法院申请重整。人民法院认为符合重整受理条件的，应当裁定转入重整程序。

第一百零八条 自人民法院裁定受理重整申请之日起至重整程序终结，为重整期间，重整期间不超过六个月。

第一百零九条 在重整期间，债务人在管理人的监督下自行管理财产和营业事务。

确需管理人接管债务人财产和营业事务的，经债权人或者管理人申请，由人民法院决定。

第一百一十条 在重整期间，对债务人特定财产享有担保权，且该财产为重整所必需的，该担保权暂停行使。但是，担保物有损坏或者价值明显减少的可能，足以损害担保权人权利的，担保权人可以向人民法院请求恢复行使担保权，也可以要求债务人另外提供担保。

在重整期间，债务人为增加其未来收入而借款的，可以为该借款设定担保。

第一百一十一条　债务人合法占有他人财产，该财产的权利人在重整期间要求取回的，应当符合事先约定的条件。

第一百一十二条　在重整期间，债务人有下列情形之一的，管理人应当在五日内告知债权人，债权人或者管理人可以向人民法院申请裁定终结重整程序并宣告债务人破产：

（一）债务人财产状况继续恶化，缺乏重整的可能性；

（二）债务人有欺诈、恶意减少债务人财产或者有其他显著减损债权人财产权益的行为；

（三）债务人的行为致使管理人无法执行职务。

第二节　重整计划制定和批准

第一百一十三条　债务人或者管理人应当自人民法院裁定受理重整申请之日起三十日内，向人民法院和债权人会议提交重整计划草案。

前款期限届满，经债务人或者管理人申请，有正当理由的，人民法院可以裁定延期三十日。

债务人或者管理人无法形成重整计划草案并提交表决的，管理人应当在五日内向人民法院申请终结重整程序。

第一百一十四条　重整计划草案应当包括下列内容：

（一）债权分类；

（二）依照本条例第九十七条规定不得免除的债务；

（三）债权调整方案；

（四）债务清偿方案；

（五）可预期收入与预期外收入分配方案；

（六）重整计划的执行期限；

（七）有利于债务人重整的其他措施。

债务人及其所扶养人居住的房屋上有未清偿完毕的房屋抵押贷款的，债务人可以与抵押权人就该抵押贷款的本金、利息、清偿期限和方式等内容达成家庭住宅抵押贷款方案，作为重整计划草案的组成部分一并提交。

第一百一十五条　重整计划草案应当符合下列要求：

（一）除家庭住宅抵押贷款方案外，重整计划执行期限不超过五年，每次债务清偿间隔不超过三个月；

（二）不损害担保权人的担保权利，并对其因延期受偿的损失予以公平补偿；

（三）债务清偿顺序符合本条例第八十九条规定，同类债权按比例清偿；

（四）清偿比例不低于破产清算状态下的清偿比例；

（五）不损害国家利益、社会公共利益或者他人合法权益。

债权人自愿放弃权利的，可以不受前款规定限制。

第一百一十六条 债权人应当依照下列债权所属分类，按照分组在债权人会议上讨论和表决重整计划草案：

（一）对债务人的特定财产享有担保权的债权；

（二）债务人欠付的赡养费、抚养费、扶养费和专属于人身赔偿部分的损害赔偿金等；

（三）债务人所欠雇用人员的工资和医疗、伤残补助、抚恤等费用，应当缴入雇用人员个人账户的基本养老保险、基本医疗保险等社会保险费用，以及依法应当支付给雇用人员的补偿金；

（四）税款、罚金类款项；

（五）普通债权。

必要时，人民法院可以在普通债权组增设小额债权组。

第一百一十七条 人民法院应当自收到重整计划草案之日起十五日内召开债权人会议，对重整计划草案进行表决。

第一百一十八条 人民法院裁定受理重整申请前，债权人和债务人就债务清偿达成书面协议的，债务人可以将其纳入重整计划草案提交债权人会议进行表决。

重整计划草案未修改前款协议内容的，或者经人民法院审查修改未实质性减损债权人权益的，视为该债权人对该内容表决同意，其所代表的债权额计入表决通过的债权额。

第一百一十九条 出席债权人会议同一表决组的债权人过半数同意重整计划草案，并且其所代表的债权额占该组债权总额的三分之二以上的，即为该组通过重整计划草案。

各表决组均通过重整计划草案的，重整计划草案即为通过。自重整计划草案通过之日起十日内，债务人或者管理人可以向人民法院申请批准。

人民法院经审查认为符合本条例规定的，应当自收到申请之日起十五日内裁定批准重整计划并终结重整程序，予以公告。

第一百二十条 重整计划草案未通过或者部分表决组未通过的，债务人可以与债权人协商修改重整计划草案，自表决未通过之日起十五日内，重新提交债权人会议表决。权益未受影响的表决组或者债权人不再参加表决。

前款规定的重新提交表决的次数不得超过两次。

第一百二十一条　部分表决组未通过重整计划草案，但重整计划草案符合本条例第一百一十四条、第一百一十五条规定的，债务人或者管理人可以自表决之日起十日内，申请人民法院批准重整计划草案。

人民法院经审查认为重整计划草案符合前款规定的，应当自收到申请之日起三十日内裁定批准重整计划并终结重整程序，予以公告。

第一百二十二条　重整计划草案自人民法院裁定受理重整申请之日起六个月内未获得通过且未依照本条例的规定获得批准，或者已通过的重整计划未获得批准的，人民法院应当裁定终结重整程序。

经债务人或者债权人申请，人民法院认为债务人符合破产条件的，应当裁定宣告债务人破产，对其进行破产清算。

之前已经发生与破产清算有关的行为继续有效，重整管理人继续担任破产清算管理人。

第一百二十三条　经人民法院裁定批准的重整计划，对债务人和全体债权人均有约束力。

债权人对债务人的保证人和其他连带债务人所享有的权利，不受重整计划的影响，债权人自愿放弃的除外。

第一百二十四条　人民法院裁定批准重整计划的，应当同时作出解除限制债务人行为的决定，将决定书送达债务人，并通知破产事务管理部门。

第三节　重整计划执行

第一百二十五条　重整计划由债务人负责执行。

自人民法院裁定批准重整计划之日起，在重整计划规定的期限内，由管理人协助和监督重整计划的执行。

债务人应当每月向破产事务管理部门、管理人报告重整计划执行期间的收入、支出以及债务清偿情况。破产事务管理部门应当予以登记并依法公开。

第一百二十六条　重整计划执行期限届满之日起十日内，管理人应当向人民法院和破产事务管理部门提交执行报告，重整利害关系人有权查阅该报告。

第一百二十七条　经批准的重整计划因不可归责于债务人的原因导致无法按期执行的，经债务人申请，人民法院可以批准延长执行期限，但最长不得超过二年。债权人因延期清偿所受的损失应当得到合理补偿。

第一百二十八条　经批准的重整计划因不可抗力、意外事件等原因导致无法执行，且债务人按照重整计划清偿各类债务均达到四分之三以上的，经债务人申请，人民法院可以裁定免除未清偿债务，并终止重整计划的执行。

第一百二十九条　自重整计划执行完毕之日起十五日内，债务人可以向人民法院申请免除其未清偿的债务。

第一百三十条　债务人不执行或者不能执行重整计划，或者债务人存在欺诈行为的，债权人可以向人民法院申请终止重整计划执行，并对债务人进行破产清算。人民法院应当裁定终止重整计划执行，并宣告债务人破产。重整中已经发生的与破产清算有关的行为继续有效，重整管理人继续担任破产清算管理人。

第一百三十一条　人民法院依照本条例第一百三十条规定裁定终止重整计划执行的，债权人在重整计划中的债权调整承诺失效。债权人因执行重整计划所受的清偿仍然有效，债权未受清偿的部分作为破产债权。

前款规定的债权人，只有在其他同顺位债权人同自己所受的清偿达到同一比例时，才能继续接受分配。

第一百三十二条　人民法院依照本条例第一百三十条规定裁定终止重整计划执行的，在重整期间设定的担保继续有效。

第九章　和　　解

第一节　和解申请

第一百三十三条　债务人可以依照本条例直接向人民法院申请和解。

债务人申请和解的，除提交本条例第八条规定的材料外，还应当提交和解可行性报告。

第一百三十四条　在人民法院裁定受理破产清算申请后、宣告债务人破产前，债务人或者债权人可以向人民法院申请和解。人民法院认为有和解可能的，应当自收到和解申请之日起五日内裁定转入和解程序。

第一百三十五条　人民法院可以委托人民调解委员会、特邀调解员、特邀调解组织或者破产事务管理部门等组织和解。

委托和解期限不超过二个月。委托和解期限内，债务人与全体债权人达成和解协议的，可以申请人民法院认可和解协议。

人民法院决定委托和解时尚未指定管理人的，可以暂不指定管理人。

第一百三十六条　债务人与全体债权人可以就债务清理在庭外自行委托

人民调解委员会、特邀调解员、特邀调解组织或者破产事务管理部门等组织进行和解，达成和解协议的，可以直接请求人民法院裁定认可和解协议。

第二节　和解协议认可

第一百三十七条　债务人向人民法院申请认可和解协议的，应当向人民法院提交下列材料：

（一）和解协议；

（二）和解情况说明；

（三）债权人名册；

（四）债务人财产及债务说明；

（五）人民法院认为需要提交的其他材料。

第一百三十八条　和解协议应当包括下列内容：

（一）债务人基本信息、财产和收入状况；

（二）债权人名册及债权数额；

（三）债权清偿方案；

（四）债务减免方案；

（五）和解协议执行期限；

（六）人民法院要求载明的其他事项。

第一百三十九条　达成和解协议，除应当符合本条例第一百三十八条规定外，还应当满足下列条件：

（一）和解意思表示真实；

（二）和解信息充分公开、程序规范完整、过程公正透明、表决真实有效；

（三）和解协议未损害国家利益、社会公共利益或者他人合法权益；

（四）不违反法律、行政法规的强制性规定。

第一百四十条　人民法院应当将和解协议予以公告。债权人、利害关系人对和解协议有异议的，应当自公告发布之日起十五日内向人民法院提出。

第一百四十一条　人民法院应当对和解协议进行审查。

人民法院审查和解协议应当进行听证调查，并提前三日通知债务人、参与和解的债权人以及提出异议的利害关系人参加。

第一百四十二条　人民法院经审查认为和解协议符合本条例规定的，应当裁定认可和解协议并终结和解程序。上述裁定书自裁定作出之日起五日内送达债务人、参与和解的债权人，并予以公告。

自和解协议执行完毕之日起十五日内，债务人可以向人民法院申请免除其未清偿的债务。

第一百四十三条 参与和解的债权人对债务人的保证人和其他连带债务人所享有的权利，不受和解协议的影响，但债权人自愿放弃的除外。

第一百四十四条 委托和解期限届满，无法达成和解协议的，或者和解协议未获得人民法院认可的，人民法院应当裁定终结和解程序。

第一百四十五条 委托和解期限届满，无法达成和解协议的，或者和解协议未获得人民法院认可的，经债务人或者债权人申请，人民法院认为债务人符合破产条件的，应当宣告债务人破产，对其进行破产清算。

之前已经发生与破产清算有关的行为继续有效，已经指定管理人的，由其继续担任破产清算管理人。

第一百四十六条 自和解程序终结之日起一年内，债务人不得再次提出和解申请。

第一百四十七条 在破产程序中，债务人与全体债权人自行就债权债务的处理达成和解协议的，可以向人民法院申请终结破产程序。

第十章 简易程序

第一百四十八条 人民法院审理个人破产案件，债权债务关系明确、债务人财产状况清楚、案情简单的，可以由合议庭适用简易程序审理。债务人债务不超过二十万元的，可以由法官一人独任审理。

第一百四十九条 人民法院决定适用简易程序审理的案件，应当在裁定受理时告知债权人、债务人。

适用简易程序审理的案件，人民法院应当在裁定受理破产申请之日起三个月内审结。

第一百五十条 适用简易程序审理的案件，债权申报期限自发布受理破产申请公告之日起计算，最长不得超过三十日。

第一百五十一条 适用简易程序审理的案件，在第一次债权人会议上，除核查债权表以外，管理人可以将财产分配方案等事项一并提交债权人会议表决。

管理人按照前款规定表决通过的方案进行财产分配和追加分配，无需再次表决。

第一百五十二条 适用简易程序审理的案件，管理人应当按照下列期限要求办理有关事项：

（一）自接受指定之日起十五日内通知已知债权人申报债权，在三十日内完成并提交债务人财产状况调查报告；

（二）在第一次债权人会议召开前三日将会议内容及表决事项告知已知债权人；

（三）债务人有财产可供分配的，应当在破产财产最后分配完结十日内向人民法院提交破产财产分配报告。

第一百五十三条　适用简易程序审理的案件，符合终结破产程序条件的，人民法院应当自收到管理人终结破产程序的申请之日起十日内作出裁定，并予以公告。

第一百五十四条　人民法院适用简易程序审理个人破产案件，发现不宜适用简易程序，或者无法在三个月内审结的，应当裁定转为普通程序，已经进行的破产程序继续有效。

第十一章　破产事务管理

第一节　破产事务管理部门

第一百五十五条　市破产事务管理部门应当履行下列职责：

（一）确定管理人资质，建立管理人名册；

（二）依照本条例第十八条规定提出管理人人选；

（三）管理、监督管理人履行职责；

（四）提供破产事务咨询和援助服务；

（五）协助调查破产欺诈和相关违法行为；

（六）实施破产信息登记和信息公开制度；

（七）建立完善政府各相关部门办理破产事务的协调机制；

（八）其他与本条例实施有关的行政管理职责。

第一百五十六条　除依法不公开的信息外，破产事务管理部门应当及时登记并公开破产申请、行为限制决定、财产申报、债权申报、分配方案、重整计划、和解协议、免责考察等相关信息，供有关单位和个人依法查询。

第二节　管理人

第一百五十七条　管理人由符合条件的个人或者机构担任。

律师、注册会计师以及其他具有法律、会计、金融等专业资质的个人或者相关中介服务机构，经破产事务管理部门认可，可以担任管理人。

管理人的任用、履职和报酬管理具体办法，由市人民政府制定。

第一百五十八条　个人或者机构有下列情形之一的，不得担任管理人：

（一）因故意犯罪受过刑事处罚；

（二）曾被吊销相关专业执业证书；

（三）与案件有利害关系；

（四）法律、行政法规规定或者人民法院、破产事务管理部门认为不宜担任管理人的其他情形。

第一百五十九条　管理人依照本条例规定执行职务，接受人民法院、破产事务管理部门、债权人会议及债权人委员会的监督。

管理人应当列席债权人会议，并向债权人会议报告履行职责情况，回答询问。

第一百六十条　债权人会议认为管理人不能依法、公正执行职务或者有其他不能胜任职务情形的，可以申请人民法院予以更换。

第一百六十一条　管理人应当勤勉尽责，忠实履行下列职责：

（一）调查核实债务人及其所扶养人、雇用人员的基本情况；

（二）通知已知债权人申报债权并审查债权情况；

（三）接管与债务人财产状况相关的财产清单、凭证以及债权债务清册等资料；

（四）调查债务人财产状况和人民法院裁定受理破产申请之日起前二年的财产变动情况，制作债务人财产报告；

（五）提出对债务人豁免财产清单的意见，调查、接管债务人可供分配的财产；

（六）拟定破产财产分配方案并实施分配；

（七）代表债务人提起、参加涉及债务人财产的诉讼、仲裁等活动；

（八）提议、协调召开债权人会议；

（九）管理、监督、协助重整计划或者和解协议的执行；

（十）管理、监督债务人在考察期的行为；

（十一）人民法院、破产事务管理部门依照本条例以及其他规定要求管理人履行的其他职责。

第一百六十二条　管理人可以持人民法院的指定管理人决定书，向公安、民政、社会保障、税务、市场监管等部门和金融、征信机构等查询调取债务人、债权人相关信息资料，有关部门和机构应当予以协助。必要时，管理人可以申请人民法院签发调查令。

第一百六十三条　管理人负责保管债务人财产状况报告、债权申报材料、债权人会议决议、债权人委员会决议、管理人监督报告等相关材料，供债权人和利害关系人查阅。管理人无正当理由不予提供的，查阅人可以请求人民法院决定；人民法院应当在五日内作出决定。

前款材料涉及商业秘密的，查阅人应当依法承担保密义务或者签署保密协议。涉及个人隐私或者国家秘密的，依照相关法律、行政法规规定处理。

第一百六十四条　管理人在履行职责过程中发现债务人、债权人或者其他相关人员涉嫌犯罪的，应当及时向有关机关报告。

第一百六十五条　管理人无正当理由不得辞去职务。管理人辞去职务应当经债权人会议或者破产事务管理部门同意并提请人民法院决定。

第一百六十六条　管理人履行个人破产案件管理职责，由人民法院依照有关规定确定其报酬。

管理人应当按照规定为破产财产不足以支付破产费用的案件提供破产事务公益服务。

第十二章　法律责任

第一百六十七条　债务人违反本条例规定，有下列行为之一的，由人民法院依法予以训诫、拘传、罚款、拘留；构成犯罪的，依法追究刑事责任：

（一）拒不配合调查，拒不回答询问，或者拒不提交相关资料的；

（二）提供虚假、变造资料，作虚假陈述或者误导性陈述的；

（三）故意隐匿、转移、毁损、不当处分财产或者财产权益，或者其他不当减少财产价值的；

（四）虚构债务，或者承认不真实债务的；

（五）隐匿、毁弃、伪造，或者变造财务凭证、印章、信函文书、电子文件等资料物件的；

（六）无正当理由拒不执行重整计划或者和解协议，损害债权人利益的；

（七）其他妨害破产程序的行为。

第一百六十八条　债务人的配偶、共同生活的近亲属等利害关系人违反本条例规定，有下列行为之一的，由人民法院依法予以训诫、拘传、罚款、拘留；构成犯罪的，依法追究刑事责任：

（一）拒不协助人民法院或者管理人调查债务人的财产及收入状况，或者提供虚假资料、作虚假陈述的；

（二）帮助、包庇债务人故意隐匿、转移、毁损、不当处分财产或者财产权益，或者其他不当减少财产价值的；

（三）帮助、包庇债务人虚构债务或者承认不真实债务的；

（四）帮助、包庇债务人违反本条例关于债务人义务规定和限制债务人行为决定的；

（五）其他妨害破产程序的行为。

第一百六十九条 债权人、利害关系人违反本条例规定，有下列行为之一的，由人民法院依法予以训诫、拘传、罚款、拘留；构成犯罪的，依法追究刑事责任：

（一）基于不正当理由申请债务人破产的；

（二）虚构债权，虚假申报，或者主张虚假的取回权、抵销权的；

（三）明知人民法院已经裁定受理破产申请，仍然向债务人及其近亲属追索债权或者取得债务人财产或者财产权益的；

（四）恶意串通行使表决权，损害他人合法权益的；

（五）其他妨害破产程序的行为。

第一百七十条 管理人未依照本条例规定勤勉尽责、忠实执行职务，给债务人、债权人或者其他利害关系人造成损失的，应当依法承担赔偿责任。

管理人怠于履行或者不当履行职责的，由人民法院责令改正，并可以采取降低管理人报酬、依职权更换管理人等措施；破产事务管理部门可以暂停其任职资格或者将其从管理人名册中除名。

管理人与他人恶意串通，妨害破产程序的，由人民法院依法予以训诫、拘传、罚款、拘留；构成犯罪的，依法追究刑事责任。

第十三章　附　　则

第一百七十一条 符合本条例规定的债务人，其配偶可以选择同时适用本条例进行破产清算、重整或者和解。

第一百七十二条 本条例没有规定的，适用《中华人民共和国民事诉讼法》、《中华人民共和国企业破产法》和其他法律、行政法规的有关规定。

第一百七十三条 本条例自 2021 年 3 月 1 日起施行。

深圳市个人破产管理人名册
管理办法（试行）

（2022 年 8 月 11 日）

第一条　为了规范个人破产管理人（以下简称管理人）名册的编制及管理，提高个人破产案件办理质量和效率，根据《深圳经济特区个人破产条例》（以下简称《条例》）及有关规定，制定本办法。

第二条　本办法适用于本市管理人名册的编制和管理。

前款所称管理人，是指符合《条例》及本办法规定，经市破产事务管理部门认可并纳入管理人名册的机构或者个人。

第三条　管理人名册的编制和管理遵循公平、公正、公开、择优选取、动态调整的原则。

第四条　市破产事务管理部门履行下列与管理人名册相关的编制和管理职责：

（一）确定管理人资质，制定管理人评审标准；

（二）组织开展申报、评审、确认、发布等工作；

（三）对管理人名册进行动态管理；

（四）组织开展管理人业务培训和考核评价。

法律、会计、金融等主管部门、行业协会以及相关单位，应当为管理人名册编制及管理工作提供必要的协助。

第五条　管理人名册包括机构管理人名册和个人管理人名册。

市破产事务管理部门可以根据本市个人破产案件办理需要，确定管理人规模，分批编制管理人名册并进行动态管理。

第六条　律师事务所、会计师事务所以及其他具有法律、会计、金融等专业资质的机构，申请编入机构管理人名册的，应当符合下列基本条件：

（一）依法成立二年以上（含二年）；

（二）拥有十名以上（含十名）具有法律、会计、金融等专业资质的专职从业人员。

第七条 编入机构管理人名册的机构中，取得专业资质后连续从事相应工作满五年的律师、注册会计师以及其他具有法律、会计、金融等专业资质的个人，经所在机构推荐可以申请编入个人管理人名册。

第八条 机构或者个人有下列情形之一的，市破产事务管理部门不予纳入管理人名册：

（一）因故意犯罪受过刑事处罚；

（二）曾被吊销相关执业证书或者专业资质；

（三）受到有关主管部门行政处罚或者行业协会纪律处分未逾三年；

（四）因妨害破产程序受到人民法院处罚未逾三年；

（五）因涉嫌违纪违法正在接受有关机关审查调查；

（六）从管理人名册中除名未逾三年；

（七）提供虚假申报材料或者有其他弄虚作假行为；

（八）法律、行政法规规定或者人民法院、市破产事务管理部门认为不宜担任管理人的其他情形。

第九条 市破产事务管理部门组织开展管理人名册编制工作，应当通过深圳市个人破产信息公开平台等发布管理人名册编制公告。公告包含下列内容：

（一）申报条件；

（二）申报材料、途径及截止期限；

（三）评审程序及评审标准；

（四）管理人履职要求及相应责任；

（五）其他需要说明的事项。

第十条 申请编入管理人名册的机构和个人（以下简称申报人）应当按照管理人名册编制公告要求，明确申报类别并提交相应申报材料。

申报材料符合要求的，进入管理人名册初审程序；申报材料不符合要求的，申报人应当按照市破产事务管理部门要求一次性补正全部材料。

市破产事务管理部门可以委托有关行业协会、专业机构等协助接收申报人提交的申报材料。

第十一条 市破产事务管理部门组织成立管理人名册初审小组，根据评审标准对申报人进行评分，差额形成管理人名册初审名单。

评审标准由市破产事务管理部门根据有关基本情况、专业能力、办理破产成本、履职便利程度、履职计划、表彰荣誉等因素确定。

第十二条 市破产事务管理部门组织成立评审委员会，对管理人名册初审名单进行表决或者综合评审，形成管理人名册公示名单。条件成熟且确有必要的，评审委员会还可以通过笔试、面试等方式对申报人进行综合评审。

评审委员会可以由市破产事务管理部门、人民法院、有关主管部门、行业协会代表以及专家学者等组成，成员为单数且不少于七人。

第十三条　市破产事务管理部门应当将管理人名册公示名单通过深圳市个人破产信息公开平台等进行公示，公示期不少于十日。

公示期内，任何单位或者个人对管理人名册公示名单有异议的，应当以书面方式实名提出，并提供相应线索或者材料。

市破产事务管理部门收到异议后应当组织调查核实，并将有关情况以书面方式反馈异议提出人。异议成立且申报人确实不符合规定条件的，市破产事务管理部门不予纳入管理人名册。

第十四条　公示期结束后，市破产事务管理部门确认并形成管理人名册，通过深圳市个人破产信息公开平台等予以发布，并送人民法院、有关主管部门、行业协会等单位。

管理人名册自市破产事务管理部门发布之日起生效。

市破产事务管理部门发布管理人名册时，可以同时发布管理人的基本情况、联系方式、履职情况等信息，为债权人推荐管理人提供便利和参考。

第十五条　市破产事务管理部门应当组织对管理人进行业务培训，提高管理人办理个人破产案件的质量和效率。

第十六条　管理人有下列情形之一的，市破产事务管理部门应当暂停其任职资格：

（一）怠于履行或者不当履行管理人职责；

（二）因涉嫌违纪违法正在接受有关机关审查调查；

（三）累计三次被人民法院采取更换管理人措施；

（四）在年度考核评价中被评定为不合格；

（五）法律、行政法规规定或者人民法院、市破产事务管理部门认为应当暂停管理人任职资格的其他情形。

暂停管理人任职资格的期限为一年，因接受审查调查被暂停管理人任职资格的，期限至有关审查调查结束之日止。有关期限届满或者审查调查结束且管理人不存在违纪违法情形的，市破产事务管理部门应当恢复管理人任职资格。

第十七条　管理人有下列情形之一的，市破产事务管理部门应当将其从管理人名册中除名：

（一）因故意犯罪受到刑事处罚；

（二）注销或者被吊销相关执业证书或者专业资质；

（三）受到有关主管部门行政处罚或者行业协会纪律处分；

（四）因违纪违法被有关机关处理；

（五）因妨害破产程序受到人民法院处罚；

（六）累计三次被暂停管理人任职资格；

（七）累计三次无正当理由拒绝有关单位提出、指定其为管理人人选或者辞去管理人职务；

（八）累计三次在年度考核评价中被评定为不合格；

（九）无民事行为能力或者限制民事行为能力；

（十）申请退出管理人名册；

（十一）法律、行政法规规定或者人民法院、市破产事务管理部门认为应当除名的其他情形。

第十八条　管理人不符合《条例》及本办法规定条件的，应当主动向市破产事务管理部门报告。

市破产事务管理部门负责对管理人资质条件进行抽查检查。有关主管部门、行业协会以及其他相关单位发现管理人存在本办法第八条、第十六条、第十七条规定情形的，应当及时通报市破产事务管理部门。

管理人被暂停任职资格或者从管理人名册中除名的，市破产事务管理部门应当及时公告，对管理人名册进行调整或者标注，并通报人民法院、有关主管部门、行业协会等单位。

第十九条　市破产事务管理部门应当定期对管理人进行考核评价，加强监督管理，督促管理人依法履行职责。有关考核评价具体办法，由市破产事务管理部门另行制定。

第二十条　本办法所称"具有法律、会计、金融等专业资质"的专职从业人员或者个人，是指具有律师、注册会计师等执业资格，或者具有国家职业资格目录规定的法律、会计、金融相关职业资格的个人。

第二十一条　本办法自 2022 年 9 月 1 日起施行，有效期 3 年。

浙江法院个人债务集中清理(类个人破产)工作指引（试行）

（浙江省高级人民法院审判委员会第 2820 次会议通过）

一、基本原则

1. 依法合规，开展个人债务集中清理工作，应当坚持法治思维和法治方式，在现行法律框架内，依法合规开展工作，保障各方当事人的合法权益。

2. 鼓励探索，积极探索通过附条件的债务免除、诚信财产申报、合理确定"生活必需品"以实现破产制度中豁免财产的制度目的等途径，在个人债务集中清理工作中充分探索个人破产的制度因素。

3. 府院联动，积极推动政府相关部门在财产登记、公职管理人、专项资金、信用体系建设等方面优化个人破产的制度环境。

二、管辖

4. 符合以下条件的基层人民法院可以开展个人债务集中清理工作：

（一）自然人债务人住所地、经常居住地或主要财产所在地在该基层人民法院辖区内；

（二）该基层人民法院有以该自然人作为被执行人的强制执行案件。

5. 债务人向两个以上符合条件的人民法院申请的，由最先立案的人民法院开展个人债务集中清理工作。

三、申请和受理

6. 具有浙江省户籍，在浙江省内居住并参加浙江省内社会保险或缴纳个人所得税连续满三年的自然人不能清偿到期债务，资产不足以清偿全部债务或者明显缺乏清偿能力，可以依照本指引申请开展个人债务集中清理工作。

个体工商户可以参照本指引进行债务集中清理。

7. 债务人申请个人债务集中清理的，应当由本人提交下列材料，并现场签名：

（一）个人债务集中清理申请书；

（二）财产状况申报；

（三）债权人清册；

（四）债务方面的证据、收入和支出的证据；

（五）诚信承诺书；

（六）法院认为需要的其他材料。

8. 人民法院可以在诉讼服务中心引入管理人工作人员，就个人债务集中清理工作的受理条件、程序、法律后果等事项向债务人进行释明和引导。

9. 人民法院在个人债务集中清理案件审查受理阶段，可以召集已知债权人听证会，向债权人释明个人债务集中清理程序在引入管理人进行财产调查、债务人财产申报等方面的程序利益，引导债权人作出附条件的债务免除承诺。

人民法院可以将债权人附条件的债务免除承诺作为启动个人债务集中清理工作的条件之一。

10. 人民法院在收到符合条件的个人债务集中清理申请之日起三十日内裁定是否受理。

11. 人民法院可以自裁定受理个人债务集中清理申请之日起二十日内发布受理公告。公告可以载明下列事项：

（一）债务人姓名；

（二）人民法院裁定受理个人债务集中清理申请的时间；

（三）限制债务人行为的决定；

（四）管理人姓名或者名称及地址；

（五）债权人会议召开的时间、地点和方式；

（六）人民法院认为需要公告的其他事项。

12. 债务人申请个人债务集中清理属于主动纠正失信行为，人民法院裁定受理个人债务集中清理申请的，可以依照《最高人民法院关于公布失信被执行人名单信息的若干规定》决定提前删除失信信息。

13. 人民法院受理后，对于以进行个人债务集中清理的自然人作为被执行人的执行案件，受理个人债务集中清理申请的人民法院在浙江省范围内可以向执行案件的共同上级法院申请集中指定执行。

共同上级法院一般应当集中指定执行。

14．自人民法院受理个人债务集中清理申请之日起至程序终结之日或者债务人行为考察期满之日止，债务人不得有以下消费行为：

（一）乘坐交通工具时，选择飞机商务舱、头等舱、列车软卧、轮船二等以上舱位、G 字头高速动车组旅客列车二等及其他动车组一等以上座位；

（二）在三星级以上宾馆、酒店、夜总会、高尔夫球场等场所进行消费；

（三）购买不动产或者新建、扩建、高档装修房屋；

（四）租赁高档写字楼、宾馆、公寓等场所办公；

（五）购买机动车辆；

（六）旅游、度假；

（七）子女就读高收费私立学校；

（八）支付高额保费购买保险理财产品；

（九）其他非生活和工作必须的消费行为。

15．债务人在依本指引进行债务清理期间，应当履行下列义务：

（一）妥善保管其占有和管理的财产、文书资料，并根据管理人要求及时完整移交，不得擅自处分其所有的财产；

（二）接受人民法院或者管理人的调查询问，如实全面申报财产及债权债务；

（三）出席债权人会议、听证会，接受债权人的质询；

（四）未经人民法院许可，不得出境；

（五）姓名、联系方式、住址等个人信息发生变动或者需要离开住所地时，及时向人民法院、管理人报告；

（六）遵守本指引第 14 条有关限制高消费的规定；

（七）不得对债权人进行个别清偿，但个别清偿使债务人财产受益的除外；

（八）人民法院认为需要履行的其他义务。

上述第（一）至第（三）项的规定，适用于与债务人共同生活的近亲属或者其他利害关系人。

16．人民法院受理个人债务集中清理申请后，发现债务人不符合本指引第 6 条规定情形的，应当裁定驳回申请。

17．申请个人债务集中清理，人民法院暂不收取申请费用。

有执行案件的，执行案件的申请费由债务人负担。

18．个人债务集中清理工作中管理人执行职务的费用、报酬和聘用工作人员的费用等可以从各地设立的破产专项资金中列支。

四、财产申报

19. 债务人应当在申请时向人民法院书面报告本人及其配偶、未成年子女以及其他共同生活的近亲属名下的财产情况：

（一）收入、银行存款、现金、支付宝等第三方支付工具中的财产、理财产品、有价证券等；

（二）土地使用权、房屋等不动产；

（三）交通运输工具、机器设备、产品、原材料、个人收藏的文玩字画等动产；

（四）债权、股权、投资权益、基金份额、信托受益权、知识产权等财产性权利；

（五）其他具有处置价值的财产。

债务人的财产已出租、已设立担保物权等权利负担，或者存在共有、权属争议等情形的，应当一并申报；债务人的动产由第三人占有，债务人的不动产、特定动产、其他财产权等登记在第三人名下的，应当一并申报。

20. 自人民法院裁定受理个人债务集中清理申请之日前两年内，债务人财产发生下列变动的，债务人应当一并如实申报：

（一）赠与、转让、出租财产；

（二）在财产上设立担保物权、地役权等权利负担；

（三）放弃债权或者延长债权清偿期限；

（四）一次性支出五万元以上大额资金；

（五）因离婚、继承而分割共同财产；

（六）提前清偿未到期债务；

（七）其他重大财产变动情况。

21. 人民法院开展个人债务集中清理工作期间，债务人应当定期向人民法院申报财产变动情况。

22. 人民法院应当保留债务人及所扶养的家属的生活必需费用和必需品不受执行，人民法院可以依照《中华人民共和国民事诉讼法》第二百四十四条规定认定下列财产属于"生活必需品"：

（一）债务人及其所需要抚养、赡养和扶养的家庭成员生活、学习、医疗的必需品和合理费用；

（二）因债务人职业发展需要必须保留的物品和合理费用；

（三）对债务人有特殊纪念意义的物品；

（四）无现金价值的人身保险；

（五）勋章或者其他表彰荣誉的物品；

（六）专属于债务人的人身损害赔偿金、社会保险金以及最低生活保障金；

（七）根据法律规定或者基于公序良俗不应当用于清偿债务的其他财产。

前款规定的财产，价值较大、不用于清偿债务明显违反公平原则的，不认定为生活必需品。

23. 债务人应当自人民法院受理裁定送达之日起十五日内向管理人提交"生活必需品"清单，并列明财产对应的价值或者金额。

五、管理人

24. 个人债务集中清理工作中，可以指定列入破产管理人名册的社会中介机构及其执业律师、执业注册会计师，或者政府部门的公职管理人，担任个人债务集中清理工作的管理人。

也可以由债权人及债务人共同协商在列入名册的机构及其执业律师、执业注册会计师，或政府部门的公职人员中选定管理人。

企业破产案件中，将实际控制人、股东等的个人债务集中清理工作一并纳入的，由破产案件管理人担任个人债务集中清理工作的管理人。

25. 管理人应当勤勉尽责，忠实执行职务。

26. 管理人履行下列职责：

（一）调查核实债务人的基本情况；

（二）通知已知债权人申报债权；

（三）审查债权，并制作债权表；

（四）调查核实债务人财产申报情况，并制作债务人财产报告；

（五）提出对债务人生活必需品（豁免财产）清单的意见；

（六）拟定财产分配方案并实施分配；

（七）提议、协调召开债权人会议；

（八）管理、监督债务人在考察期的行为；

（九）人民法院认为管理人应当履行的其他职责。

27. 公职管理人原则上不另行收取报酬。

执业律师、执业注册会计师被指定为管理人的，可以在各地设立的破产专项资金中支付报酬。

企业破产案件中，将实际控制人、股东等的个人债务集中清理工作一并纳入的，管理人报酬可以按照《最高人民法院关于审理企业破产案件确定管理人报酬的规定》一并确定。

六、财产调查、核实

28. 对债务人申报的财产情况，人民法院应当及时调查核实，必要时可以组织当事人进行听证。

（一）人民法院应当通过网络执行查控系统对被执行人的存款、车辆及其他交通运输工具、不动产、有价证券等财产情况进行查询、核实；

（二）经债权人申请，根据案件实际情况，可以依法采取审计调查、公告悬赏等调查、核实措施；

（三）其他必要的调查核实措施。

29. 管理人可采取询问、查询、走访等多种方式，对债务人的财产进行全面调查核实，其中债务人居住地及存放个人财产情况应当进行调查核实。

管理人应向公安、民政、村（居）委会、工作单位、人民银行、金融机构、信息查询平台、不动产登记、车辆管理、知识产权、公积金、社会保障、市场监督管理、税务、法院执行等部门和机构调取债务人必要信息资料，具体调查工作包括但不限于以下方面：

（一）通过公安部门调查债务人家庭人口信息，包括其父母、子女、配偶、兄弟姐妹等；如与父母分户的，则进一步查询户籍的原始档案，了解当时的家庭成员情况；

（二）通过公安部门调查债务人住宿登记及出入境记录，必要时，对债务人直系亲属的住宿登记及出入境记录情况进行调查；

（三）通过民政部门调查债务人婚姻存续情况，如涉离婚，则需了解子女抚养及财产分割情况；

（四）通过村（居）委会调查债务人家庭常住人口情况、村集体经济分红情况以及拆迁补偿情况等；

（五）通过债务人工作单位调查债务人工作情况、工资水平及其福利等情况；

（六）通过人民银行调查债务人征信情况、银行开户、信用卡办理、贷款、担保、被担保情况；

（七）通过金融机构调查债务人开户情况、资金存取记录及账户余额；

（八）通过市场监督管理部门、信息查询平台调查债务人持股情况以及担任企业职务等情况；

（九）通过不动产登记部门调查债务人名下不动产情况；

（十）通过车辆管理部门调查债务人名下车辆情况；

（十一）通过知识产权部门调查债务人名下专利权、商标权、著作权等知识产权情况；

（十二）通过公积金管理部门调查债务人公积金存取记录及账户余额；

（十三）通过社会保障部门调查债务人养老保险、医疗保险缴存、领取情况；

（十四）通过税务部门调查债务人税款缴纳及欠税情况；

（十五）通过法院调查债务人涉诉案件及其执行情况；

（十六）通过上海证券交易所、深圳证券交易所调查债务人股票交易情况；

（十七）调查债务人使用支付宝、微信等第三方支付平台有关情况。必要时，对债务人近亲属的支付宝、微信等第三方支付平台有关情况进行调查。

30. 管理人需对调查获取的有关信息、资料进行全面、综合分析，重点审查以下事项，包括但不限于：

（一）根据债务人日常开支情况，审查债务人名下银行对账单、第三方支付平台账户是否存在异常收支记录；

（二）审查债务人住房公积金账户支取记录与债务人购房、装修记录是否匹配；

（三）审查财产权益状况及财产权益处置资金去向；

（四）审查债务人配偶、父母、子女等近亲属名下资产与其收入是否匹配；

（五）审查是否存在挥霍消费行为；

（六）审查是否存在未履行完毕合同；

（七）审查是否存在放弃债权、放弃债权担保、无偿转让财产等方式无偿处分财产权益，或者恶意延长其到期债权的履行期限，影响债权人利益情况；

（八）审查是否存在以明显不合理的低价转让财产、以明显不合理的高价受让他人财产或者为他人的债务提供担保，影响债权人的债权实现情况；

（九）审查是否存在虚构债务或承认不真实的债务情况；

（十）审查是否存在恶意串通，签订合同损害债权人利益情况；

（十一）审查是否存在虚假诉讼，损害债权人利益情况；

（十二）审查是否存在其他违反法律、行政法规强制性规定，损害债权人利益的行为。

31. 因管理人自身客观原因，无法调查或核实债务人财产的，可以申请由人民法院依职权调查核实或签发调查令，有关部门和机构应当配合管理人的调查。

管理人为调查事实，就债权、财产等争议，可以通知相关人员到指定场所接受询问或者提交书面陈述意见。

32. 管理人应当及时完成债务人财产状况调查报告，并对生活必需品（豁免财产）清单提出意见，财产状况调查报告提交债权人会议审查。

七、债权申报

33. 债权人申报债权时，应当书面说明债权的数额和有无财产担保，并提交有关证据。申报的债权是连带债权的，应当予以说明。

连带债权人可以由其中一人代表全体连带债权人申报债权，也可以共同申报债权。

附条件、附期限的债权和诉讼、仲裁未决的债权，债权人可以申报。

债务人的保证人或者其他连带债务人已经代替债务人清偿债务的，以其对债务人的求偿权申报债权。债务人的保证人或者其他连带债务人尚未代替债务人清偿债务的，以其对债务人的将来求偿权申报债权。但是，债权人已经向管理人申报全部债权的除外。

34. 管理人收到债权申报材料后，应当登记造册，对申报的债权进行审查，并编制债权表。

根据债权性质可分为享有特定财产担保债权，赡养费、抚养费、扶养费请求权，雇用人员债权、税收债权、普通债权。管理人应在债权表对每笔债权性质进行列示。

35. 管理人编制的债权表，应当提交债权人会议核查。

八、债权人会议

36. 第一次债权人会议由人民法院召集，以后的债权人会议，在人民法院认为必要时，或者管理人、所代表债权额占债权总额四分之一以上的债权人提议时召开。

召开债权人会议，管理人应当提前十五日通知已知债权人，并提前三日告知会议内容。

37. 第一次债权人会议自人民法院裁定受理个人债务集中清理申请之日起三十日内召开，重点对申请执行人和其他已知债权人释明以下内容：

（一）执行程序的功能主要在于对"有履行能力而拒不履行生效法律文书确定义务"的被执行人进行强制执行；

（二）债务人无履行能力的，属于市场交易风险或者是由于债务人意志以外的特定原因；

（三）个人债务集中清理程序在债务人配合、财产调查、专项资金援助等方面的优势；

（四）人民法院认为需要释明的其他事项。

38. 经过债权人会议释明，尽可能引导债权人同意或者附条件同意免除债务人的剩余债务，所附条件主要是"个人债务集中清理期间债务人如实申报财产并经处置分配"。

39. 债权人会议行使下列职权：

（一）核查债权；

（二）监督管理人；

（三）申请人民法院更换管理人，审查管理人的费用和报酬；

（四）审议生活必需品（豁免财产）清单；

（五）审议债务人财产情况报告；

（六）审议财产调查情况；

（七）审议财产分配方案；

（八）人民法院认为应当由债权人会议行使的其他职权。

债权人会议应当对所议事项的审议情况作成会议记录。

40. 债权人会议可以探索采用双重表决规则等方式，即首先由全体债权人一致同意通过一项表决规则，然后再根据通过的表决规则对财产分配方案等事项进行表决，以有效推进清理程序。

41. 债权人会议对债务人生活必需品（豁免财产）清单的审议结果，作为人民法院依据《中华人民共和国民事诉讼法》第二百四十四条确定"被执行人及其所扶养家属的生活必需品"范围、金额的重要依据。

42. 债务人应当出席债权人会议并接受质询。

债权人可以在债权人会议召开十日前，以书面方式陈述具体理由，要求管理人通知债务人的配偶及成年直系亲属列席债权人会议并接受质询。

债务人、债务人配偶及成年直系亲属经管理人通知无正当理由拒绝接受质询的，视为其具有不诚信行为，人民法院可以视情况终结个人债务集中清理程序。

九、债务清理

43. 管理人应当及时拟订债务人财产变价方案，提交债权人会议审议。变价出售债务人财产应当以价值最大化为原则，兼顾处置效率。

44. 执行案件移送个人债务集中清理的，可在执行程序中先行进行财产变价处置，但财产分配应在个人债务集中清理程序中依法进行。

债务人财产因变现费用高于财产价值等原因，不宜进行处置和分配的，管理人经报告人民法院，可以放弃处置并归还债务人。

45. 管理人通过网络拍卖的方式处置债务人财产，应当参照人民法院关于拍卖和变价的有关规定，在公开的交易平台进行。

财产拍卖底价应当参照市场价格确定，也可以通过定向询价、网络询价确定。网络拍卖两次流拍的，管理人可以通过网络变价等方式进行处置。但是，债权人会议另有决议或者法律、行政法规另有规定的除外。

46. 对债务人的特定财产享有担保权的权利人，对该特定财产享有优先受偿的权利。

债权人行使优先受偿权利未能完全受偿的，其未受偿的债权作为普通债权；放弃优先受偿权利的，其债权作为普通债权。

47. 人民法院受理个人债务集中清理申请后发生的下列费用，为清理费用：

（一）个人债务集中清理案件的申请费；

（二）管理、变价和分配债务人财产的费用；

（三）管理人执行职务的费用、报酬和聘用工作人员的费用。

48. 人民法院受理个人债务集中清理申请后发生的下列债务，为共益债务：

（一）因管理人或者债务人请求对方当事人履行双方均未履行完毕的合同所产生的债务；

（二）债务人财产受无因管理所产生的债务；

（三）因债务人不当得利所产生的债务；

（四）为债务人继续营业或者生活必需而应支付的他人的劳动报酬或者应缴纳的社会保险费用，以及由此产生的其他债务；

（五）管理人或者相关人员执行职务致人损害所产生的债务；

（六）债务人财产或者行为致人损害所产生的债务，以及其他必须由债务人承担的侵权损害赔偿债务；

（七）债务人因紧急避险所产生的债务。

49. 债务人财产在优先清偿清理费用和共益债务后，其他债务依照下列顺序清偿：

（一）债务人欠付的赡养费、抚养费、扶养费；

（二）债务人所欠雇用人员的工资和医疗、伤残补助、抚恤等费用，应当缴入雇用人员个人账户的基本养老保险、基本医疗保险等社会保险费用，以及依法应当支付给雇用人员的补偿金；

（三）债务人所欠税款；

（四）普通债权，其中债务人的配偶以及前配偶、共同生活的近亲属以及成年子女不得在其他普通债权人未受完全清偿前，以普通债权人身份获得清偿。

债务人财产不足以清偿同一顺序债权的，按照比例分配。

50. 管理人应当及时拟订债务人财产分配方案，提交债权人会议审议。债务人财产分配方案应当载明下列事项：

（一）参加债务人财产分配的债权人名称或者姓名、住所；

（二）参加债务人财产分配的债权额；

（三）可供分配的债务人财产数额，包括现有的债务人财产以及良好行为考察期内可能获得的可用于清偿债务的收入部分；

（四）债务人财产分配的顺序、比例及数额；

（五）实施债务人财产分配的方法；

（六）其他需要载入财产分配方案的内容。

债权人会议通过债务人财产分配方案后，由管理人将该方案提请人民法院裁定认可。

51. 管理人负责债务人财产分配方案的执行。分配应当以货币分配方式进行。但是，债权人会议另有决议的除外。

52. 有未来稳定可预期收入的债务人，可以通过债务重整的方式进行个人债务集中清理。

53. 债务人或者管理人可以引入金融机构等第三人作为投资人参加个人债务集中清理程序，采用向第三人融资的方式清偿原有债务。第三人可以要求债务人提供相应的担保。

十、程序终结

54. 人民法院受理个人债务集中清理申请后，发现债务人存在下列情形之一的，可以裁定终止个人债务集中清理程序：

（一）债务人在申请书或者财产申报等文件中，存在不完整、有错误或者其他误导的情况；

（二）债务人在申请前两年内，进行过低价处置财产或者恶意的偏颇性清偿行为；

（三）管理人就债务人申请中的情况询问债务人，债务人未能在规定期限内作出正式的答复；

（四）债务人存在不诚信行为等需要终止个人债务集中清理程序的其他情形。

终止个人债务集中清理程序后，符合条件的，人民法院应当依照相关规定对债务人采取纳入失信被执行人名单等强制执行措施。

55. 债务人无财产可供分配的，管理人应当请求人民法院裁定终结个人债务集中清理程序。

管理人在最后分配完毕后，应当及时向人民法院提交债务人财产分配报告，并提请人民法院裁定终结个人债务集中清理程序。

人民法院应当自收到管理人终结个人债务集中清理程序的请求之日起十五日内作出是否终结个人债务集中清理程序的裁定。

56. 人民法院裁定终结个人债务集中清理程序后，对于同意免除债务人剩余债务的执行案件，以《中华人民共和国民事诉讼法》第二百五十七条第六项为由终结对债务人的执行。

对于不同意免除债务人剩余债务的执行案件，在符合设置了五年行为考察期等条件的情况下，可以裁定终结执行。

57. 所有债权人均同意免除剩余债务并终结执行的，不设行为考察期。也可将设置行为考察期作为同意免除剩余债务的条件。

有债权人不同意免除债务人剩余债务或者将设置行为考察期作为同意免除剩余债务的条件的，行为考察期为裁定终结个人债务集中清理程序后的五年。

58. 债务人在行为考察期内应当继续履行人民法院作出的限制行为决定规定的义务。

十一、法律责任

59. 债务人或其他利害关系人违反本指引有关规定，有下列行为之一的，由人民法院依法予以训诫、拘传、罚款、拘留；构成犯罪的，依法追究刑事责任：

（一）拒不配合或协助人民法院、管理人调查，拒不回答询问，或者拒不提交相关资料；

（二）提供虚假、变造资料，作虚假陈述或者误导性陈述；

（三）故意实施或协助实施隐匿、转移、毁损、不当处分财产、财产权益及财务凭证等资料物件，或者其他不当减少财产价值的行为；

（四）其他的妨害行为。

60.管理人未勤勉尽责、忠实执行职务，给债务人、债权人或者其他利害关系人造成损失的，参照《企业破产法》及其司法解释的有关规定依法承担赔偿责任。

61.管理人怠于履行或者不当履行职责的，由人民法院责令改正，并可以采取降低管理人报酬、依职权更换管理人等措施；人民法院可以暂停其任职资格或者将其从管理人名册中除名。

管理人与他人恶意串通，妨害个人债务集中清理的，由人民法院依法予以训诫、拘传、罚款、拘留；构成犯罪的，依法追究刑事责任。

后　记

北京市尚公律师事务所在致力于从事破产法律实务工作的同时，亦时刻关注破产法学的理论前沿，以期做到理论与实践有机统一与相互促进。有鉴于《中华人民共和国企业破产法》修订列入立法计划及个人破产热度不断上升，律所于2022年10月成立个人破产法律事务中心，负责开展个人破产的前瞻性研究，提前做好个人破产入法的知识、人员及架构的储备和应对。中心办事机构设在尚公重庆分所，并由我担任中心主任。

中心成立后，立即开展工作，广泛收集了国内外关于个人破产的最新专著、文章，并对深圳特区的个人破产试点以及浙江等地个人债务集中清理工作进行了特别关注。中心原定于2022年的11月至12月前往深圳、浙江等地考察学习，后因疫情封控无奈作罢。

在最初的研究学习中我们发现，个人破产近年来已经得到了学界的广泛关注和重视，但对个人破产程序中的管理人角色却鲜有涉及。企业破产程序中关于管理人的制度能否照搬到个人破产程序当中，个人破产程序中的管理人制度又有何特别之处，带着这些问题，通过不断查阅国外文献以及对深圳、浙江等国内实践的了解，于是逐渐有了本书的轮廓。

在本书的写作过程中，恰值新冠肺炎疫情最后的疯狂，撰写组成员均被封控在家，期间不断有人感染。但也正是因为封控在家，才有了难得的静心思考、认真研究的机会。本书提纲由我与钟颖博士共同拟定，前言由钟颖博士撰写。第一章《个人破产管理人制度的基础理论》由我与钟颖博士共同撰写。第二章《个人破产管理人的选任制度》由胡俊律师撰写。第三章《个人破产管理人的履职制度》由朱梦云律师与何静休律师共同撰写。杨媛对该章的撰写提供了较大的帮助，在此特别致谢。第四章《个人破产管理人的报酬制度》由朱涛律师撰写。第五章《个人破产管理人的监督制度》由朱梦云律师撰写。全书撰写完成后由我进行了统稿，由钟颖博士邀请导师李曙光教授指导并作序，在此特别向李曙光教授致谢。

　　本书的撰写得到了北京市尚公律师事务所宋焕政主任、李汉成律师、孙卫宏律师、鄢梦萱律师的大力支持和无私帮助。没有他们的高瞻远瞩，就没有中心的成立和相关工作的开展，相信今天的付出定会带来有益的回报。本书最终能够顺利出版，还应当感谢中国民主法制出版社法律分社的陈曦社长和逯卫光编辑，他们高效务实、严谨细致的工作为本书增色不少。

　　由于时间仓促，书中许多问题未能充分展开论述，错误亦在所难免，欢迎大家批评指正。本书的出版只是尚公律师事务所个人破产法律事务中心工作的开始，后续我们将保持专注，继续在个人破产领域深入研究并进行广泛实践，亦欢迎更多有兴趣的同人加入。

李向辉

2023 年 3 月 4 日于海南陵水